刑法の重要問題

〔総　論〕

第2版

曽根威彦 著

成 文 堂

第2版はしがき

本書の初版を公にしてから一一年以上が経過し、補訂版から数えても九年の歳月が流れた。十年一昔というが、刑事法の分野でもこの間、立法・判例・学説に大きな変化が見られた。しかし、何といっても重要な動きは、二〇〇一年六月の司法制度改革審議会の意見書の公表に端を発した司法制度改革の波が法学教育にも及び、二〇〇四年度の法科大学院の設立につながったことである。そこで、本書も法科大学院で、特に法学未修者を対象とする教科書として使われることを想定して、旧著にはなかった、刑法の基本問題にかかわる三項目を冒頭に置くこととし、その反対に、旧著にあったやや専門的に過ぎる項目を簡略化して統合し、また、今日理論的意義の希薄化している項目は思い切って削除することとした。

法科大学院は、もとより法曹実務家養成のための専門教育機関であるが、法律学、殊に刑法学における「理論」の必要性はいささかも失われていない。刑事実務家に課せられる最大の使命は、いかに犯罪者、被害者そして国民一般を理論的に説得して事件の解決を図るかにある。本書が、刑法学研究を志す者のみならず、法曹を目指す者にとってもその思索のための一助となれば幸いである。なお、今回も、編集作業に当たり、成文堂編集部次長の本郷三好氏に大変世話になった。厚く謝意を表する。

二〇〇五年二月

曽根威彦

初版はしがき

本書は、既に刑法(総論)を一通り学んだ者が、さらに深く刑法学を理解するための一助として執筆された参考書であって、私の教科書『刑法総論〔新版〕』(弘文堂)と対をなしている。刑法学上のすべての問題を網羅的に扱う教科書は、その性格上個々の論点について必ずしも十分に論じ尽くし得ない面もあるので、本書では刑法(総論)上の諸問題のうち特に重要と思われる三〇のテーマを取り上げ、それぞれの項目について立ち入った考察を加えている。本書は、大学における講義(刑法特論(犯罪論))が下地となっているが、直接には、学界において私と同じ世代に属する川端 博教授、前田雅英教授らが最近出された著作(凡例参照)に触発されて、これを意識しつつ執筆したものである。本書が通説・判例を一般的に解説するという手法を採らず、全体に論争的色彩を帯びているのはそのためである。共同執筆による「論点もの」と呼ばれる書物もこれまでに多数公刊されているが、本書は右両教授の著作と同様、単独執筆の利点を生かして、各項目が刑法学上の一定の立場によって貫かれていることが一つの特色をなしている。

本書において選択したテーマは、伝統的に従来刑法学で論じられてきたものが中心となっているが、内容的には最近の判例・学説の動向を踏まえて、今日の刑法学の一応の到達点を示そうと努めた。執筆のスタイルはおおむね、まず当該テーマに関連する一般的事項について述べたうえで問題の所在を明らかにし、以下にその内容を詳しく検討するというものである。なお、読者の便宜のために、各項目の冒頭に見出しの一覧を設け、また、参考文献は、教科書類を除いて項目の末尾に番号を付して掲げ、本文ではその執筆者・番号・頁を引用することにした(教科書・

講座等の一般的な文献については、凡例の文献略語参照）。

本書の校正については、早稲田大学法学部助手の岡上雅美君に手伝っていただいた。また、成文堂の阿部耕一社長、土子三男編集長には本書の出版を快くお引き受けいただいたほか、編集作業に当たっては編集部の本郷三好氏に大変世話になった。心よりお礼を申し述べたい。

一九九三年九月

初秋の八王子の里にて

曽根威彦

補訂版はしがき

本書も、「刑法の重要問題〔各論〕」（補訂版）と同様、一九九五年四月二八日に制定された「刑法の一部を改正する法律」（同五月一二日公布〔法律第九一号〕）が同六月一日から施行されているのを受けて、これに対応するために必要な補訂を行ったものである。なお、この機会に旧著の公刊後に著された新しい文献を補充しておいた。

一九九五年一二月

曽根威彦

凡　例

【参考文献】（引用はゴシックの部分）

阿部純二＝板倉宏＝内田文昭＝香川達夫＝川端博＝曽根威彦・刑法基本講座第１巻〜第６巻（一九九二―九四・法学書院）
板倉　宏・刑法総論（二〇〇四・勁草書房）
植松　正＝川端博＝曽根威彦＝日高義博『現代刑法論争Ｉ』（第二版・一九九七・勁草書房）
内田文昭・刑法Ｉ（総論）（改訂版・一九八六・青林書院）
同　・刑法概要（上巻＝一九九五、中巻＝一九九九・青林書院）
大塚　仁・刑法概説（総論）（第三版・一九九七・有斐閣）
同　・犯罪論の基本問題（一九八二・有斐閣）
大谷　實・新版刑法講義総論（二〇〇〇・成文堂）
岡野光雄・刑法要説総論（二〇〇一・成文堂）
香川達夫・刑法講義（総論）（第三版・一九九五・成文堂）
川崎一夫・刑法総論（二〇〇四・青林書院）
川端　博・刑法総論講義（一九九五・成文堂）
同　・刑法総論25講（一九九〇・青林書院）
斎藤信治・刑法総論（第四版・二〇〇二・有斐閣）
佐伯千仭・刑法講義（総論）（改訂版・一九七四・有斐閣）
佐久間修・刑法講義（総論）（一九九七・成文堂）
芝原邦爾＝堀内捷三＝町野朔＝西田典之編著『刑法理論の現代的展開総論Ｉ・Ⅱ』（一九八八、一九九〇・日本評論社）
鈴木茂嗣・刑法総論〔犯罪論〕（二〇〇一・成文堂）
曽根威彦・刑法総論（第三版・二〇〇〇・弘文堂）
同　・刑法の重要問題〔各論〕（補訂版・一九九六・成文堂）
同　・刑法各論（第三版補正版・二〇〇三・弘文堂）
団藤重光・刑法綱要総論（第三版・一九九〇・創文社）
内藤　謙・刑法講義総論㊤＝一九八三、㊥＝一九八六、㊦Ｉ＝一九九〇、㊦Ⅱ＝二〇〇二・有斐閣）
中野次雄・刑法総論概要（第三版・一九九二・成文堂）
中山研一・刑法総論（一九八二・成文堂）
同　・概説刑法Ｉ（第二版・二〇〇〇・成文堂）
中山研一＝西原春夫＝藤木英雄＝宮澤浩一編・現代刑法講座第一巻〜第五巻（一九七七―一九八一・成文堂）
西原春夫・刑法総論（改訂版（上巻）、改訂準備版（下巻）・一九九五・成文堂）
野村　稔・刑法総論（一九九〇・成文堂）
林　幹人・刑法総論（二〇〇〇・東京大学出版会）
平野龍一・刑法総論（Ｉ＝一九七二、Ⅱ＝一九七五・有斐閣）
福田　平・全訂刑法総論（第四版・二〇〇四・有斐閣）
藤木英雄・刑法講義総論（一九七五・弘文堂）
堀内捷三・刑法総論（第二版・二〇〇四・有斐閣）

前田雅英・刑法講義総論（第三版・一九九八・東京大学出版会）
　同　　『刑法の**基礎**　総論』（一九九三・有斐閣）
町野　朔・刑法総論講義案Ⅰ（第二版・一九九五・信山社）
松宮孝明・刑法総論講義（第三版・二〇〇四・成文堂）
山口　厚・刑法総論（二〇〇一・有斐閣）
　同　　・『問題**探求**　刑法総論』（一九九八・有斐閣）
山口　厚＝井田　良＝佐伯仁志『理論刑法学の**最前線**』（二〇〇一・岩波書店）
山中敬一・刑法総論ⅠⅡ（一九九九・成文堂）

【略　語】

大判　大審院判決
最判　最高裁判所判決
最決　最高裁判所決定
高判　高等裁判所判決
地判　地方裁判所判決

刑集　大審院・最高裁判所刑事判例集
刑録　大審院刑事判決録
高刑集　高等裁判所刑事判例集
下刑集　下級裁判所刑事判例集
月報　刑事裁判月報
裁特　高等裁判所刑事裁判特報
東時　東京高等裁判所刑事判決時報
判特　高等裁判所刑事判決特報
判時　判例時報
判タ　判例タイムズ

目次

17　違法性の意識・違法性の錯誤

30　罪数論の諸問題……376

1 刑法の基礎

一 刑法の機能

刑法は、他の法律と同様に、国家による物理的制裁によって支えられた社会統制手段としてその役割を果たしているが、国家権力がその遵守を強制するために物理的制裁として「刑罰」を用いるところに法としての特色がある。刑法には、大別して二つの目的・機能がある。一つは、社会の組織された権力である国家が秩序維持を目的として国民を統制するための手段としての側面であり（第一次社会統制機能）、他の一つは、犯罪者を含む国民の権利・自由を保障するために統治権力の主体である国家自体を統制するための手段としての側面である（第二次社会統制機能）。刑法は、発生史的にみると、まず第一の任務を担って登場したが、近代社会においては刑法に第二の任務を果たすことが強く要請されているのである。

1 法益の保護か社会倫理の維持か

刑法の第一次社会統制機能を何に求めるかという問題は、近代社会において国家が果たすべき役割をどのようにみるかということと密接に関連している。この点に関し、従来、個人の法益侵害結果を伴わなくても倫理的に悪い行為をしたというただそれだけの理由でこれを刑法的に規制しうるか、ということが論じられてきた。もとより、例えば殺人や窃盗、放火など、通常の犯罪は倫理的悪であると同時に法益侵害結果を伴っているから、他者を害する行為を禁止する倫理が同時に刑法の見地からも強制されることについては争いがない。問題となるのは、単なる性的不道徳行為のように(例えばわいせつ文書の頒布・販売、売春等)、個人の被害法益が特定しえない場合である(後出三1)。一つの考え方は、刑法に独自の存在意義を認めつつも、刑法の機能を倫理・道徳に近づけて理解し、刑法も基本的には社会倫理維持の任務を持つとするものである(社会倫理維持説)。この立場も、刑法が生命・身体・自由・名誉・財産といった個々人の持つ社会生活上の利益(法益)を保護していることを否定するわけではないが、このような法益保護機能は、刑法が社会倫理を維持することの結果として副次的に派生する効果として捉えられているにすぎない。

しかし、近代社会における法は、倫理的価値観が多元的に存在することを前提として、社会倫理に対し独自の意義と機能を主張するところにその特色があるのであるから、その一部門である近代刑法も個人の生活利益を保護するために存在するのであって、個人に礼儀正しい「立ち居振る舞い」を教えるために存在するのではない(平野・I五一頁)、と解すべきである。刑法の社会倫理的機能を強調するとき、社会の存立のために必要な限り、不道徳な行為は不道徳であるという理由だけで犯罪として処罰されるべきである、とする刑法の道徳形成機能を肯定することになる。しかし、この帰結は、国家がその価値観に基づいて自己が正しいと信ずる社会倫理(国家的道義)を国民に押し付けてくる危険を不可避的に伴う。

日本国憲法が個人の尊厳を背景とした基本的人権の尊重と国民主権主義とを基本原理としていることにかんがみれば、国家の役割は、個人の生活利益(個人法益)とその集合体としての社会の利益(社会法益)の保護、およびこれらの利益を維持・促進するための諸機構・装置（国家法益）の保護にあると解せられる（法益保護説）。法益が安全に保たれている状態を維持・保全することが刑法の任務なのであり、したがって国家は、法益に対する侵害またはその危険が発生したときに初めて刑法をもって国民の行動に干渉することができるのである。刑法は、①抽象的に一定の法益侵害行為に対し刑罰を科すことを規定することによって国民一般が犯罪を行うことを防止し（一般予防）、また、②現実に行われた犯罪に実際に刑罰を科すことによって、当該犯罪者がふたたび犯罪に陥らないようにしているのである（特別予防）。

もっとも、刑法の法効果である「刑罰」が、その反作用・副作用を看過することのできないきわめて強力な物理的制裁であることから、法益の侵害・危険という事態が生じたときに、直ちに刑法がこれに介入すべきだということにはならない。刑法は社会統制のための「最後の手段」(ultima ratio) として、他の社会統制手段では犯罪予防目的を達成しえない場合に初めて用いられるべきなのである（刑法の謙抑性・補充性）。

2　人権保障機能

刑法の第二次社会統制機能は、国家刑罰権の行使を制約することによって、国家権力の濫用から犯罪行為者を含む国民一般の権利・自由を保障するという人権保障機能に求められる（刑法のマグナ・カルタ機能）。刑法は、犯罪者を処罰することによって国民の法益を保護すると同時に、無用に人を処罰しないようにすることによって国民の人権を保障しているのである。ところで、処罰に値する重要な生活利益を侵害する行為が行われても、その行為を罰する規定が存在しないとき、刑法の法益保護機能と人権保障機能との間に矛盾・衝突が生ずることは避けられない。そして、このような問題を解決するための原則が「罪刑法定主義」であって、近代刑法においては人権保障機能が法益保護機能に優先することになるのである（本書2）。また、たとい法益侵害・危険をもたらす行為を処罰する規定が存在しても、そのような事態が客観的に発生しただけでは行為者を処罰しえず、このような違法行為を犯したことにつき行為者を非難しうる場合に初めて処罰が可能になる、とする原則が「責任主義」である（本書3）。

二 刑法の正当化原理

刑法についての基本的な問題を考察するためには、刑法のもつ第一次・第二次社会統制機能に照らして、二つの方向からのアプローチが不可欠である。一つは、刑法が国家刑罰権の行使を通して国民（犯罪者を含む）の権利・自由に干渉することが許されるための正当化原理であり、他の一つは、その干渉を限界づけるために国家に向けられる刑罰権行使の制限原理である。

1 モラリズムと功利主義（侵害原理）

刑法が刑罰という手段を用いて個人の権利・自由に介入することができる根拠については、刑法の機能に対する理解の相違に関連して、①社会倫理維持説の根底にあるモラリズムの立場と、②法益保護説を背後から支えている功利主義の立場とに大別することができる。①は、社会生活のあらゆる場面で社会倫理の維持を重視する考え方であって、特に（刑）法の目的を倫理それ自体の強制に求める立場を「リーガル・モラリズム」と呼んでいる。これに対し、②功利主義の立場は、内心の個人道徳を重視する自由主義のそれであって、刑法による介入の基礎に、一九世紀のイギリスの思想家J・S・ミルの唱えた「侵害原理」を据える（侵害なければ刑罰なし）。

法と道徳（倫理）との区別に関する基準である「法の外面性」、「道徳の内面性」ということからみて、他者を害することに結びつかない単なる道徳（倫理）違反は、他者性（外面性）の規制を主要任務とする法によって規制されるべきではないのである。リーガル・モラリズムがその前提としている、国家を倫理の源泉と解する国家主義の思想は、価値観が対立し、何が正義であるか一義的には明らかでない多元的な現代社会の理念とは相容れない。反倫理的行為をただそれだけの理由で処罰することは、むしろ、近代社会の共通の理念である「個人の自由」、「個人の尊厳」という倫理を脅かすことにもなる。個人の平等・独立の人格的価値の承認を意味する「個人の尊厳」は、価値の多様化を生み出す源泉であって、現代国家において普遍的に実現されるべき根本的な価値観として承認されなければならないのである（金沢・後掲❶三七頁参照）。

このように、（刑）法によって倫理を強制するリーガル・モラリズムは否定されるべきであるが、そうであるからといっておよそモラリズムがすべて排斥されるというわけではない。モラリズムには、倫理（社会道徳）を強制する目的で行われる国家的介入を正当視する側面（積極的モラリズム）と並んで、国家の介入は「個人の尊厳」（個人の尊重）の理念に反しない限度で許される、という側面（消極的モラリズム）もある。リーガル・モラリズムが否定されるのはそれが前者の積極的モラリズムに属するからであって、消極的モラリズムは、個人の権利・自由の価値を重視する近代社会において、刑法による介入の正当性を担保するための制約原理として重要な機能を果たしている。今日では、刑法自体の倫理性が要請されているのであって、刑法およびその担い手である国家も道徳的批判の前に立たなければならない。刑法の人権保障機能は、実は消極的モラリズムによって支えられているのであって、国家に対する倫理性の要請は、特に刑罰権行使の限界を考える際に重要な意味をもってくる（本書3四）。

2　パターナリズムと刑法

法益保護説を徹底すると、ある人が他人に侵害を加える場合でなくても、本人を害する場合に本人自身の保護のために、その自由に干渉することも許されることになる。このような考え方をパターナリズム（父権的家父長主義）という。しかし、侵害原理を高唱したミルは、成熟した能力を持つ成人は、自己自身のことに関して本人がもっともよく知っているということから、パターナリズムにも批判的な立場を採った。「他人」への侵害は人の自由への介入・干渉への正当化根拠となるが、他人を侵害しない「自己自身」への侵害は介入の根拠となりえないというわけである（他者侵害原理）。そこで、刑法においてパターナリズムもまたリーガル・モラリズムと同様に否定されなければならないのか、ということが問題となる。個人は、賢明でない誤った判断でも、その判断行為から学びつつ、試行錯誤的に判断能力を高め、統合的人格を形成して、その自律や個性を完成させてゆくことを考えれば、少なくとも全面的にパターナリズムを承認することには躊躇せざるをえない。しかし、複雑な現代社会にあっては、われわれ自身が自分に関することについて必ずしも常に「最良の判断者」というわけにはいかないのであって、一定の範囲で人々、特に社会経済的弱者を彼ら自身から保護する必要があることは否定できない。

ところで、パターナリズムには、さまざまな態様のものがある。まず、(a)①「積極的パターナリズム」と②「消極的パターナリズム」の区別が可能である。①は、平均以上の利益を創造的に生み出すため、あるいは倫理的堕落を「自己自身による侵害」とみて、倫理的改善を目的として強制的に介入することであり（倫理的パターナリズム）、②は、放置すると社会生活に必要不可欠な平均的生活利益すら確保できない者のために例外的に介入することを許容するものである。このうち積極的パターナリズム、特に倫理的パターナリズムについては、リーガル・モラリズムを否定する立場から、刑法においてこれを容認することはできないが、消極的パターナリズムについては、放置すると自己の生命・身体を侵害することになる場合など、一定限度でこれを認めることができる（例えば刑法二〇二条）。次に、(b)①「ハード・パターナリズム」（強い意味のパターナリズム）と②「ソフト・パターナリズム」（弱い意味のパターナリズム＝ベネフィシェンス）の区別も可能である。①は、判断能力が十分である人間について、被介入者の完全に任意な選択・行動にも介入することを認め、②は、判断能力が十分でない人間について、被介入者の不任意な選択・行動に対してのみ介入を認めるものである。自己決定権の利益が自律的判断の尊重にあるとしてこれを重視する立場から、前者の（ハード）パターナリズムは承認しえないが、後者のベネフィシェンスの原理の方は一般に承認されている。

三　非犯罪化と犯罪化

1　非犯罪化——被害なければ刑罰なし

上述のように、刑法の基本原理として考えうるものには、①侵害原理、②モラリズム、③パターナリズムの三つがあるが、これを侵害の対象との関係でみてみると、①侵害原理は、行為者以外の他人がその者の意思に反して被害を受ける「他者侵害」の場合、②モラリズムは、およそ特定の被害者の存在が認められない「侵害不在」の場合、③パターナリズムは、行為者が自己の利益を侵害し、行為者自身が被害者となる「自己侵害」の場合に問題となることが分かる。そして、刑法において基本的に侵害原理のみが肯定され、モラリズムとパターナリズムは例外的にのみ認められるということになると、⑴具体的な被害者が特定されない場合（被害者のない犯罪）、⑵行為者自身が被害者となる場合（自己が被害者である犯罪）、さらに⑶他人の法益を侵害していてもその者の意思に反していない場合（被害者の承諾に基づく犯罪）については、これを刑罰の対象とする必要がないのではないか、という疑問が生じてくる。⑶については、本書11で考察することとし、ここでは前二者についてみてみることにしよう。

⑴　被害者のない犯罪　　典型的にはいわゆる風俗犯にみられるように、社会倫理に反するとされている行為で

あっても、具体的にどのような法益を侵害しているのか必ずしも明らかでない場合には、刑法の第一次社会統制機能について、社会倫理維持説に立つか法益保護説に立つかによって結論に違いが生じてくる。法益保護説の見地から、このような〈犯罪〉についてはこれを刑法のカタログからはずすべきである、とする「非犯罪化論」の問題が、昭和四〇年代の刑法改正作業に関連して議論されるようになった。すなわち、非犯罪化を適切に推進することによって、倫理面における国家の干渉を抑制し、それによって人格的自由と個人責任の領域を拡大することは、個人の尊厳をいっそう尊重するゆえんであると解せられるに至ったのである。

非犯罪化論は、わいせつ物頒布等の罪など、特に性的不道徳行為の処罰について問題となることが多い。刑法一七五条は、わいせつな文書・図画等の頒布・販売・陳列行為（および販売目的での所持）を一律に処罰しているが、これに対しては、わいせつの文書・図画を見るのが法的に個人の自由であるとすれば、その求めに応じて頒布・販売という形でこれを譲渡する行為も自由なのではないか、ということが問題となってくる。まず、リーガル・モラリズム（社会倫理維持説）の立場からすると、わいせつ物の頒布・販売等のような善良な性的道義観念に反する行為は、社会を存立させる共通の倫理を維持するためにこれを処罰しなければならないということになる。しかし、この場合、一体いかなる内容の性道徳・性秩序が害され、社会にいかなる実害が生じているのかは、それほど明らかではない。

そこで、侵害原理を重視する功利主義の立場（法益保護説）からは、性的不道徳行為を処罰することは、個人の自由な選択の行使という価値を妨害し、また、性的衝動の抑圧が個人の感情生活、個性の発展等に悪影響を及ぼすのであって、それにもかかわらず刑法による介入を認めようとするのであれば、それ自体について道徳的正当化が必要であるが、性的不道徳行為が社会に及ぼす実害を証明しえない以上、介入に対する道徳的正当化は認められない、と主張する。もっとも、この立場でも、わいせつ文書等の頒布・販売行為が侵害原理およびソフト・パターナリズム（ベネフィシェンスの原理）に抵触するときは、例外的に処罰が肯定されている。①侵害原理によって説明されるのは、その種の図書を「見たくない者」に対しその者の意思に反してこれを無理やり見せる場合であって、「見たくない者の自由」の利益を害する行為として処罰の対象となる。また、②ベネフィシェンスの原理によって説明されるのは、青少年に対しわいせつ図書等を頒布・販売する場合であって、青少年がわいせつ図書等の取得・購入を望んだとしても青少年の保護・福祉の見地から刑法的介入が認められることになるのである。

(2)　自己が被害者である犯罪　　侵害原理の下では、「他人に対する危害」が刑法による介入の根拠とされたが、刑法では自己に対する危害をも処罰しているとみられる場合がある。賭博罪（刑法二編二三章）や堕胎罪（同二九章、特に自己堕胎罪（二一二条））、一部の薬物犯罪（自己使用罪）等において問題となるところであるが、ここでは賭博罪について考えてみることにしよう。

賭博罪の処罰根拠（保護法益）として考えられているのは、次の二つである。①第一は、リーガル・モラリズムの立場のものであって（現行法の体系的位置づけもこの見解に沿うものである）、例えば最大判昭和二五・一一・二二（刑集四巻一一号二三八〇頁）は、賭博は国民の射幸心を助長し、怠惰浪費の弊風を生じさせ、健康で文化的な社会の基礎をなす「勤労の美風」を害するから処罰される、としている（風俗犯説）。しかし、はたしてそのように抽象的な経済的風俗の維持自体が刑法の任務なのであるか、したがってその侵害が処罰根拠となりうるかは問題となるところである。②第二の見解は、「勤労の美風」を養うことを刑法の任務とすることに疑問を示し、パターナリズムの見地から、賭博は自己の財産に損害を与える行為（あるいは同意のある他人の財産に損害を与える行為）であって、自ら自己の財産を保全しえない者のために国家が代わって刑罰という手段を用いて保護するのだと説明される（財産犯説）。しかし、消極的パターナリズムの原理自体はこれを認めるとしても、生命・身体・自由といった法益に比較して価値的に劣る財産の侵害の場合にも、なおパターナリズムを援用して国家が介入できるかは疑問である。

賭博罪の場合、負けると自己の財産に損害が発生するが、このような事態は賭博行為の性格上最初から予想されるところであり、それを承知で賭博行為を行った者まで処罰する必要はないと考えられる（なお、賭博に勝った場合は相手方に損害を与えることになるが、この場合も「被害者の承諾」に基づく行為として処罰の必要性に疑問が生ずる）。賭博罪の処罰は「一罰百戒」的な意味しかなく、他人の意思に反する利益侵害のみを処罰すべきである、とする侵害原理の見地からは、賭博罪処罰を理論的に基礎づけることは困難である。明確な処罰根拠をもたない賭博罪の規定を存置することは、国民一般に、今日の社会で賭博行為が日常茶飯事に行われているという現実とのギャップを意識させ、かえって国民の遵法精神の弛緩を招き、ひいて遵法精神の喪失は刑法からその倫理的基礎を奪う結果となる。国民の間で、賭博に対する拒否反応が解消ないし緩和され、罪の意識が希薄化の一途をたどっている現在、立法論的にはむしろ賭博罪、特に単純賭博罪（一八五条）を刑法の犯罪カタログからはずすことも考えられてよいであろう。

2 犯罪化——保護法益の抽象化と法益保護の早期化

法益保護説の見地から、刑法の機能について法益概念を中心にこれを考察するとき、法益概念が二つの機能を有していることに気づく。第一に、刑罰構成要件によって保護されている法益は、刑法の解釈原理として、各構成要件の解釈のための指針としての役割を果たすことになる（体系内在的機能）。これに対し第二は、例えば売春のように、単なる道徳違反の行為を刑罰化することに対して、保護に値する法益が存在しないことを主張して、そのような態度を犯罪化することに歯止めをかける機能である（体系批判的機能）。そして、近代刑法における法益論の特色は、法益概念がもともと犯罪概念の不当な拡張を防止することによって、国家権力から一定の市民的自由を確保しようとして刑法学に導入されたという歴史的経緯からして、体系内在的機能に対する体系批判的機能の優位にあったのである。1でみた「非犯罪化」の問題は、まさに法益概念のもつ体系批判的機能の現れであった。ところが、二〇世紀末以降の現代刑法においては、この二つの機能の優劣関係が逆転しているとみられる状況が現われている。すなわち、法益の保護を万全のものとするために、「犯罪化」ないし「刑罰化」(重罰化)の現象が顕著になってきたのである。

個人の自由保障に最大の価値を見出した一九世紀以降の近代刑法は、法益概念を実体的、具体的に捉え、しかもそのような実体的法益に対する侵害、ないし侵害に対する危険が現実化した段階で初めて刑法は介入すべきである、という方向を目指してきた。これに対し、今日の世界的潮流として、法益論との関係で現代刑法の特徴として指摘できるのは、次の二点である。まず、①刑法により保護の対象とされる法益が一般化、抽象化し、保護の範囲が空間的に拡散している(保護法益の抽象化)。この傾向は、特に経済刑法や環境刑法等の分野で顕著であって、そこでは、国民の経済的利益一般や「自由な経済秩序」といった経済システム、「自然の生態系の多様性」といった環境システムなどの社会システム、社会制度自体が法益として捉えられている(普遍的法益)。そして、この種の刑法が現実に果たしている役割として指摘できるのは、法益概念が希薄化した結果、実際には、刑法が法益を保護するために機能するというよりも、法益保護を謳う規範(ルール)そのものを維持するために刑法が用いられ、刑罰権が行使されるようになった、ということである。

また、②現代刑法の第二の特徴は、このように抽象化された法益はもとより、伝統的に承認されてきた生命・身体・自由・名誉・財産等の実体的法益についてもその侵害、現実的危険を待つことなく、侵害の抽象的危険が発生したとみられる段階で、しかも侵害からかなり遠い時点で刑法の介入を認めるようになったということであり、法益の保護が時間的にも拡大してきているのである（法益保護の早期化）。このように、危険（リスク）社会の到来を前提とした現代刑法（危険刑法・予防刑法）は、抽象化された法益をしかも早期に保護するという形で、「保護法益の抽象化」と「法益保護の早期化」という二つの要請を同時に追求しようとするに至っている。それは、まず、抽象的な普遍的法益においては、行為と法益侵害結果との間の因果関係が必ずしも明らかではないことから、これらの法益を遺漏なく保護しようとすれば、その保護領域を時間的に前に移行させる必要があった。また、法益侵害から遠い段階で早期に刑法の介入を認めようとすれば、その時点では、保護の対象となる法益が「法的平穏」、「公共の平穏」、「公共の秩序と安全」といったように、漠然かつ曖昧模糊としたものとしてしか捉えられなくなったのである。

刑法は、本来、「司法法」の一つとして法的安定性（および正義）の指導原理によって支配され、合目的性の原理によって支配される「行政法」から区別されるが、現代刑法の多くは、合目的性の理念を追求して本来行政法の分野に属すべき多くの課題を自らの内に取り込んでいる。ここでは、刑法が国家の政策目的追求に対する柵・防壁として機能することを放棄し、国家・社会目的実現のための道具・手段として機能するに至っているのである。また、犯罪に対する国家刑罰権の行使を定める法規として「公法」に属すべき刑法が、現代国家においては、不法行為に対する損害賠償を規定する法規として本来「私法」に属する民法上の諸問題とも深く関わりあっている。現代社会にあっては、法領域間の相互関連に関心が払われ、法的規制の分野における総合的な協力と連携のあり方が問われているが、その場合でも、刑法における謙抑主義は徹底されなければならず、刑法の最終手段性、二次的・補充的性格、担保法的役割は堅持されなければならないのである。

【参考文献】

❶金沢文雄『刑法とモラル』(一九八四・一粒社)
❷金　尚均『危険社会と刑法―現代社会における刑法の機能と限界―』(二〇〇一・成文堂)
❸澤登俊雄「現代における刑罰の本質と機能」同『新社会防衛論の展開』(一九八六・大成出版社)所収
❹高橋直哉「刑法の倫理性」佐藤司先生古稀祝賀『日本刑事法の理論と展望　上巻』(二〇〇二・信山社)
❺中村直美「パターナリズムの概念」井上正治博士還暦祝賀『刑事法学の諸相』(一九八一・有斐閣)
❻平野龍一「現代における刑法の機能」同『刑法の基礎』(一九六六・東京大学出版会)所収

2 罪刑法定主義と刑法の解釈

一 はじめに――罪刑法定主義の根拠

刑法のもつ第一次社会統制機能である「法益保護機能」と第二次社会統制機能である「人権保障機能」（マグナ・カルタ機能）とは対抗関係に立ち、その間に矛盾・衝突が生ずることは避けられない（本書１二）。処罰に値する、重要な生活利益を侵害する行為が行われても、その行為を罰する規定が存在しないときに、人権保障機能を法益保護機能に優先させることによってその矛盾を解消するために登場した近代刑法の基本原則が罪刑法定主義である。「罪刑法定主義」は、形式的意味での法律の規定がなければ、どのような法益侵害行為も犯罪とされることはなく、また、これに対して刑罰が科されることはない（法律がなければ、犯罪も刑罰もない）という原則であるが、ここにいう「法律」は、法律の形式さえ備えていればどのようなものでもよいというのではなく、明確かつ適正な内容の法律でなければならない、と解されている。罪刑法定主義がこのように形式・実質の両面を備えていることは、この原理を基礎づけている二通りの根拠に由来している。

罪刑法定主義の原則は、従来、主として形式的根拠である民主主義の原理と自由主義の原理とによって基礎づけられてきた。すなわち、(a)罪刑法定主義の内容の一つである「犯罪と刑罰を形式的意味の法律で定めるべきである」とする法律主義は、政治上の民主主義原理である①三権分立主義と②国民主権主義ないし議会制民主主義の思想によって基礎づけられ、犯罪と刑罰は国民自身がその代表である議会を通じて決定しなければならず、裁判所は自ら犯罪と刑罰を決定する権能を持たないとされてきた。

また、(b)「行為の時に適法であった行為をその後の法律（事後法）によって犯罪とすることは許されない」とする事後法の禁止（刑罰不遡及の原則）は、国民が法の事前の予告によって自己の行為が処罰されるかどうかについての予測可能性を持つことができるという意味での自由主義の原理によって基礎づけられてきた。この原理は、人間は犯罪を行うことによって満たされる快感とそれに対して科される刑罰の苦痛とを比較し、後者が前者より大きければ犯罪を行わないものであるから、刑法は犯罪と刑罰をあらかじめ法典に明確に規定しておくことによって、誰も犯罪を行わないように心理的に強制しなければならない、とするフォイエルバッハ（一七七五―一八三三）の心理強制説につながるものである。

しかし、民主主義や自由主義といった形式的原理は、裁判所の恣意的判断を拘束することによって罪刑法定主義を基礎づけてはいるが、それだけでは議会の制定した法律の内容を法制度上問題とすることができず、立法権を内容的に拘束することはできない。今日、裁判所による司法審査（法令審査）を可能とし、罪刑法定主義の内容として承認されている適正処罰の原則（刑罰法規は明確であって、かつ適正なものでなければならない）は、形式的原理の根底にある思想、すなわち個人の尊厳によって基礎づけられる権利と自由を国家刑罰権の恣意的行使から実質的に保障するという意味での人権保障原理によって支えられているのである。刑罰法規は、どのような犯罪に対してどの程度の刑罰が科せられるかが一般国民にとって予測可能な程度に具体的かつ明確に規定されていなければならず（明確性の原則）、また、内容の適正を欠く刑罰法規は裁判所によって憲法三一条（法定手続の保障）違反として違憲無効とされるのである（実体的デュー・プロセスの理論）。

二　罪刑法定主義の形式的内容と類推解釈の禁止

1　罪刑法定主義の形式的内容

(1)　法律主義　この原則は、憲法三一条の規定するところであって、犯罪と刑罰を形式的意味での法律で定めるべきであるとする考え方をいう。憲法三一条は、英米憲法の適正手続条項に由来するものであるが、ここでいう「法律」には手続法だけではなく犯罪と刑罰との関係を規定した実体刑法も含まれる、と解されている。

(a)法律主義から導かれる派生原則の一つが「罪刑成文法主義」であって、犯罪と刑罰は成文の法律をもって定められていなければならず、不文法である慣習法は刑法の直接の法源とはなりえない、とされている（慣習刑法の排斥）。(b)派生原則の第二が「国会制定法主義」であって、法律主義にいう「法律」は、原則として直接国民の代表の手になる国会制定法でなければならない。もっとも、これには三つの例外があり、①憲法は、法律の特定委任のある場合に「政令」に罰則を設けることを認め（七三条六号但書）、また、②普通地方公共団体の「条例」に罰則が設けられる場合があり（地方自治法一四条五項）、さらに、③例えば、刑法九四条の中立命令違反のように、犯罪成立要件の細目を法律以外の下位規範に委ねている「白地刑罰法規」の場合がある。

(2)　事後法の禁止　国民は法の事前の予告によって、自己の行為が処罰されるかどうかについての予測可能性をもつことができる、という意味での自由主義の原理によって基礎づけられているのが「事後法の禁止」である。

この原則によれば、①行為時に適法であった行為をその後の法律（事後法）によって犯罪とし、あるいは②行為時には軽く処罰されていた行為を事後法によって重く処罰することは許されない。

まず、(a)憲法三九条により、行為後に施行された刑罰法規によってそれ以前の行為を処罰することは許されない（刑罰法規不遡及の原則）。したがって、行為時法によれば犯罪でなかった行為が裁判時法によって犯罪となった場合、新法は遡及されず、行為は犯罪とならない。なお、行為時法によれば犯罪であった行為が裁判時法により犯罪でなくなった場合は、刑事訴訟法三三七条二号によって、「犯罪後の法令により刑が廃止されたとき」に当るものとして免訴の言い渡しがなされる。ただし、一時的な特定事情のために一定期間を限って制定される限時法については、「廃止前の行為に対する罰則の適用については、なお従前の例による」という経過規定が設けられている場合に限り、旧法は追及して行為は有罪となる。

また、(b)行為時法によれば犯罪であった行為が裁判時法によっても犯罪である場合、刑法六条は、「犯罪後の法律によって刑の変更があったときは、その軽いものによる」と規定している（刑の変更）。したがって、①行為時法より裁判時法の刑が重くなった場合は、重い刑罰の遡及を禁止し、反対に、②行為時法より裁判時法の刑が軽くなった場合は、軽い刑罰の遡及を認め、刑罰法規不遡及の原則の例外を設けることによって罪刑法定主義の精神をさらに拡充している。なお、③行為時法と裁判時法とで刑に違いのない場合は、刑罰法規不遡及の原則により、行為時法を適用することになる。

問題となるのは、(c)判例が被告人の不利益に変更された場合にも、刑罰法規の変更の場合と同様、遡及処罰を禁止すべきかどうかである。判例が刑法の法源となりえないことを理由に、判例の不遡及的変更を否定するのが一般であって、最判平成八・一一・一八（刑集五〇巻一〇号七四五頁）は、行為当時の最高裁判所の判例の示す法解釈に従えば無罪となるべき行為であっても、これを処罰することは憲法三九条に違反しない、とした。しかし、判例が時に国民の行動の準則として機能していることもまた事実であって、被告人の予測可能性を保障するという見地から、被告人の不利益に変更された判例による遡及処罰は禁止すべきであるように思われる。

2　類推解釈の禁止

(1)　理論的検討　法律に規定のない事項について、これと類似の性質を有する事項に関する法律を解釈して適用する類推解釈（類推適用）は禁止される。それは、①類推解釈が適正手続によらない法の創造であり、裁判官による事実上の立法であって、三権分立主義、議会制民主主義の原則に反しているからである。その意味で、類推解釈禁止の原則は、立法による司法（裁判）に対する抑制としての役割を果たしている。また、②類推解釈は、国民の行動の予測可能性を害しており、自由主義の原則にも違背しているのであって、その禁止は、慣習刑法の排斥（法律主義）、刑罰法規不遡及の原則（事後法の禁止）と並んで、従来、罪刑法定主義の派生原則の一つとされてきた。

もとより、刑法において罪刑法定主義の原則から類推解釈が禁止され、厳格解釈が要請されるとしても、刑法の解釈も法の解釈である以上、文理解釈や論理解釈しか許されないわけではなく、合理的な目的論的解釈も許される。そして、これには立法の趣旨・目的に照らして法文の内容を狭く解する限定（縮小）解釈だけではなく、言葉の意味を拡大する拡張解釈も許されると解されている。そこで問題となるのは、禁止される類推解釈と許される拡張解釈との区別をどのようにするか、ということである。この点について、類推解釈と拡張解釈の限界は流動的であって、両者を区別することがきわめて困難であることから、一定限度で類推解釈を認めてゆこうとする見解もある。たしかに、どちらも言葉の本来の日常用語的意味を超えて拡張する解釈方法であって、両者を一義的に区別する基準を立てることにはある種の困難を伴うが、「成文の言葉の可能な意味の範囲内にあるかどうか」、「一般人の予測可能性を奪うものでないかどうか」に両者の区別の基準を求めることは一応可能である。

また、類推解釈（類推適用）では、まず国家社会の立場から見てけしからぬ行為を取り出し、後から類似した法条を探し出すという思考方法が取られるのに対し、拡張解釈はあくまでも法文の論理解釈から出発してその枠内に入るかどうかという観点から社会生活上の各行為をみる、という点に相違を認めることもできる。例えば、行為の主体を「医師、薬剤師、医薬品販売業者、助産師」等に限定している秘密漏示罪の規定（刑法一三四条）をどのように拡張解釈してもこれに看護師を含ませることはできないが、類推解釈の思考方法は、医師らと同様に医療業務に従事する看護師の行為に本条を適用する余地を残しているのである。明確な事前告知という罪刑法定主義の要請に由来する形式的限界の観点から、刑法においては類推解釈という論理形式を禁圧する、という原則が解釈の指針としてなお適切・有効に機能すると解すべきであろう（田宮・後掲❷三〇―一頁参照）。

これに対し、刑法の実質的解釈という見地から、解釈に当っては言葉の可能な意味の範囲や国民の予測可能性の範囲と保護法益や処罰の必要性との衡量が必要である、とする考え方がある（前田・八五頁以下）。この見解によれば、「解釈の実質的許容範囲は、実質的正当性（処罰の必要性）に比例し、法文の通常の語義からの距離に反比例する」という基準で判定されることになる。しかし、罪刑法定主義は、処罰の必要性があっても事前に告知していない行為を処罰することは許されない、という原則なのであるから、処罰範囲の確定に当って処罰の必要性を基準に入れるべきではないであろう（大谷・六七頁）。罪刑法定主義は、処罰の必要性を犠牲にしても、国民の予測可能性に基づく行動の自由を保障しようとする思想を体現しているのである。

(2)　判例と刑法の解釈　判例は、従来、わが国における刑事立法の動きが緩慢であったこともあり、比較的柔軟な解釈態度を示してきた。例えば、①電気も旧刑法の「他人の所有物」に含まれるので、他人の管理する電気を盗用する行為が窃盗罪を構成するとし（大判明治三六・五・二一刑録九輯八七四頁）、②養鯉池の水門を開いて鯉魚を流出させる行為が物の「傷害」に当るとし（大判明治四四・二・二七刑録一七輯一九七頁）、③過失でガソリンカーを転覆・破壊させた事案につき、ガソリンカーが過失往来危険罪（一二九条）にいう「汽車」に含まれるとし（大判昭和一五・八・二二刑集一九巻五四〇頁）、④狩猟鳥獣であるカモを狙って射かける行為は、矢が外れたためカモを自己の実力的支配内に入れることができず、また殺傷するに至らなくても禁止の対象である「弓矢を使用する方法による捕獲」に当るとしたのである（最判平成八・二・八刑集五〇巻二号二二一頁）。しかし、仮にこれらの行為の当罰性を認めうるとしても、③を別とすれば、他はいずれも類推解釈・類推適用の疑いが残るものである。

ところで、近・現代における科学技術の発展、産業構造の変化に伴って新たにいわゆる「現代型犯罪」と呼ばれる反社会的現象が生じてきたが、一九〇七年に制定されてそのような事態をおよそ予想していなかった現行刑法とのギャップもまた顕著になってきた。このような事態に直面してこれに対応するため、昨今、各則に規定された刑法各本条の文言が拡大解釈され、条文解釈の軟化現象ともいうべき状況がみられるようになった。例えば、①電子複写機にかけた公文書の写真コピーを本物としてではなく、本物があることを示すため、その「写し」として使用する場合にも、公文書偽造罪の対象となるか、という「公文書の写真コピー」の問題（これを肯定したものとして、例えば最判昭和五一・四・三〇刑集三〇巻三号四五三頁）、②公害または薬害事故により、過失によって胎児に傷害を与え、その胎児が障害をもって生まれ、またその後死亡したときに過失傷害罪（二〇九条）、過失致死罪（二一〇条）ないし業務上過失致死傷罪（二一一条一項）が成立するか、という「胎児傷害」の問題（最決昭和六三・二・二九刑集四二巻二号三一四頁〔熊本水俣病事件〕）、③磁気情報部分の通話可能度数を改ざんしたテレホンカードを、変造である旨を告げて金券屋に売り渡す行為が変造有価証券交付罪を構成するか、という「変造テレホンカード交付」の問題（最決平成三・四・五刑集四五巻四号一七一頁)、④破産法三七四条三号にいう「商業帳簿」に電磁的記録である総勘定元帳ファイルが含まれるかという問題(最判平成一四・一・二二刑集五六巻一号一頁)等、枚挙に暇がない(なお、③については支払用カード電磁的記録に関する罪(一六三条の二以下)の新設により、また、④については破産法三七四条三号の改正によりいずれも立法的に解決された)。現代社会がわれわれに突きつけてくる今日的問題に対し、もとより刑法理論が拱手傍観していてよいというわけではないが、立法の不備を被告人の負担において安易に解釈論的手法によって補おうとすることには、より大きな問題性が含まれているように思われる。

三　罪刑法定主義の実質的内容と解釈の明確性

1　罪刑法定主義の実質的内容

罪刑法定主義を実質的な人権保障原理とするためには、単に行為の時に犯罪と刑罰を規定した法律がありさえすればよいというものではなく、さらにその刑罰法規は適正なものでなければならない。憲法三一条は、適正手続を保障しているが、それはまた「適正な法律」によるものでなければならないのである。罪刑法定主義の実質的内容は、①その刑罰法規の文言が明確であって、かつ、②その内容が適正なものであることに求められている。

(1)　明確性の原則　　刑罰法規は、どのような犯罪に対してどの程度の刑罰が科せられるかが一般国民にとって予測可能な程度に具体的かつ明確に規定されていなければならない。まず、(a)刑罰法規の規定する「犯罪」の成立範囲は、一般国民の予測可能性の範囲内にとどまるものでなければならず、一般国民が刑罰法規によって何が禁止されているかを法文から理解することができない場合、その刑罰法規は不明確であって、違憲・無効ということになる。

最高裁判例には、法文の不明確を理由に刑罰法規を違憲・無効としたものはないが、徳島市公安条例事件に関する最大判昭和五〇・九・一〇（刑集二九巻八号四八九頁）は、犯罪構成要件があいまい不明確の故に憲法三一条により無効となるのは、それが一般国民に対して禁止行為の識別基準を示さず、したがって刑罰の対象となるべき行為を予告できないため、運用が公的機関の恣意に流れる等の弊害を生ずるからである、として明確性の原則を認めたうえで次のように判示した。すなわち、①ある刑罰法規があいまい不明確の故に憲法三一条に違反するか否かは、「通常の判断能力を有する一般人の理解において、具体的場合に当該行為がその適用を受けるものかどうかの判断を可能ならしめるような基準が読みとれるかどうかによってこれを決定すべきであ」り、②右の判断基準に従うと、集団行進等をする者は「交通秩序を維持すること」という遵守事項を定めた本条例の規定は、立法措置として妥当性を欠くが、犯罪構成要件の内容をなすものとして明確性を欠くものではない、としたのである。①の明確性に関する判断基準自体はこれを認めうるとしても、この基準を具体的に本条項にあてはめて得られた②の結論には疑問が残る。

次に、(b)「刑罰」についてみると、①刑についてまったく定めのない「絶対的不定刑」は明確性の原則に反することはもとより、法律主義にも反することから当然に禁止されるが（絶対的不定刑の禁止）、刑罰の種類および量が相対的に法定されている「相対的不定刑」は（例えば殺人罪（一九九条）の法定刑は「死刑又は無期若しくは五年以上の懲役」（二〇〇四年改正）である）、今日、日本を含む各国の刑法において認められている（相対的法定刑主義）。また、②刑種だけを言い渡し期間の定めのない「絶対的不定期刑」も、執行される刑に対する予測を困難にすることからこれを認めるべきではないが、刑の長期と短期を定めて言い渡し、現実の執行期間をその範囲内において執行機関の裁量に委ねる「相対的不定期刑」は、少年法五二条において少年に対する自由刑につき認められている。

(2)　実体的デュー・プロセスの理論　罪刑の形式的法定を超えて、裁判所が内容の適正を欠く刑罰法規を憲法三一条違反として違憲・無効とする憲法解釈の原理を「実体的デュー・プロセスの理論」という。これは、立法に対して裁判所が行う実質的な制約であり、違憲立法審査制度をもつアメリカで発展してきた考え方である。実体的デュー・プロセス論の内容の一つは、(a)「罪刑の均衡」であって、刑罰法規に規定された犯罪と刑罰が均衡を失しているときは、個人の権利・自由を不当に制限することになるとして罪刑法定主義違反の問題が生ずる。第二は、(b)固有の意味での「刑罰法規の内容の適正」であって、①刑罰法規の内容が表現の自由（憲法二一条）や労働基本権の保障（憲法二八条）などの個々の人権保障規定に違反して行為を罰している場合、または、②そのような行為を処罰することが必ずしも必要不可欠とはいえないのに、処罰に値しない行為を罰している場合は、その内容が適正でないものとして罪刑法定主義に違反することになる。

実体的デュー・プロセスの考え方は、刑罰法規の適正を要求する点では、明確性の原則と共通の思想的基盤に立っているが、明確性の原則が自由主義の要請として、法文自体が明確に規定されていなければならないという手続的、形式的な観点から法律の適正を要請するのに対し、実体的デュー・プロセスの理論は、法文の明確な刑罰法規についても、さらにその内容の適正さを問題にしうる点に相違が見受けられる。

2　合憲限定解釈と解釈の明確性

わが国の判例には、刑罰法規の内容的適正を問題にしてこれを正面から違憲・無効とすることを回避しつつ、憲法に照らして制限的に解釈することによって、事実上その趣旨を実現しようとするものがある。これが合憲限定解釈の手法であって、法文が「あいまい、漠然（不明確）の故に無効」という不明確性の理論、および「過度の広汎の故に無効」という過度の広汎性の理論と密接に関連している。不明確ないし過度に広汎な法文であっても、これを限定解釈することによって法文の内容を明確化し、合憲の範囲にとどめることが可能となると解せられるからである。ここでは、不明確性の理論との関連で「解釈の明確性」について考えてみることにしよう。

福岡県青少年保護育成条例一〇条一項（淫行処罰規定）にいう「淫行」の意義につき、最大判昭和六〇・一〇・二三（刑集三九巻六号四一三頁）は、「淫行」を性行為一般と解するときは広きに失し、また単に反倫理的あるいは不純な性行為と解したのでは犯罪構成要件として不明確であるから、これを(a)威迫、欺罔等、青少年の心身の未成熟に乗じた不当な手段により行う性交・性交類似行為、および(b)「青少年を単に自己の性的欲望を満足するための対象として扱っているとしか認められないような性交又は性交類似行為」に限定して解釈しなければならないとしたうえで、このような解釈は、①規定の文理から合理的に導き出されうる解釈の範囲内であって、通常の判断能力を有する一般人の理解に適うものであるから、②同規定につき処罰の範囲が不当に広過ぎるとも不明確であるともいえない、と判示した。解釈の明確性をも要求しなければ法文の明確性が無意味になってしまうことから、本判決が、結論の当否は別としても、一般論として、法文のみならず①解釈の方法、および②解釈の結果も明確でなければならないことを明らかにした点は、妥当であると思われる（田宮・後掲❷五一頁以下）。

これに対し、法文の明確性は要求されても、解釈の明確性までは要求されていない、という指摘がある（前田・後掲❸六一頁以下。なお、町野朔『犯罪論の展開Ⅰ』七三頁）。消極論の根拠の一つは、法文とその解釈とは区別すべきであって、法文は日常的な用語の意味にしか解釈しえないわけではない、というものである。しかし、法はそれに対する解釈によって内容づけられるのであり、法文の明確性とは「そのように解釈された」法文の明確性を意味するのであるから、法文自体はもとより、その解釈もまた明確でなければならないであろう。法文を解釈して得られた構成要件が罪刑法定主義の機能を営む、とされるのもこのことを意味すると考えられる。罪刑法定主義の実質的機能は、第一次的には法文そのものがこれを営むのであるが、構成要件もまた、処罰される行為と処罰されない行為を明確に限界づける、という機能を果たさなければならないのである（後出四三頁以下）。

消極論の第二の理由は、解釈の明確性を要求すると、当該限定解釈が不明確であるという理由から刑事責任を限定する方向に制約が加えられることになって処罰範囲が広められ、かえって罪刑法定主義の実質的趣旨に反する結果になる、というものである。たしかに、例えば全農林警職法事件判決（最大判昭和四八・四・二五刑集二七巻四号五四七頁）は、いわゆる二重の絞り論を採用した都教組事件判決（最大判昭和四四・四・二刑集二三巻五号三〇五頁）等の限定解釈を不明確であるとして退けたが、限定解釈は本来違憲判断を回避するための手法なのであるから、解釈内容が不明確であるというのであれば端的に刑罰法規自体の違憲性を問えばよいのであって（法令違憲）、処罰範囲の拡張は解釈の明確性を要求する立場の責めに帰せられる事柄ではない。

もとより、合憲限定解釈にも問題がないわけではない。この解釈方法は、実体的デュー・プロセス論のいわば補完物ないし二次的手法であって、これが認められるためには、解釈の対象となる法文の大部分が合憲的な規制範囲に属するものでなければならず、解釈によって明確化されるからといって、不明確かつ過度に広汎な刑罰法規の違憲性を糊塗するようなことがあってはならない。淫行処罰規定に関する前掲最高裁判決に問題があるとすれば、それは解釈の明確性を要求したことにあるのではなく、その反対意見が述べているように、前記(b)の部分を「淫行」に含ませた結果、その解釈内容が依然として不明確かつ広汎であること、また、仮に「淫行」を前記(a)の場合に限定するのであれば広きに過ぎることはないとしても、そのような解釈が通常の判断能力を有する一般人の理解を超えるものであることに存するのである。本件条例については、端的に違憲と判断すべきであったように思われる。

【参考文献】

❶伊東研祐「刑法の解釈」刑法基本講座第一巻（一九九二）
❷田宮　裕「刑法解釈の方法と限界」『変革の中の刑事法』（二〇〇〇・有斐閣）所収
❸前田雅英「法文の明確性と解釈の明確性」同『現代社会と実質的犯罪論』（一九九二・東京大学出版会）所収
❹同　「罪刑法定主義の変化と実質的構成要件解釈」中山研一先生古稀祝賀論文集第三巻『刑法の理論』（一九九七・成文堂）
❺特　集『罪刑法定主義の現代的意義』現代刑事法三一号（二〇〇一）

3 刑法における責任と刑罰

一 責任主義

「責任」とは、行為者が違法な行為をなしたことに対する法の立場からの非難ないしその可能性をいう。近代刑法における責任は、まず、①客観的な法益侵害・危険の結果が発生しただけでは行為者を処罰しえず、行為者に責任能力と故意・過失が備わり、かつ、行為の違法性の意識の可能性、適法行為の期待可能性がある場合にのみ行為者を非難可能なものとして処罰しうる、という意味で「主観的責任」でなければならない。また、②行為者は、自己の行なった個人的行為についてのみ非難されるべきであって、一定の団体に属することを理由に他人の犯罪行為について処罰されてはならない、という意味で「個人的責任」でなければならないのである。

「違法行為を犯したことにつき行為者を非難しうる場合でなければ刑罰を科しえない」とする原則が「責任主義」である。責任主義は、実質的人権保障の見地から、犯罪防止目的を追求する国家権力に対して個人の尊厳と権利・自由を保障するための制約原理であって、消極的な形で「責任なければ刑罰なし」と表現される(消極的責任主義)。

責任主義は、罪刑法定主義と同様、近代社会における個人尊重の思想とともに発展し、近代刑法における個人の権利・自由の保障原理の一つとなったのである。責任主義によれば、行為者は、まず犯罪論における帰責に関して、①責任のない「行為」について刑を科せられることはない（行為責任主義）。また、②責任のない重い「結果」につき刑を加重されることもないが、この原則は特に、一定の犯罪行為が行為者の予見しなかった重い結果を発生させた場合に、その結果によって刑が加重される「結果的加重犯」において重要な役割を果たしている。そして、さらに③刑の適用に関して、責任を伴わない行為者の「危険性」は、それだけでは刑の加重原因とならないのである。

このように、人権保障原則から導かれる責任主義は、責任が刑罰の前提であり限度であるとすることによって、将来の犯罪の予防を目的とする刑事政策上の要請に対して限界を設定するという働きをしている。反対に、犯罪予防の必要性が少ないか、およそそれが認められないときは、責任が認められても刑は責任の量を下回り、あるいはまったく科せられないことになる。一般予防・特別予防の必要性がなくなれば刑罰を科すことによって法益を保護するという刑法の任務・機能は後退し、仮に行為に対する責任が認められるとしても、刑罰権の行使はその存在理由を失うことになるのである。過去の行為に対する規範的非難を内容とする責任と将来の犯罪の予防とは、共に刑罰権発動の前提・根拠でありつつ、論理的には本来別個の概念であって、責任主義と予防目的とは、刑罰権の行使に関し相互に抑制作用を営んでいるのである。

二　刑法上の責任概念

責任の本質に関して、学説は、従来きびしく対立してきた。伝統的な責任論と現代の責任論とに分かってみてみることにしよう。

1　伝統的な責任論

(1)　道義的責任論　　まず、(後期)古典学派の採用した「道義的責任論」は、責任の判断者である国家が判断対象である個人に対して道義的優越性をもつ、とする(積極的)モラリズムの思想を背景として、責任を、行為者が自己の規範意識に従って適法な行為を選択することができ、かつ、その選択に従って行動することが可能であったにもかかわらず、自由意思により反道義的な行為を選択したことに対する国家の立場からの道義的非難である、と解した。特に、かつての道義的責任論は、絶対的意思自由論(非決定論)を前提として、犯罪を、他の人間活動と同様、無原因の自由という意味で完全に自由な意思の所産と解していたのである。

しかし、この見解では、国家的道義を実現する主体である国家が責任判断の主体として、責任判断の客体である個人に対し刑罰によって国家的道義を押し付けてくる危険があり(内藤・(下)Ⅰ七四二頁)、責任主義も「責任あれば刑罰あり」とする積極的見地から理解されて(積極的責任主義)、責任が国家刑罰権を制約するよりもこれを正当化する方向に傾きやすい、という問題性を抱えていた。もっとも、道義的責任論は、それが過去に行われた個々の違法行為を責任非難の基礎におくという回顧的な行為責任論であることによって、刑罰に犯罪予防効果が期待される場合にも行為者に道義的非難が向けられなければ刑罰権の行使を認めず、また、国家の介入が許されるのは介入自体が倫理に反しない限度である、と主張する限りにおいては(消極的モラリズム)、国家刑罰権の行使に関し抑制原理を内在させた理論として一定の評価を与えることもできるであろう。

(2)　社会的責任論　　これに対し、功利主義の見地からは、将来の犯罪予防・抑止の効果において責任を構成する展望的な責任論が展開される。近代学派の採る社会的責任論は、人間の意思の自由を否定し、犯罪を行為者の素質と環境の因果的所産とみる決定論を基礎として、責任を「反社会的性格に基づく社会的危険性をもっている者が、社会を防衛する手段として刑罰を科されるべき法律上の地位」と解してきた。そこにいう「責任」には、意思決定の自由を前提とする「非難」の要素は含まれておらず、責任の大小はもっぱら犯人の将来における犯罪反復の危険性の大小に基づいて決定される。社会的責任論においては、実際上責任概念が否定されており、責任を前提とした刑罰に代わって、危険性を基礎とした(保安)処分が志向されることになる。しかし、人間の意思自由の否定(決定論)は、個人の尊厳、主体的人格の否定へとつながり、現行憲法の価値観の下ではこれを承認することができない。

社会的責任論は、また、個々の行為とその意思は、犯罪的性格の危険性(悪性)の徴表にすぎないとしてその独立の意義を否定し、犯人の危険な性格に、社会からの防衛処分を講ぜられるべき基礎を見出そうとする(性格責任論)。しかし、性格責任論に対しては、行為者の性格そのものを直視する結果、行為者の主体性を認めず、責任における非難の意味を排斥する結果となっている、との批判が寄せられている(大塚・四二二頁)。

2 現代の責任論

(1) 社会規範的責任論　社会的責任論から出発しつつ、責任には自由の契機が不可欠であるということから、決定論に立ちながら法則的な行為にも責任非難がありうるとする見解(やわらかな決定論)が主張されるようになった。社会規範的責任論によれば、人間が自由であるか否かは、決定されているかいないかにあるのではなく、「何によって」決定されているかによるのであって、自己自身の「意味の層あるいは規範心理の層」によって決定されているとき自己決定が認められ、人間は「自由」であるという(平野・後掲❹三頁以下、特に一九頁以下)。そして、刑法では、この人格の層に作用する刑罰によって決定されうることが「自由」なのであって、責任の基礎に関する行為責任の考え方を維持しつつも、行為に現れた限度で行為者の人格ないし環境を考慮して、責任の実体を規範に反する行為をするような人格の持ち主であるという点に求め(実質的行為責任)、行為が人格相当なものであればあるほど責任が重い（性格論的責任論）、と解するのである。

社会的責任論が宿命論的なかたい決定論を採るのに対し、社会規範的責任論は、自由の契機を認めるやわらかな決定論を採用している。しかし、そこでいう「自由」は、因果法則性と両立しうる、意思が強制を受けていないという意味での自由（外部からの自由）であって、意思決定が常に必然的な法則に支配されて行われるわけではないという意味での自由（内部からの自由）ではない。行為の選択可能性（他行為可能性）を前提とする自由を認めない点では、かたい決定論との間に本質的な違いはないのである（内藤・(下)Ⅰ七八三頁）。しかし、すでに過去に行われた違法行為について、他の適法行為の可能性がなかったにもかかわらず、これを非難することはできないのであって、責任を非難として捉える以上、他行為可能性を内容とする意思の自由（自己決定の自由）が承認されなければならない。この意味での自由こそがまさに刑法上の責任と表裏の関係に立つのである（自由なければ責任なし）。

社会規範的責任論は、責任非難が一般人および犯人の将来の意思決定に影響を及ぼす可能性がない場合には正当化されない、という趣旨で展望的責任を前提としているが、反対に、刑罰の効果があるから責任がある、とするのはあまりに権威主義的な考え方であって、刑罰の正当性を保証しえないという批判にさらされよう。展望的責任論は、刑事政策的な犯罪の予防・防止の効果を責任概念に組み入れて理論構成しているが（予備論的責任論）、犯罪予防の有効性は刑罰制度自体の正当化根拠とはなりえても、個別具体的刑罰権の行使に対して限定機能を果たすべき責任の概念要素とはなりえない。責任自体は、あくまでも過去の個々の行為についての他行為可能性を前提とした非難でなければならないのである（個別的行為責任）。

(2)　法的責任論　道義的責任論から出発しつつ、責任概念から極力国家的道義の観念を払拭し、刑法上の責任を、刑罰という手段による過去の行為に対する法的非難と捉えるのが「法的責任論」である。刑法における責任は、刑罰を用いて行われる法の立場からの非難であるから、社会倫理上の道義的非難と常に一致するわけではない。例えば、小学生が店の商品を万引きする行為も道義的には非難可能であるが、一四歳未満の者には刑法上の責任能力が認められていないのである(四一条)。法的責任論はまた、刑罰という手段で非難できるとき、すなわち処罰に値する責任があるときに刑法上の責任が認められる、という意味で「可罰的責任論」である。この見解は、基本的に非決定論(意思自由論)に立ち、行為者に自己決定の自由を前提とする他行為可能性が留保されることによって初めて責任非難が可能となる、とする回顧的責任概念を基調としつつも、形而上学的な無原因という意味での意思の自由を否定し、行為に対する素質と環境の影響をも承認する相対的非決定論(「決定されつつ決定する」と表現される)を採用している。

責任を過去の犯罪行為に対する非難と解することによって初めて、犯罪予防目的追求を意図する国家刑罰権の行使に限界を設定することが可能となると考えると、結論としては、回顧的責任論を維持しながら道義の押しつけを排除する法的責任論が基本的に妥当な考え方である。かつての道義的責任論と今日の法的責任論は、共に「行為責任論」に立脚し、また、国家と個人の緊張関係を前提として、犯罪予防目的を実現しうる場合であっても行為者に責任が欠ければ、国家刑罰権の行使は倫理的に正当化されない、と解する点でも同一の思想的基盤に立っている。しかし、道義的責任論が個人の生活利益に還元しえない国家的道義を責任判断の基礎におくのに対し、法的責任論は、倫理を問題にする場合にも、これを社会生活の中で相互にかつ平等に保障すべきものとしての「個人の尊厳」に求めているのであって、そこに国家主義的倫理観(積極的モラリズム)と個人主義的倫理観(消極的モラリズム)との相違がみられるのである。

三　刑罰制度の正当化根拠

1　応報刑論

まず、刑法の正当化原理としてのリーガル・モラリズムは、責任の本質を道義的非難可能性に求める道義的責任論を前提として、犯罪に対する応報の観念自体が倫理性を体現していると主張し、したがってこの立場では、国家的道義、社会倫理を国民に強制することが刑罰の正当化根拠ということになる（道義的応報刑論）。ここでは、刑罰制度の正当化根拠を刑罰のもつ応報機能にのみ求め（絶対的応報刑論）、応報的正義の実現という形で正義の理念を立論の基礎においているが（正義説）、そこでいう「正義」が倫理的意味で捉えられているところにこの見解の特色がある。カントに代表される絶対的応報刑論は、有責な者だけが処罰されるべきであるとするにとどまらず、積極的モラリズムの見地から、国家には有責な者をそれだけの理由で処罰すべき義務がある、とするのである（積極的応報刑論）。しかし、リーガル・モラリズムに立脚する絶対的応報刑論には疑問がある。

応報が正義の実現であり、倫理性の体現であるとする絶対的応報刑論においては、刑罰が他の目的に照らして有効か否か、必要か否かを問題とする余地がなく、また、国家が刑を科すこと自体の正当性・倫理性を問うことが意味をなさなくなるのである。国家の承認する特定の倫理観を維持強化するために、国家が刑罰により介入することは、自由主義的、多元的な個人主義国家観の下では許されないものと言わなければならない。もっとも、道義的色彩の濃い絶対的応報刑論が刑罰の正当化根拠となりえないということは、ただちに応報刑論そのものの否認を意味することにはならない。

応報刑論には、犯罪と刑罰の量との間に道徳的適合性がなければならないとする側面もあって、特に消極的モラリズムの見地から「犯罪なければ刑罰なし」という形で応報刑に限定的作用を営ませる場合には、その限りでそこに肯定的評価を与えることもできよう。応報刑論は、刑罰を過去の犯罪行為に対する反作用として位置づけることによって、「誰にどの程度の刑を科すべきか」という個別具体的な科刑の問題を理論的に説明するという役割を果たすことができるのである。そこから、今日、通説と目される「相対的応報刑論」は、応報の意義を「有責な者でなければ処罰されてはならない」という消極的なものにとどめ、他面において、犯罪者が有責であって刑罰に値する場合であっても、それが将来の犯罪を予防する目的や犯罪者の再社会化に役立たないときは、彼を処罰すべきではない、ということを認めるに至っている（消極的応報刑論）。

相対的応報刑論も、①刑罰の犯罪防止効果を厳密に論証することに対する疑問、したがって目的刑論（特に一般予防論）では、犯罪者を他の人々のために犠牲にすることになりはしないかという疑念、および②犯罪と刑罰の均衡を維持し、非難としての刑罰が本質的に規範的、倫理的なものであることを確保する必要性があることを認める点で（中山・五四六頁）、応報刑論の一つであることに変わりはない。そして、これらの理由、特に②の根拠は、応報刑の考え方が積極的に国家刑罰制度の存在を基礎づける正当化根拠として機能しているというよりは、むしろ具体的な刑罰権の行使を制約する原理として重要な働きをもつことを示唆しているのである。

2　目的刑論

(1)　改善刑論　功利主義の刑罰論は、犯罪の予防や犯罪者の教育など、特定の成果や利益を生み出す限りにおいて刑罰を正当と考え、具体的な科刑も、刑罰により行為（者）の有害性を除去ないし減少することができるか否かを考慮して行われる。特に、近代学派の特別予防論は、刑罰が犯罪者自身にとっても利益であるとみて、刑罰のもつ苦痛としての効果を問題の外におき、犯罪者の反社会的性格の改善・教育による犯罪性の除去を強調する点で、基本的にこの立場のものであった。目的刑論の一つに、特別予防に重点がおかれる改善刑（社会復帰刑）論があるが、ここでは、特別予防の効果が刑罰による犯罪者の改善・教育（少年についてはさらに健全育成）による社会復帰によって達成される、と考えられている。

犯罪者に対する行刑ないし処遇の目的を「再社会化」ないし「社会復帰」に求める考え方（特別予防論）の根底にあるのは、刑法においても例外的に認められているパターナリズムの思想である（本書1二2）。再社会化は、一方で、①犯罪者の価値観・道徳観を法の要求する社会道徳と適合したものに変革するという道徳的強制を意味し、他方で、②生活技術の付与と環境調整に重点を置いた福祉的援助を与えることを意味している（澤登俊雄・（藤木英雄＝板倉宏編『刑法の争点』（新版）一三頁）。このうち①は、倫理的堕落に対し倫理的改善を目的として刑を科すことを承認する積極的（倫理的）パターナリズムに依拠するものであるが、この意味での再社会化は、刑罰による介入の根拠となりえないものと思われる。というのは、刑罰の執行は、社会において他人に危害を加えない程度に犯罪者を再社会化すれば足りるのであって、それを超えて倫理的に有徳な人格を作り上げることを目標とするものではないからである。これに対し、②の福祉的援助の付与を内容とする再社会化は、社会的生活関係の再建ないし改善を目的とする消極的（法的）パターナリズムを基礎におく考え方であって、その限度では刑罰による介入を正当化することが可能であろう。もっとも、この場合においても刑罰が本人にとって利益であるという側面が過度に強調されてはならず、刑罰の実体があくまでも害悪を内容とする苦痛であることを忘れてはならない。

(2)　抑止刑論　応報刑論と目的刑論の止揚を目指し、功利主義の見地から刑罰理論を構築するものに抑止刑論がある。この理論は、応報のための応報は国家の任務ではない、という考え方から出発し、犯罪は他人の法益（市民的安全)を侵害する行為であるから、刑罰の正当化根拠を考えるに当たっては、法益保護のために刑罰という手段が必要かつ有効かということが問われなければならない、と主張する(平野・総論Ⅰ二〇頁以下)。そして、刑罰の応報(不利益=苦痛)としての犯罪抑止効果、すなわち威嚇ないし規範意識の確認・強化によって国民一般が犯罪を行うことを防止し(一般予防)、あるいは犯罪者が再び犯罪を行わないようにすること(特別予防)に刑罰の存在理由(正当化根拠)を求めるのである(目的刑論としての応報刑論=効用説)。

刑法の第一次社会統制機能が市民的安全保護のために法益を保護することにあり、したがって刑法の介入が許されるのが法益侵害・危険の予防のためであるとすれば、抑止刑論が、刑罰による介入の正当化根拠を侵害原理に求め、市民的安全の保護のために刑罰を科すことが犯罪の発生を防止するために必要であり(必要性)、かつ、科刑に犯罪防止効果が期待される場合に(有効性)、刑罰を科すことを正当と解している点には、基本的な正しさが認められる。また、犯罪防止の必要がなく、刑罰が有効に機能しない場合には科刑を控えるべきである、とする主張はまさにその通りであろう。しかし、抑止刑の考え方だけで最終的に刑罰を正当化しうるか、という点については疑問がある。というのは、抑止刑論に代表される功利主義的刑罰論には、教育・更生・治療などを強調する、それ自体としては人道主義的思想と、社会的損益計算を合理的に遂行する者(国家)による社会成員(国民)の操作という負の側面とが混在しているからである。

刑罰の犯罪防止効果、特に応報として不利益を加えることによる効果は、それ自体是認しうるとしても、現段階においては科刑による一般予防および特別予防効果を経験科学的に測定・予測することは困難である。したがって、具体的な刑の適用場面で「誰にどの程度の刑罰を科すべきか」という問いに対して功利主義的解答を与えることには疑問がある。この問題については、「犯罪者を処罰することが社会のルールだからである」(一般的ルールの公平な適用）という形で、やはり公正とか正義の観点を持ち出さざるをえないであろう（小林・後掲❶一〇〇頁以下参照）。刑罰の制度目的に関して予防説（抑止刑論）を採用するとしても、個人に対する具体的刑罰を正当化するためには、刑罰が犯罪の量（違法）に比例し、犯罪者の非難可能性（責任）を前提としなければならない、という意味で「道徳的適合性」の観念を放棄することができないのである。

四　刑罰権行使の正当性

刑罰は、犯罪防止のための手段として正当化されるのであるが、刑罰は、また、過去に行われた犯罪行為に対する反作用として、行為者に科せられる害悪・苦痛を内容としていることから、刑罰制度の正当化根拠（マクロレベルの正当化）とは別に、現実になされる具体的な刑罰権行使の正当性（ミクロレベルの正当化）も問われなければならない（佐伯・後掲❷四五頁参照）。

(1)　刑罰の必要性・有効性　　刑罰制度の正当化根拠が侵害原理および消極的パターナリズムによって説明されることとの関係で、刑罰権の行使が手段として正当であるためには、まず、①市民的安全の保護のために刑罰という手段を用いざるをえない場合であって（刑罰の必要性）、かつ、②刑罰が犯罪防止上有効でなければならない（刑罰の有効性）（澤登・後掲❸一四一頁）。刑罰の必要性・有効性の要件は、当該犯罪者との関係で刑罰が必要であってかつ有効な場合に科しうる、という意味で積極的に刑罰の正当性を基礎づけているが、それは同時に、刑罰を科すことが必要でもなければ有効でもない場合には、刑罰権の行使は許されない、という意味で刑罰の内在的な制約原理としての機能も営んでいる。「国家が、その権力によって個人に苦痛という害悪を与えるのは、それによって、犯罪の防止という効果がある場合に限られなければならない」のである（平野・I二二頁）。

また、刑罰権行使の内在的制約は、刑法の謙抑性・補充性の原則からも導かれる。犯罪に対しては、刑罰以外にも、民事上の損害賠償のような法的制裁のほか非法的な私的制裁など、さまざまな不利益が結びついてくる。刑法の持つ法効果である刑罰の反作用・副作用には看過しえない重大なものがあることから、刑法は「最後の手段」として活用し、刑罰以外の不利益をもって刑罰に代替させることができる場合にはできるだけそうすべきであって（ダイヴァージョン）、ここに刑罰謙抑主義の考え方がクローズ・アップされてくるのである。この考え方は、刑法と刑法以外の社会統制手段を有機的に関連させて、社会の犯罪統制機能を向上させようという功利論的理念に裏づけられている点で、刑罰の有効性の要件と密接に関係している（澤登・後掲❸一四〇頁）。

(2) 刑罰の倫理性　(1)に述べた刑罰の必要性・有効性は、刑罰権行使の限界を示すものの、それは刑罰の正当化根拠から導かれる内在的制約にとどまっており、具体的な刑罰権の行使が正当とされるためには、さらに、③刑罰の適用および執行が倫理的にも妥当なものでなければならないことが要請される。犯罪の防止効果があれば、どのような刑罰でも正当化されるというわけではないのであって、刑罰権行使の外在的制約として、人権保障の見地から社会統制手段としての刑罰権行使の倫理性が問われるのである。刑法が第二次社会統制機能を果たさなければならない場面では、国民自身が統制の主体として、国家の刑罰権行使自体をコントロールすることになる。国家は、国民の合意の得られる範囲内でのみ刑罰権を行使できるにすぎず、犯罪者を犯罪抑止の単なる手段・道具として用い、あるいは現実に行われた犯罪と著しく均衡を失する刑罰を犯罪者に科すことなどは、個人の尊厳を害する刑罰権の濫用であって、国民の合意の得られない違法なものといわなければならない。

第二次社会統制の際の基準として援用されるのが批判道徳であり、消極的モラリズムの考え方である。刑罰権行使の主体である国家が道徳から完全に自立するならば、国家はもはやあらゆる道徳的批判を免れ、刑罰権行使の正当性は挙げて国家自身の判断に委ねられることになってしまう。国家刑罰権の行使が許容されるのは、倫理の根底にある基本理念である「個人の尊厳」に反しない限度であって、その場合に初めて刑罰による介入の目的・手段の正当性が担保されることになるのである。刑罰は、犯罪者の人間的再生の可能性が保障され、促進されるように行使されなければならず、そこに刑罰を倫理的に正当化するための最小限度の条件が存在するといえる。国家刑罰権の制約原理として消極的責任主義の原則が貫徹されなければならないのも、刑罰権の行使を倫理的に保証している「個人の尊厳」の思想に由来しているからである。国家が刑罰を用いて国民に倫理を強制することは許されないが（積極的モラリズム）、国民に対する刑罰権の行使は倫理的にみて正当なものでなければならないのである（消極的モラリズム）。

【参考文献】
❶小林　公「刑罰・責任・言語」長尾龍一＝田中成明編『現代の法哲学3』（一九八四・東京大学出版会）
❷佐伯仁志「刑法の基礎理論」法学教室二八三号（二〇〇四）
❸澤登俊雄「現代における刑罰の本質と機能」同『新社会防衛論の展開』（一九八六・大成出版社）所収
❹平野龍一「意思の自由と刑事責任」同『刑法の基礎』（一九六六・東京大学出版会）所収

4 犯罪論の体系構成

一 犯罪論の構成方法

(1) 実体論と認定論　犯罪論には、「犯罪とは何か」という犯罪の本質を問う実体論と、「その行為は犯罪であるか」という犯罪の認定過程を問題とする認定論とがある。犯罪実体論においては、刑法を実体的に考察し、認定論においては刑法を手続的に考察しているとみることもできる。そして、実体論と認定論とが次元を異にする議論であることから、それぞれの理論目的を明確にして、犯罪論を二元的に構成すべきだとの主張もある（鈴木・一五頁以下、同・後掲❹四五一頁以下）。

たしかに、実体論と認定論とが交錯する伝統的な一元的体系の下において、犯罪の概念要素が不明確のものとなり、理論的混乱をもたらしてきたという側面があることは否定できない。しかし、犯罪認定論において重要な役割を果たす、犯罪概念の実質的評価である違法性（違法阻却）にしても有責性（責任阻却）にしても、違法ないし責任に関する実体的な考察を当然にその前提としているのである。問題は、①実体論と認定論という、いわば縦割りの形で犯罪論を構築し、それぞれの内部で違法や責任について論ずるのが適当なのか（例えば中野次雄・刑法総論概要（第三版）二一頁以下）、それとも②統一的な犯罪体系の下で、犯罪要素を違法論・責任論という形で横断的にそれぞれについて実体論と認定論を展開するのが適切なのか（通説）、ということである。いずれの方法にも一長一短はあるが、各犯罪要素の実体面とその認定の在り方とは不可分に結び付いていると解せられるので、本書では、通説に従い一元的な体系構成を採用することにしたい。

⑵　学　説　犯罪論をどのように構成すべきかについては、見解の対立がみられる。それは、まず第一に、Ⓐ犯罪概念にとって基本となるべき要素、したがって犯罪概念の第一要素を何に求めるかについて意見が分かれ、また第二に、Ⓑ犯罪概念を構成する諸要素、特に構成要件該当性と違法性の関係について考え方の相違があるからである。Ⓐの問題については、構成要件ないし構成要件該当性を犯罪概念の第一要素と解する「構成要件論」と、行為を第一要素と解する「行為論」とが対立している。また、Ⓑの問題については、構成要件該当性を違法性から独立した犯罪要素とみる見解（分離説）と、構成要件該当性と違法性が本質を同じくするという見地から両者を一体視し、一方を他方へ解消しようとする見解（一体説）とがある。この二つの問題に対する解答の組み合わせ次第によって、犯罪論の構成方法は大別して次の三つの考え方に分かれることになるのである。

まず、①Ⓐの問題について「構成要件論」に立ち、Ⓑの問題について構成要件該当性を違法性から分離する立場は、犯罪論の構成方法として、構成要件該当性・違法性・責任という三分法を採ることになる。次に、②Ⓐの問題について「行為論」に立ちながら、Ⓑの問題について分離説を採る場合には、行為・構成要件該当性・違法性・責任という四分法を採ることになる。そして最後に、③Ⓐの問題については「行為論」に立ちながら、Ⓑの問題について一体説を採る立場は、行為・不法（違法性）・責任（有責性）という三分法を採ることになる（なお、「構成要件論」に立ちつつ、しかも一体説を採って、犯罪論を不法・責任とする純粋の形での二分法は今日存在しないが、後述三⑴の消極的構成要件要素の理論にはそのような傾向がみられる）。

①の立場は、構成要件該当性を犯罪概念の第一要素とすると共にこれを違法性から切り離し、さらに行為を犯罪概念の独立した要素ではなく単に犯罪概念の基底にすぎないと解し（例えば大塚・一〇九頁以下）、あるいは実行行為という形で構成要件の内部でのみ論ずるものであって、純粋の意味での「構成要件論」とみることができる。反対に、③の立場は、行為を犯罪概念の独立した要素、しかも第一の要素と解すると共に、構成要件該当性に犯罪概念における独立した意義を認めないものであって（例えば西原・六一頁以下）、「行為論」の考え方を徹底させたものということができよう。以上に対し、②の立場は、行為を犯罪概念の独立した第一の要素と解している点で基本的に「行為論」の立場に立っているが、構成要件該当性に違法性から独立した独自の意味を与えている点では①の立場との類似性が認められ、結局、①と③の中間的見解とみることができる（大塚『新版刑法の基礎知識(1)』九頁）。

(3)　私　見　　結論を述べると、著者は②の四分法が妥当であると考えている。詳細は後述するが（後出二、三）、犯罪概念を構成する要素は、まず、㈠前法的な概念である行為と、その他の法的な概念である諸要素とに大別される。ある事実が行為と呼べるかどうかは純粋の事実判断であって（ただし刑法学上の問題ではある）、他の刑法的判断から区別される。次に、㈡法的な犯罪概念要素は、形式的（一般抽象的）な性格をもつ構成要件該当性と、実質的（個別具体的）な性格をもつ違法性および責任に分けられる。前者の、行為が構成要件に該当するか否かの判断が価値に関係しているとはいえなお事実判断にとどまっているのに対し（価値関係的事実判断）、後者の、構成要件に該当した行為（実行行為）が違法・有責であるかどうかの判断は純粋の価値判断であるといえる。最後に、㈢犯罪概念の実質的な要素は、客観的・外部的性格を有する違法性と、主観的・内部的性格を有する責任とに分けることができるのである。

二　行為と構成要件の関係

1　犯罪概念の第一要素は何か

(1)　「構成要件論」　狭い意味では、構成要件該当性を犯罪概念の第一要素と解する見解のみが「構成要件論」であるが、広い意味では、構成要件該当性に独立した犯罪要素としての意味を認め、これを何らかの形で犯罪論体系に組み入れる見解をすべて「構成要件論」と呼ぶことができる。広義では、前掲②の犯罪論体系も「構成要件論」ということになる。しかし、「行為論」と対比される意味での「構成要件論」は、前者の狭い意味でのそれを指している（以下、特に断らない限りこの狭い意味で「構成要件論」という言葉を用いることにする）。

「構成要件論」の特色は、「犯罪とは何か」という犯罪の実質を問うことなく、「その行為は犯罪か」という形で犯罪(行為)の属性を重視する見地から、犯罪論を形式的、手続的に構成するところにある。すなわち、「構成要件論」の主たる関心は、犯罪本質論（実体論）よりも行為が犯罪とされるための条件に、その意味で犯罪の評価的把握ないし犯罪認定論に向けられているといってよい。

二〇世紀に入りドイツで「構成要件論」が台頭してきた学説史的背景の一つに、刑法学における罪刑法定主義思想の確立が考えられる。すなわち、罪刑法定主義の一つの柱は「法律なければ犯罪なし」というものであるが、「構成要件論」はこの思想を発展させ、そこでいう「犯罪」はおよそ犯罪一般を意味するのではなく、法律の明文により類型化された個々の犯罪を指している、と解されることになった。「構成要件論」によれば、構成要件に該当するものだけが犯罪となるのであって、ここに、構成要件のもつ罪刑法定主義的機能を強調することこそが国民の人権保障を全うすることになる、と考えられるに至ったのである。「法律なければ構成要件なく、構成要件なければ犯罪なし」というわけである。

「構成要件論」の思想的根底には、認識に先立って我々に与えられた所与の現実は名もなく形もない無秩序の混沌であって、我々の認識を通して初めて物事の秩序・実体を形成することが可能になる、とする新カント哲学の方法論が横たわっている。すなわち、存在と当為とを峻別し、存在の当為への当てはめという実践的な認識活動を要求する認識論を方法論上の基礎としているのである(西原・後掲❻六三頁)。犯罪概念についても同様であって、観念的な存在である構成要件という枠組みを通して初めて犯罪概念を把握しうるのであって、構成要件の観念の存在しない所に犯罪概念は存在しえない、と主張するのである。「構成要件論」は、行為は構成要件の中に観念としてのみ存在するという見地から、構成要件該当性の判断に当たっては、無限定な出来事を対象として、そこから直接構成要件的行為(実行行為)を抽出するという方法を採る。したがって、「行為論」が説くように、刑法から離れたところに行為が存在すると解するのは誤りであるとし、構成要件という衣をまとわない、いわゆる「裸の行為」論を排斥することになるのである。「構成要件論」によれば、行為はそのすべてが「構成要件的」行為でなければならないのである。

しかし、「構成要件論」には、次のような問題性が含まれている。「構成要件論」は、右にみたように、行為概念を構成要件の中に取り込んで犯罪論体系を構成するのであるが、そこには判断対象(行為)と判断作用(構成要件該当性)との混交があるように思われる。犯罪論の分析的・論理的評価は、判断自体とその対象とを区別することによって初めて可能となるのであって、構成要件的評価の対象である行為を評価の基準である構成要件の中に含めて論ずることは妥当でないのである。したがって、まず行為論の段階で人間事象を行為と非行為とに分類し、次いで行為とされたものについて構成要件論の段階で構成要件に該当する行為（実行行為）とそれ以外の行為とを区別することが、判断構造のうえで妥当であるばかりでなく、思考経済のうえからも適切と考えられる。

(2)　「行為論」　「構成要件論」と対比される意味での「行為論」（広義）は、行為を犯罪概念の第一要素とするものをいうが、構成要件概念に犯罪論体系上独立した意味を与えない見解のみを「行為論」（狭義）と呼ぶこともある。広義では、前掲②および③の犯罪論体系は共に「行為論」であるが、狭義では、③のみが「行為論」である（以下、特に断らない限り広い意味で「行為論」という言葉を用いることにする）。「行為論」は、行為は構成要件該当性（あるいは不法）判断の対象であって、行為こそが犯罪概念にとってもっとも基本的な要素であると解している。

「行為論」の特色は、「犯罪とは何か」を問う形で犯罪論を実質的、実体的に構成しようとするところにある。「行為論」も行為が刑法的評価に関連するものとして刑法学上の概念であることを否定するわけではないが、その基本は、行為を刑法的評価が加えられる事実的基礎として、存在論的に刑法的評価に先行するものと考える点にある。犯罪論を単なる認定論にとどめることなく、実体論的に把握しようとするのであれば、構成要件該当性・違法性・有責性の評価に先立って、あらかじめ行為概念を明らかにしておく必要がある（鈴木・後掲❹四六四頁参照）。ここでは、犯罪事実のもつ存在拘束性の見地から、行為概念が刑法の解釈にとどまらず立法をも指導するものとして捉えられており、そして、思想自体を犯罪概念から排除することによって初めて人権が保障されるという行為主義の原則が「行為論」を採用する実践的理由とされているのである。

次に、「行為論」を採る実定法上の根拠としては、まず、正当化事由（違法阻却事由）に関して刑法三五条、三六条、三七条は違法でない「行為」について規定して、犯罪が違法な「行為」であることを明らかにし、また、責任阻却事由に関して刑法三八条〜四一条は、有責とされない「行為」について規定して、犯罪が同時に有責な「行為」であることも示しているのである。さらに、観念的競合に関して刑法五四条一項前段は、科刑上一罪とされる基礎を「行為」の一個性に求め、犯罪の基本にあるものが「行為」であることを明らかにしている。

最後に、「行為論」が採られる解釈論上の実益として、次のようなことが考えられている。まず、作為・不作為の概念的区別は、刑法以前の社会的観点から把握しうるものであって、身体的運動を意味する作為はもとより、一定の身体的運動をしないことを意味する不作為も社会的実在として構成要件的評価が加えられる以前にすでに観念しうる概念である。そのことは、構成要件要素である保障人的地位に立たない者の不作為についても(本書19参照)、これを想定することができることからも明らかであろう。また、条件関係と(相当)因果関係との関係は、それぞれ犯罪論体系における行為論と構成要件論とに対応するものであり、行為(条件関係)は構成要件的評価(相当因果関係)から独立し、かつこれに先立って論じられなければならないのである。さらに、予備行為と実行行為、正犯行為と共犯行為といった区別は、いずれも共通の類概念である一般的行為概念を前提とし、その下における種概念として把握することによってこれをよりよく理解することが可能となるのである。

2 行為・構成要件をめぐる問題点

(1) 条件関係と結果回避可能性　広義の因果関係(条件関係を含む)のうち、構成要件該当性の問題である相当因果関係については本書の2で扱うこととし、ここでは行為論に属する条件関係について考えてみよう。条件関係とは、「その行為がなかったならば、その結果は発生しなかったであろう」という論理的必然関係をいうが、問題となるのは、①行為以外の他の原因も結果に現実に作用した択一的競合の場合、および、②行為がなければ他の原因が結果に作用したであろう仮定的因果経過の場合である。これらの場合、行為がなくても他の原因によって結果が現に発生した(①の場合)から、あるいは発生したであろう(②の場合)から、その行為には結果回避の可能性がなく、したがって条件関係が否定されるのではないか、ということが問題となるのである。

まず、択一的競合については、例えばXがAに致死量の毒薬を投与したところ、たまたまYも独立に致死量の毒薬をAに投与しAが死亡したという場合（毒薬事例）、Aの死亡がX・Y単独の場合とまったく同じ経過をたどったとすれば、Xの行為とA死亡の結果との間の条件関係は否定されよう（Yについても同じ）。この場合、Xの行為の評価にとっては、Yが致死量の毒薬を投与したという事実（Yからみれば、Xが致死量の毒薬を投与した事実）が決定的な意味をもつのである。これに対し、仮定的因果経過の場合は事情が異なり、条件関係を肯定してよいと思われる。例えば、死刑が執行される際、Xが死刑執行のボタンを押そうとしていた係官Yを押しのけ、自らそのボタンを押して死刑囚Aを殺害したという場合（死刑執行事例）、Xがボタンを押さなければYが押したであろうという事実は、仮定的事実であって現に存在した事実ではなく、これを付け加えて条件関係を判断すべきではなかろう（付け加え禁止説）。

仮定的因果経過の事例についても条件関係を否定する見解があるが、その理由は、当該結果が回避不可能であることに求められている（山口・探求九頁）。しかし、死刑執行事例の場合も、結果回避の可能性はむしろあったとみるべきではなかろうか。XがYを押しのけた上、そのまま押さえ続けていれば、少なくともAはその時点で死亡することはなかったはずである。そもそも、結果回避可能性の概念は、結果発生の危険性がすでに存在している状態で、その危険を取り除き、結果の発生を阻止しうるかを問う問題である。従来、不作為犯について結果回避可能性（作為可能性）が論ぜられてきたのは、まさに社会的に期待された作為を行えば既存の危険を除去して結果を回避することができ、そしてその場合に初めて行為者の不作為の罪責を問いうるからである。また、過失犯についても一般に結果回避可能性が問題とされるが、それは過失犯を不作為犯的に構成する新過失論によるからであって、旧過失論の立場からすれば、過失不作為の場合に限って結果回避可能性を問題にすべきであろう（本書12）。

(2)　実行行為の概念　前刑法的概念である行為が構成要件に該当した場合、これを「実行行為」という。実行行為は、形式的には「構成要件該当行為」を指すが、実質的にみれば「法益侵害の一般的危険性のある行為」である。もっとも、構成要件概念のもつ形式的性格からして、実行行為は、当該行為時の具体的状況に照らして現実的危険を発生させる行為ということではなく、そのような行為をすれば通常法益侵害の危険を発生させる性格を帯びている行為という意味であって、まさに構成要件が予定している行為が実行行為なのである。実行行為概念は、従来、構成要件ひいては犯罪概念の中核的要素と考えられてきたが、近年に至り、その意義を無用化ないし希薄化する傾向が顕著になりつつある。

それは、未遂犯を「既遂の結果を生じさせる危険」を要件とする結果犯とする理解が実行行為概念に波及し、構成要件該当性の判断に当っては、行為と構成要件的結果(未遂結果を含む)との間に刑法上の因果関係ないし客観的帰属の要件が備わっているかどうかだけが問題である、と解せられるようになったからである(山口・探求四頁以下)。たしかに、犯罪概念の重点は構成要件的結果にあり、また未遂犯も単に行為を処罰するものではなく、一種の結果犯として(危険)結果を処罰しているのであるが(本書20三)、そうであるからといって実行行為概念が犯罪論において果たすべき役割を無視ないし軽視してよいということにはならないであろう。およそ法益侵害の危険性のない行為についてこれを刑法的評価の対象とすることは無益であるし、刑法も「実行の着手」によって、きわめて例外的な場合にのみ処罰される予備行為と、原則として処罰の対象に取り込まれる実行行為とを截然と区別しているのである。実行行為の有無によって犯罪の成否が決定される、という程に実行行為概念を過度に強調することには問題があるとしても、その反対に、実行行為概念が犯罪論において果たしてきた罪刑法定主義的機能を等閑視することにも問題があろう。「(実行)行為なければ犯罪なし」とする行為主義の原則は、今日もなお維持される必要がある。

三　構成要件該当性と違法性の関係

構成要件該当性と違法性の関係については、構成要件の理解の仕方次第でいくつかの見解に分かれてくる。大別すると、構成要件該当性と違法性を一体視する立場と、両者を区別する立場とがあるが、後者はさらに、構成要件該当性と違法性を原則―例外の関係として捉える立場と、形式―実質の関係として捉える立場とに分かれる。

(1)　両者を一体視する立場　この立場は、構成要件を違法行為の類型と解する違法類型論を徹底させ、構成要件該当性を違法性の存在根拠と解するものである(存在根拠説)。存在根拠説は、メッガーの新構成要件論に由来する考え方であるが、わが国では次の二つの方向から主張されている。一つは、構成要件該当性を違法性の中に埋没させるメッガーの見解を発展させたものであって、違法性(不法)は構成要件該当性と違法阻却事由の不存在とから成り立っている、と解している(西原・一五九頁)。ここでは、構成要件該当性は違法性の単なる一構成要素であって、犯罪論体系において独立した意義が認められていない。他の一つは、いわゆる消極的構成要件要素の理論であって、構成要件が積極的な違法要素と消極的な違法阻却要素の不存在とから成り立っている、と解するものである(中義勝・刑法総論九〇―一頁)。ここでは、第一の見解とは反対に、違法性に犯罪論体系において独立した意義が与えられていないのである(本書二三〇頁以下参照)。

存在根拠説に対しては、次のような問題性を指摘することができよう。まず、この立場では構成要件該当性と違法性とが一体化されることから、その分、犯罪の認定に際してテストの回数が減るため、それに伴って判断の信頼度が低下するということが考えられる(内田・三〇頁参照)。また、存在根拠説には、構成要件該当性と違法性とがそれぞれ担っている刑法的評価としての性格の違いが無視されているのではないか、という疑問もある。すなわち、構成要件該当性は価値に関係しているとはいえ、抽象的・類型的な事実判断にとどまるのに対し、違法性は具体的・非類型的な純粋の価値判断であるという相違が認められるのである(前出四二頁)。さらに、かりに構成要件が違法類型であるとしても、そこにいう「類型」は、違法性を徴憑《ひょう》する事実の類型を意味しているにすぎず、違法要素が直接的な形で構成要件に浸透してくることを意味するものではないと思われる。したがって、例えば不作為犯や規範的構成要件要素を含む犯罪の場合のように、構成要件該当性の判断に価値的考慮が不可欠とされる場合であっても、それは構成要件の違法性推定機能を生じさせるための事実的補充にすぎないのであって、違法性判断の一般条項的導入を伴うものであってはならないのである。

(2)　原則―例外の関係とみる立場　この立場は、構成要件を違法性の徴憑と解し、構成要件が違法性の認識根拠であるとした、M・E・マイヤーの構成要件論に由来するものである(認識根拠説)。認識根拠説は、犯罪論の任務を犯罪の認定に求めるものであって、構成要件該当性に違法性の論理的推定を認め(構成要件の違法性推定機能)、構成要件に該当する行為は原則として違法であるが、正当化事由が存在する場合には、推定された違法性が例外的に阻却される、と解するのである。わが国の多数説といえよう。もっとも、認識根拠説は、構成要件に違法性推定機能を認めつつも、構成要件該当性が違法性から独立して、しかも違法性判断の前に認定されなければならないとする点で、同じ違法類型論であっても(1)の存在根拠説からは区別されている。

しかし、認識根拠説にも問題がないわけではない(内田・後掲❸三〇―一頁)。第一は、構成要件該当性と違法性とを原則―例外関係とみることに対する疑問である。違法性が単なる例外判断にとどまるとするならば、その犯罪論体系は、構成要件該当性・違法阻却・責任ということにならざるをえず、右の違法判断から得られるものは、単に消極的な違法でない行為であって、積極的に違法な行為を確認することはできないことになる（内田・八九頁以下）。また、かりに例外事由（正当化事由）に属しない行為がすべて違法であるとすると、そこでは違法性の強弱を論じる必要もなく、不可罰的違法を把握することも不可能となり、違法論の形骸化・空洞化をもたらさざるをえないことになるのである。認識根拠説に対する第二の疑問は、その折衷的な性格に対して向けられる。すなわち、構成要件のもつ違法性推定機能を重視するのであれば、構成要件論の学説史が示すように、構成要件と違法性とが一体化されて先の存在根拠説に至らざるをえないし、反対に、構成要件のもつ形式的保障と体系的独立性を強調するのであれば、構成要件の論理的推定機能が否定されて、次に述べる行為類型論に帰着することになるのである。

(3)　形式―実質の関係とみる立場　　この立場は、ベーリングの記述的・没価値的・形式的構成要件概念に由来する構成要件論であり、構成要件該当性の判断は価値に関係しているとはいえ事実判断にとどまっており、規範的否定的評価を含まないとする見解である（行為類型論）。そして、一歩譲って構成要件が違法類型であることを認めるとしても、構成要件は単なる形象・形式にすぎず実質を示すものではない、と解する。したがって、行為が構成要件に該当するという評価も、行為の違法性を事実上推定（推測）するだけのことであって、構成要件該当行為も論理的には違法と適法とから等距離にある、とするのである。また、違法阻却事由の問題は違法性論そのものではなくその一部にすぎないから、違法論が形骸化する弊害も防げると考えるのである（内田・八四頁以下）。

行為類型としての構成要件論、特にベーリングの構成要件論に対して、それはあまりに形式的、記述的、没価値的にすぎるため、構成要件概念の形骸化・空洞化をもたらすという批判が提起されている。また、この点とも関連して、形式的な構成要件概念にあっては実質的な違法行為をその中に盛り込むことができなくなるという指摘もある。しかし、構成要件が記述的、没価値的であるといっても、それは違法性との関係においてのみいいうることであって、この立場でも構成要件がまったく形式的で無内容だというわけではない。ただ、構成要件概念のもつ独自性を維持しようとする限り、違法性との関係ではむしろ両者の異質性を強調する必要があるということなのである。しかも、わが国における今日の行為類型論は、主観的構成要件要素を承認する傾向にあり（ただし主観的違法要素は認めない）、その点でベーリングの構成要件論とは一線が画されている。

【参考文献】

❶阿部純二「行為論の体系的地位」法学セミナー三一八号（一九八一）
❷同　「行為と構成要件」阿部＝川端編・基本問題セミナー『刑法1総論』（一九九二・一粒社）
❸内田文昭『犯罪概念と犯罪論の体系』（一九九〇・信山社）
❹鈴木茂嗣「犯罪論の新構想」京都大学法学部創立百周年記念論文集　第二巻（一九九九・有斐閣）
❺曽根威彦「行為類型としての構成要件」同『刑事違法論の研究』（一九九八・成文堂）所収
❻西原春夫『犯罪実行行為論』（一九九八・成文堂）
❼日髙義博「刑法における行為論の意味」刑法基本講座第1巻
❽町野　朔「構成要件の理論」『刑法理論の現代的展開　総論Ⅰ』
❾宮澤浩一「犯罪論体系の意義」現代刑法講座第一巻
❿山火正則「構成要件の意義と機能」刑法基本講座第2巻
⓫特　　集「構成要件論の再生」現代刑事法六六号（二〇〇四）

5 相当因果関係

一 はじめに

(1) 因果関係論　刑法上「因果関係」とは、実行行為と構成要件的結果との間に要求される原因―結果の関係をいうが、その前提として、「その行為がなかったならば、その結果は発生しなかったであろう」という論理的な条件関係（conditio sine qua non）が考慮されている。条件関係が前刑法的な純粋の事実概念として行為論に属するのに対し、ここでいう因果関係は、発生した結果が構成要件的結果であるといえるために、実行行為と結果との間に必要とされる関係を問うものであるから、客観的帰責の問題として刑法的評価を伴い、構成要件論において扱われることになる。そして、条件関係の認められるもののうち、特に刑法学固有の因果関係の範囲を求めるための理論を「因果関係論」と呼んでいるのである。

因果関係論として、今日、条件説と相当因果関係説とが鋭く対立している。条件説は、すべての先行行為について結果発生に対する起因力を認める学説であって、必然的な条件関係が存在する場合に常に刑法上の因果関係を認める学説である。条件説は、条件関係＝因果関係と解することによって条件関係と因果関係を一体化し、両者を区別しないところにその特色がある。これに対し、相当因果関係説(多数説)は、事態を一般的に観察して、一般人の経験上、一定の先行事実(行為)が存在する場合には一定の後行事実(結果)が発生するのが通常だと考えられる場合に因果関係を認める学説である。行為と結果との間に構成要件の予定する定型的な因果性が認められる場合に限って刑法上の因果関係を肯定しようとするところにこの見解の特色がある。本章では、多数説にいう「相当因果関係」の概念を明らかにすることにする。

(2) 相当因果関係論と客観的帰属論　近年、相当因果関係論における相当性判断の基準としての不明確性が指摘されるに及んで「相当因果関係の危機」ということが言われるようになり、それに伴ってドイツで有力に主張されている「客観的帰属論」がわが国でも台頭してきた(山中・後掲❾)。これは、もともとは条件説の問題性を解消するものとして提唱された理論であって、因果関係の問題と客観的帰責の問題とを区別し、因果関係論においては条件説を採り、その後において客観的帰属の理論により帰責限定を行おうとするところにその特色がある。客観的帰属論は、まず、結果との間に条件関係のある行為が法的に許されない危険を生みだし(危険の創出)、次いで、その危険が構成要件に該当する結果を実現した場合に(危険の実現)、結果の客観的帰属が認められる、とするのである。

客観的帰属論は、結果の客観的帰属が認められる場合を個別具体的に考察するものであって、判断基準の明確性という点では優れた理論であるが、次のような問題性を抱えているように思われる。まず、この理論は、問題の個別的解決に急な余り、そこに統一的な原理が認められないということである。客観的帰責の分野で客観的帰属論を活用するとしても、それは相当因果関係の枠組みの中で相当性判断を具体化する基準として機能させるべきであろう。また、客観的帰属論は、必ずしも条件関係を限定する(相当)因果関係論に代わるものとしてのみ議論されているわけではなく、そこには犯罪論上のきわめて雑多な議論が取り込まれている。さらに、この理論が基礎としている規範論は、命令説的なそれであって（曽根「客観的帰属論の規範論的考察」早稲田法学七四巻四号一五七頁以下）、本書の立脚する客観的評価規範説の立場からは疑問の存するところである。

二　二つの相当性概念

相当因果関係の構造は、㈠実行行為と構成要件的結果との間の相当性判断自体の問題と、㈡相当性判断に際しての判断基底（判断資料）の問題とから成り立っている。したがって、相当因果関係をめぐる議論もこの二点を中心として展開されることになる。このうち、㈠の相当性判断はすべての相当因果関係説に共通の問題であるが、相当性の程度について、相当因果関係は偶然的な結果とそれに至る異常な因果経過を刑法上因果関係がないとして排除しようとするものであるから、「ある程度の（ありがちな）可能性」で足り、必ずしも「高度の蓋然性」までは必要でないということになる。次に、㈡の「何を相当性判断の基礎におくべきか」という問題については、主として後述の行為の相当性（広義の相当性）の問題として、従来、相当因果関係説内部で激しく争われてきた。主観的相当因果関係説、客観的相当因果関係説および折衷的相当因果関係説の対立がこれである（後出三1）。

ところで、相当因果関係が問題となる事例には、大別して二つの類型がある。第一は、「行為時に行為者が認識しえなかった特殊な事情が存在したために結果が発生した事案」であり、第二は、「行為後に特殊な事情が介入して結果が発生した事案」である（平野・Ⅰ一四三頁以下）。第一の類型においては、行為それ自体が結果発生の危険性を有するか、という形で「行為の相当性」（行為の危険性）が問題となり、第二の類型においては、その行為の危険性が具体的な因果経過を通じて当該結果へ実現したといえるか、という「因果経過の相当性」（危険の実現）が問題となる（井上・後掲❷一六五頁以下。ただし、同・後掲❸一頁以下)。前者を「広義の相当性」と呼び、後者を「狭義の相当性」と呼ぶこともある。

相当因果関係を行為の相当性と因果経過の相当性とに分けて考え、因果関係の認定にこの二つの相当性概念を用いることについては異論もある。まず、行為の相当性を実行行為の危険性(実行行為性)と同一視する場合には(後出三3)、行為の相当性が欠ける場合は実行行為性も欠けるので、未遂犯も成立しないことになり(町野・後掲❼二一一頁参照)、行為の相当性は結果の帰責の基準ではなく、因果関係論において重要な機能を果たさないことになる。しかし、実行行為性が主として結果の生じなかった場合に問題となるのに対し、行為の相当性は結果が発生した場合に問題になる判断である点で、両者は実際上かなり異なっており(前田・基礎一〇〇頁)、後述のように、両者を完全に同一視することには疑問がある。

また、因果関係において行為と具体的な構成要件的結果の関係を問題とする以上、具体的結果はその内容として因果経過を当然に含むから、相当性の内容としては、狭義の相当性(因果経過の相当性)だけを問題とすればよい、とする主張もある(山口・後掲❽六一頁、同・探求一九頁)。たしかに、行為後の因果過程に何らかの事情が介入し、そのため因果経路に変更をもたらしたときは、因果経過の相当性だけを問題にすれば足り、行為の相当性を論ずるまでもないように考えられるが、その場合でも、因果経過を危険の実現過程と捉えるときは(後出四1)、危険実現判断の論理的前提として、行為の危険性を考慮せざるをえないであろう(山中・後掲❾七五頁)。行為の危険性が認められないところでは、危険の実現もありえないからである。いわんや、行為当時存在した事情が直ちに結果を左右するケースについては、むしろ因果経過の相当性を問題とするまでもなく、行為の危険性(相当性)と結果との関係だけを考慮すれば足りるように思われる。

三　行為の相当性（広義の相当性）

1　相当因果関係説

行為の相当性は、例えばXがAを殴打したところ、Aが特異体質の持ち主であったため死亡してしまったという場合のように、行為時に特殊な事情が存在しそれが結果発生の一因となった場合に、それにもかかわらず行為が結果発生の危険性を有していたといえるか、という形で問題となる。行為当時客観的には存在していたが、行為者ないし一般人が認識していなかった事情を判断基底において行為の危険性を判断してよいか、という問題である。行為当時存在する特殊な事情の処理に関しては、周知のように、相当因果関係説内部で学説の対立があるが、今日では、折衷的相当因果関係説（折衷説）と客観的相当因果関係説（客観説）とが厳しく対立している。

(1)　折衷的相当因果関係説　この見解は、行為当時において一般人が認識しえた事情、および一般人は認識しえなかったが行為者が特に認識していた事情を基礎として相当因果関係の有無を判断しようとする（事前判断）。例えば、前例において、㈠Aの特異体質を一般人が認識しえた場合、および一般人は認識しえなかったがXが特にこれを認識していた場合は、右の特殊事情が判断基底に組み入れられて、このような体質の持ち主を殴打する行為の危険性が問われ、これに対し、㈡Aの特異体質を一般人が認識しえず、またXも認識していなかったときは判断基底から除かれ、健康人を殴打すれば死亡することが相当であるかどうかが問われることになる。

しかし、折衷的相当因果関係説には、まず、行為の客観面と主観面、ひいては違法と責任との混同があるとみられる。この見解によると、一般人が認識しえなかった事情については、行為者が特にその事情を認識していたか否かによって結論が左右されることになるが、行為者の認識（可能性）の有無は、主観的帰責すなわち責任に関わる問題であって、客観的帰責を問う因果関係の基準としては妥当でない。また、この点とも関連して、行為者の主観を考慮すると、共犯現象に典型的に現れるように、一個の犯罪現象でありながら、各関与者がその事実を認識していたか否かによって因果関係が人によりあったりなかったりするという不都合が生ずる。前例において、Aの特異体質を教唆者Yは知っていたが、正犯者Xは知らなかったという場合、折衷的相当因果関係説によると、認識のないXは未遂、認識のあるYは既遂の教唆ということになるが、正犯者が未遂であるにもかかわらず共犯者に既遂の罪責を問うことは共犯の従属性の思想と相容れないであろう。

(2) 客観的相当因果関係説　この見解は、裁判の時に立って、行為当時におけるすべての客観的事情、および行為後における事情のうち経験法則上予見可能な事情を判断基底において相当性判断を行う（事後判断）。前例でいえば、Aの特異体質は行為当時すでに客観的に存在していた事情であるから、行為時にはXはもとより一般人もその事実を認識することができなかったとしても、Aの特異体質は相当性判断の基礎におかれることになるのである。このように、客観的相当因果関係説は、行為時に存在した事情については裁判時に至って初めて判明した事情をも判断基底におき、行為当時において当該結果の発生を予測しえたかどうかを判断するところにその特色がある（客観的事後予測）。

客観的相当因果関係説に対しては、この見解が行為当時の事情に関して一般人も知りえない特殊な事情を考慮に入れることに対して、それは相当因果関係説の根本趣旨と矛盾し、適用上条件説とほぼ同一の結果となって、客観的「帰責」としての因果関係の任務に悖《もと》るという批判がなされている。しかし、実行行為が結果発生の可能性（危険性）をもつかどうかを判断するに際しては、結果発生の可能性に現実に影響した行為当時の事情は他にありえなかったものとしてすべて判断基底において考慮しなければならない一方（内藤・(上)二七九―二八〇頁参照）、客観的相当因果関係説も、画定した判断基底に基づいて実行行為と結果との間の相当性判断を行うことによって条件関係に絞りをかけており、やはり条件説とは異なっているのである。因果関係論の任務が行為者の主観的な帰責を問うものではなく（これは責任論の任務である）、発生した結果がすでに過去においてなされた実行行為へ客観的に帰属しうるかどうかを確認するものである以上、客観的相当因果関係説が基本的に妥当と思われる。

また、客観的相当因果関係説が行為時の事情と行為後の介在事情とに分けて論ずることに対しては、両者の区別はきわめて流動的であって、これを区別する十分な根拠に乏しい、という指摘があるが（山中・後出❾五七頁）、行為が客体に作用する時点を基準として、両者を分けることはなお可能であろう。例えば、時限爆弾を積んでいる飛行機に搭乗を勧める行為については、一定時刻まで危険が顕在化しないのであるから、爆弾が被害者に作用する時点を基準に考えると行為時の事情ということになる。これに対し、例えばXがAを負傷させたが、その後Aが腐った橋を通って病院に運ばれる途中、橋が落ちたため溺死したという事例において、「橋の腐朽」という事実は、行為時にすでに存在した事情ではあるが、行為が客体に作用した（XがAを負傷させた）後に（Aが橋を通過する際）因果経過に及ぼした事情であるから、結局は行為後の介在事情ということになるのである。

2　行為の相当性と未遂犯における危険

行為の相当性（広義の相当性）は、行為自体の担っている構成要件的結果発生の危険性を意味しているが、それと同様に結果発生（法益侵害）の危険を意味する「未遂犯における危険」との関係が問題となる。未遂犯の構造については様々な理解があるが、大別すると、①未遂犯は行為の危険性（行為の違法性）を処罰すると解するものと、②結果としての危険（結果の違法性）を処罰すると解するものとがある（本書21参照）。

第一説によれば、行為の相当性と未遂犯における危険とは、共に行為の危険性を意味するとして同一のものとなり、したがって行為の相当性が否定され、行為と結果との間の因果関係＝既遂が認められないということになると、論理的には、法益侵害の(具体的)危険も発生しなかったものとして未遂犯の成立も否定されることになる。しかし、未遂犯も単なる行為自体の違法性を処罰するのではなく、法益侵害の具体的危険という結果の違法性を処罰するものと解すべきであろう。

未遂論で問題となる具体的危険は結果としての危険を意味し、因果関係論において問題とされる行為の危険性(行為の相当性)とは区別すべきであると思われる(山口・後掲❽五七頁以下)。すなわち、未遂犯における危険が現実には存在しない結果(法益侵害)の可能性を問うのに対し、因果関係における危険は現に存在する結果を前提として、それの(実行)行為への帰属を判断する際に、結果不発生の可能性を問うという形で行為の相当性を問題とする点で、その実体を異にしているのである。前者においては未遂犯の成立要件として、「未遂犯か不能犯か」が問題とされるのに対し、後者にあっては相当因果関係を認定するための一要素として、「既遂か未遂か」が問題とされるのである。

四　因果経過の相当性(狭義の相当性)

1　意　義

行為後に他の事情が介入し、それが因果の流れに影響を及ぼした事例については、行為の相当性を含む因果経過の相当性が問題となる。この因果経過の相当性は、行為の危険性が具体的な因果経過を通じて結果へ実現したといえるかどうかの判断に依拠しており、実行行為と相当な因果関係にある結果についてのみ構成要件的結果と評価することが可能となる。反対に、因果経過の相当性が認められない場合には、行為の相当性（危険性）が認められ、またこれと条件関係に立つ結果が発生したとしても、危険の実現が因果的理由によって阻害されていると判断されて、相当因果関係が否定されることになるのである。

行為後に介入する事情として考えられるのは、①行為者自身の行為、②被害者自身の行為、③第三者の行為、④自然的事実である。しかし、このうち、①の行為者自身の行為が介入する場合、例えばXが殺意をもってAに切りつけ、すでに死亡したものと思ったAを川の中に捨てたところ、Aはまだ生きており、大量に水を飲んで死亡した場合は、行為者Xの新たな故意行為が介入しており、全体を一個の行為とその後の因果経過とみることは困難である。この場合は、第一の行為と第二の行為とに分け、前者については故意犯の未遂、後者については過失犯の既遂を認めるべきであろう（曽根・一七九頁）。これに対し、②、③および④のケースについては、いずれも因果経過の相当性が問題となりうる。例えば、②の事例として、Xが殺意をもってAに切りつけ傷害を与えて現場に放置しておいたところ、Aが立ち上がって歩き出し、溜め池に落ちて死亡したという場合、③の事例として、右の例で通行人が傷害を負って現場に放置されたAを見つけ病院へ収容したが、医師Yの治療が不適切であったためAが死亡したという場合、④の事例として、右の例でAは通行人に助けられて病院に収容されたが、病院が火事になってAが焼死したという場合がある。

問題は、因果経過の相当性をどのように判断すべきかということであるが（西原・後掲❺八頁以下参照）、ここでも行為の相当性判断の場合と同様、相当性の判断基底の問題と相当性判断それ自体の問題とに分けて考えることができよう。さて、因果経過の相当性判断の内容について、㋑行為に存する結果発生の確率の大小、㋺介在事情の異常性の大小、㋩介在事情の結果への寄与の大小の三つの基準を上げる見解がある（前田・二一一頁）。このうち、㋑の基準は、行為の危険性、すなわち行為の相当性(広義の相当性)を意味しており、固有の意味での因果経過の相当性に関する基準は㋺と㋩である。そして、私見によれば、㋺の介在事情の異常性の大小は、相当性の判断基底にかかわる問題であり、㋩の介在事情の結果への寄与の大小は、相当性判断それ自体にかかわる問題である。

2 判断基底

因果経過の相当性判断において、かりに判断時点を行為時に固定して、行為後に生じた事情についても行為時に予見可能であった事情のみを繰り上げて判断基底に据え、行為と結果との間の相当因果関係を問うというのであれば(事前判断)、行為の危険の実現過程、したがって因果経過の具体的な流れを十分に把握できないことになる。例えば右の事例③において、行為時に医師Yの不適切な治療が予見しえないからといって、これを直ちに判断基底から排除し、抽象的にXがAに切りつけた行為から死の結果が発生することが相当であるかどうかを問うことは妥当でなく、行為後の介入事情が問題とされる場合には、因果経過の具体的な流れの一こま一こまについて、経験法則上予見可能な事情を判断基底に組み入れるという形で事後的に判断基底を設定することが不可欠な作業となる(内藤・(上)二八五頁)。そして、この場合、XのAに対する傷害行為にはその後に治療行為を伴うことが通常の事態とみられる以上、Yの治療過誤は必ずしも経験法則上予見不可能な異常な介在事情とは認められず、この事実を判断基底から排除することは妥当でないであろう。かりに、本件において因果経過の相当性が否定されることがあるとすれば、それはYの落ち度が重大であって、経験法則上およそ予見が不可能であるようなきわめて例外的な場合に限られるべきであろう。

問題は、行為との関係でどのような事情が経験法則上予見可能な事情、すなわち異常でない事情、通常の事態として判断基底に組み入れられるのか、ということである。具体的な帰結は個々の事例ごとに判断せざるをえないが、一般的にいえば、当該介在事情が行為から必然的に、あるいは行為に付随してしばしば引き起こされるものであるのか、それともそのような行為が行われてもめったに生じないもの、あるいは行為とまったく無関係に生じたものなのかによって異なってこよう（前田・基礎一一一頁）。前者であれば、経験法則上予見可能であるとして判断基底に組み入れられ、後者であれば、予見不可能であるとして判断基底から排除されることになる。

被害者の行為の介入が予見可能かどうかが問題となった事案として、最決昭和六三・五・一一（刑集四二巻五号八〇七頁）がある。事案は、医師の資格のない被告人が被害者から風邪気味であるとして診療の依頼を受けた際、熱が上がれば雑菌を殺す効果があるという誤った考えから、水分や食事を控えて熱を上げることなどを指示したところ、被害者はこれに忠実に従い脱水症状を起こし肺炎により死亡したというものであるが、これに対し最高裁は、「医師の治療診察を受けることなく被告人だけに依存した被害者側にも落ち度があったことは否定できないとしても、被告人の行為と被害者の死亡との間には因果関係がある」と判示した。本件の場合、被害者が被告人の圧倒的な影響下にあったとする本決定の事実認定を前提とすれば、被害者側の落ち度のある態度は、被告人の行為により誘発されたものとして行為者による行為―結果の因果系列に内在するものと考えられ、当然その予見も可能だということになる。これに反し、被害者側の教育程度・職業（被害者は大卒の建築士、妻は医学技術専門学校卒の臨床検査技師）等を考慮すると、被害者が病状の悪化した後もまったく医師にかからず、適切な療養・看護を受けなかったという被害者側の落ち度ははなはだ突飛な事情であり、したがってこれに被告人の行為から独立した独自の意義を認めるのであれば、それは経験法則上も予見不可能な事実として判断基底から排除されることになろう。

3　相当性判断

因果経過の相当性を判断するに当っては、①介在事情の予見可能性の有無、②行為の危険性の程度、③介在事情の結果に対する寄与度（介在事情が結果の発生に及ぼした影響の程度）の三つが問題となる。

(1) 介在事情が予見可能な場合　介在事情が経験法則上予見可能な場合は、その事情を判断基底に乗せた上で行為から結果に至る因果経過の相当性判断が行われるから、行為の危険性の程度、介在事情の寄与度のいかんを問わず、相当因果関係は肯定されることになる。

まず、行為の危険性が高い場合、しかも特に介在事情の寄与度が低いケースについては、当然に因果性が肯定される。例えば、海中における夜間潜水の講習指導中、指導者（被告人）が不用意に受講者らのそばから離れて同人らを見失い、受講生が圧縮空気タンク内の空気を使い果たして溺死した事故について（夜間潜水訓練事件）、最決平成四・一二・一七（刑集四六巻九号六八三頁）は、受講生および指導補助者の不適切な行動が介在したとしても、それは被告人の行為から誘発されたものであるとして、被告人の行為と受講生の死亡との間の因果関係を肯定した。介在事情が誘発事実であって予見可能な事情として判断基底に置かれるときは、被告人の重大な危険行為からそのような事情を経て結果の発生に至ることは相当であるといえよう。

次に、行為の危険性がそれほど高くなくても、介在事情が予見可能な場合には、やはり行為と結果との間の相当因果関係は肯定されることになる。このようなケースは、いわゆる追跡・逃走事例においてよくみられるところであって、例えば最判昭和二五・一一・九（刑集四巻一一号二二三九頁）は、被告人から暴行を受け、なお被告人が追いかける気勢を示したので、驚いて逃げ出した被害者が誤って転倒し負傷した事案について、被告人の行為と負傷結果との間に因果関係を認めた。この場合、被告人自身の暴行の程度は軽かったとしても、被害者の行動は被告人の取ったような行為に伴ってしばしば起こる事態であって経験則上予見可能であり、このような事情を判断基底において相当性判断を行えば、行為から結果に至る因果経過は相当と判断されることになるのである。同様に、最決平成一五・七・一六（刑集五七巻七号九五〇頁）は、被告人らから長時間激しくかつ執ような暴行を受け、被告人らに対し極度の恐怖感を抱いていた被害者が、必死に逃走を図る過程で高速道路に進入し、自動車にれき過されて死亡したという事案に関し、被害者の行動が著しく不自然、不相当であったとはいえない、として被害者の死亡結果は被告人らの暴行に起因するものである、と判示している。

(2)　介在事情が予見不可能な場合　　問題となるのは、介在事情が予見不可能であるため判断基底から排除された場合、その後に因果経過の相当性をどのように判断すべきか、ということである。この場合、介在事情が判断基底から排除された以上、行為の危険性の程度のみで相当性判断を行うとする見解もあるが（平野・Ⅰ一四六頁）、行為の危険性がいくら高くても、その危険性が結果に実現していないとみられる場合もあり（例えば、行為者が高層のビルから突き落とした被害者を落下中に第三者が射殺した場合）、行為の危険性だけから直ちに行為と結果との相当性を認めることはできない。そこで、介在事情が判断基底から排除される場合についても、介在事情が結果に及ぼした寄与度を考慮せざるをえず、結局、因果経過の相当性は、行為の危険性の程度と介在事情の寄与度との相関関係で決まることになる。そして、行為の危険性が低い場合は、予見不可能な介在事情を判断基底から排除して相当性判断を行うと、行為から結果が発生することは通常とはいえず、相当因果関係は否定されることになる。これに対し、行為の危険性の程度が高いときは、介在事情の寄与度の大きさによって結論が異なることになるのである。

まず、介在事情が単独でも結果を発生させうるほど寄与度が大きい場合は、介在事情が予見不可能であるとしてこれを判断基底から除いて判断すると、現実の因果経過は想定された因果経過の相当性の枠を超え、相当因果関係は否定されることになる（中性化的付加原因⇒凌駕的因果関係）。例えば、乗用車を運転していた被告人が過失により被害者を自車の屋根に跳ね上げたが、そのことに気づかず運転を継続したところ、やがてこれに気づいた同乗者が被害者を屋根から引きずりおろし死亡させた、といういわゆる米兵ひき逃げ事件において（最決昭和四二・一〇・二四刑集二一巻八号一一一六頁）、仮に同乗者の行為が予見不可能であるとしてこれを判断基底から除いて判断すると、被害者をはねた被告人の行為からそのような経過をたどって結果が発生することは相当とはいえず、行為と結果との間の相当因果関係は否定されることになる。

次に、介在事情が行為の危険性を促進したにとどまり、その寄与度が小さい場合は、予見不可能である介在事情を判断基底から除いて判断しても、現実の結果の発生は相当性の枠内にあると考えられる（結合的付加原因⇒重畳的因果関係）。例えば、最決平成二・一一・二〇（刑集四四巻八号三七頁）は、被告人が被害者の頭部を殴打して意識を失わしめ、港の資材置場に放置したところ、その後に何者かが被害者の頭部を殴打し死亡したという事案について（大阪南港事件）、「犯人の暴行により被害者の死因となった傷害が形成された場合には、仮にその後第三者に加えられた暴行によって死期が早められたとしても、犯人の暴行と被害者の死亡との間の因果関係を肯定することができ」る、と判示したが、本件においては被告人の行為から被害者の現実の死亡に至る経過は相当性の範囲内にある、と考えられるのである。

このように、介在事情が予見不可能な場合の因果経過の相当性は、現実に発生した結果が、介在事情を判断基底から排除して得られる想定された結果との対比においてなお相当性の枠内にあるといえるか、という判断であるとみることができよう。

【参考文献】
❶井田　良「因果関係の『相当性』に関する一試論」同『犯罪論の現在と目的的行為論』（一九九五・成文堂）所収
❷井上祐司「介在事情と判断基底の問題——刑法における相当因果関係説の検討——」同『行為無価値と過失犯論』（一九七三・成文堂）所収
❸　同　「行為後の事情と相当性説」法政研究五一巻一号（一九八四）
❹曽根威彦「相当因果関係の構造と判断方法」司法研修所論集九九号（一九九七）
❺西原春夫「行為後の介入事情と相当因果関係」研修四〇〇号（一九八一）
❻林　陽一『刑法における因果関係理論』（二〇〇〇・成文堂）
❼町野　朔『犯罪論の展開Ⅰ』（一九八九・有斐閣）
❽山口　厚「因果関係論」『刑法理論の現代的展開　総論Ⅰ』
❾山中敬一『客観的帰属の理論』（一九九七・成文堂）
❿特　集『因果関係論の現在』現代刑事法二六号（二〇〇一）

6 行為無価値論と結果無価値論

一 はじめに

刑法の犯罪論、殊に違法論において行為無価値論と結果無価値論の対立ということがいわれてすでに久しい。しかし、それはわが国では、昭和三〇年代以降、目的的行為論、特にヴェルツェルの影響を受けた人的不法論がドイツから日本に導入されてからのことに属する。それ以前の違法論においては、一部の主観的違法論は別として、今日いう結果無価値論が客観的違法論として学界の大勢を占めていた。その当時にあっては、犯罪の典型的な主観的要素である故意・過失が違法要素であることなどは夢想だにされなかったといってよい。しかるに、戦後、違法を行為者関係的な行為の否認と解する人的不法論が台頭するに及んで、この立場は、自説を行為無価値論と称し、これと対立する従来の伝統的違法論を結果無価値論と呼ぶようになったのである。

両理論の特色を図式的に示すと、行為無価値論が、㈠違法を規範違反と解する立場から(規範違反説)、違法性は法益の侵害・危険に尽きないと解し、法益の侵害・危険に還元しえない違法要素を行為無価値として認め、かつ、㈡故意一般(既遂犯の故意を含む)を違法(構成要件)要素と解するのに対し、結果無価値論は、㈠違法の実質を法益の侵害・危険に求めると同時に（法益侵害説）、㈡故意一般を違法要素ではなく責任（構成要件）要素と解しているのである。故意の犯罪論体系上の地位について（詳細は、後出四）、行為無価値論にはこれを違法要素であると同時に責任要素でもあると解する立場もあるし、結果無価値論にも構成要件的故意の存在を認める見解もあるが、故意が違法要素であるか否かという点に関しては、これを肯定する行為無価値論と否定する結果無価値論との間に明確な相違が認められるのである。

なお、行為無価値論、結果無価値論といっても、それぞれが違法要素として行為無価値、結果無価値だけを要求するものではないことに注意する必要がある。殊に、わが国の行為無価値論者は、行為無価値だけで違法性が確定すると考えているわけではない。むしろ、その多くは、結果無価値を基本としつつ、行為無価値を加味して考える折衷的な違法論を採用している（二元的行為無価値論）。それにもかかわらず、この見解が行為無価値論と呼ばれるのは、(a)行為無価値だけで違法性が完結する場合があることを認めると共に、その反対に、(b)行為無価値がなければ結果無価値があっても違法性を認めないからである。まず、(a)例えば行為当時行為者はもとより一般人も生体と考えていたような状況での死体に対する《殺人》は、生命に対する一般的危険性を有する行為であって行為無価値が認められるとしても、現実には生命侵害の危険が発生せず結果無価値は否定される。したがって、結果無価値論の採る客観的危険説の立場からは不能犯（適法）であるが、行為無価値論の採る抽象的危険説ないし具体的危険説の立場からは未遂犯（違法）となるのである（本書21）。次に、(b)行為者に故意・過失が認められない不可抗力の場合、すなわち行為無価値が存在しない場合は、たとえ法益の侵害・危険という結果無価値が存在しても、行為無価値論はその行為を違法とはしないのである。

このような二元的行為無価値論に対し、行為無価値論を徹底させて、行為無価値のみを違法要素と解する一元的行為無価値論も主張されている。この立場は、法益侵害・危険に向けられた意思を意味する志向無価値を行為無価値としてこれのみを違法要素と解し、結果無価値を行為の偶然の産物として単なる（客観的）処罰条件と解するのである。一元的行為無価値論の立場では、未遂犯こそが犯罪の基本形態であり、しかも意図した行為をすべて遂行したかどうかという点では、実行未遂（終了未遂）と既遂との間に差異はなく、むしろこの両者に着手未遂（未了未遂）が対置されることになるのである。

一元的行為無価値論は、違法を人間の意思決定に向けられた命令規範違反と解する見地に立ち、結果無価値を違法要素から排除するものであって、行為無価値論としての理論的一貫性が認められるが、現行法の解釈論として実際的でないという問題性を残している。これに対し、二元的行為無価値論は、現実の問題の処理については一応妥当な結論を導きうるが、行為無価値論の基本思想である規範違反説（命令説）を徹底していないという憾《うら》みがある。違法論において既に規範のもつ命令（意思決定）機能を考慮する行為無価値論の見地において、結果無価値の違法性がいかにして基礎づけられるか、という理論体系上の問題を残しているのである。

二 違法の実質と違法阻却の一般原理

行為無価値論と結果無価値論の対立の原点は、違法の本質に関する見解の相違に求められる。犯罪は違法な行為であるが、違法性の実質をめぐって、①行為無価値論が規範論を前提として違法の実質を探求するのに対し、②結果無価値論は法益論を踏まえて議論を展開している。

1　違法の実質

(1)　規範違反説　伝統的な行為無価値論は、刑法の任務として社会倫理ないし道義の維持を強調する立場から、そのような倫理・道義に反することが違法の本質であると解し、（社会倫理）規範違反に違法性の実質を求めてきた。しかし、今日の規範違反説は、例えば「社会的相当性を逸脱した法益侵害」が違法であるとして（福田・一四三頁）、法益論的見地を加味した考え方を採用し、自説の利点として、行為者の意図・動機、行為態様といった法益関係以外の要素を違法評価に組み入れることが可能である一方で、（社会的相当性を逸脱した）規範違反の法益侵害のみが違法であると解することによって、すべての法益侵害を違法とする結論を回避しうる結果、違法評価において適切な限定機能を果たしうることを挙げている。

このように、最近の行為無価値論には、違法の実質から極力倫理的性格を払拭しようとする意図がみられるのであるが、違法の実質を法益概念のみで説明することを拒否し、規範違反の内容として法益侵害・危険以外の要素をも考慮に入れるべきであるというのであれば、その違法概念が倫理的性格を帯びることはやはり避けられないように思われる。というのは、「倫理」を「社会的相当性」の語に置き代えたところで、社会的相当性に法益侵害性から独立した意味をもたせることになると、やはりこれをモラリズム（ないしパターナリズム）によって説明せざるをえないからである。そこで、違法概念にふたたび倫理的要素が持ち込まれることになると、そこに法と倫理、したがって違法と倫理違反の混同という原理的な問題が生ずるにとどまらず、反道義性、社会倫理違反という概念がその内実を論理的に分析・検証することが困難であることから、違法評価に裁判官の直観的、恣意的判断が介入する危険が避けられない、という実際的な問題も生じてくるのである。

(2)　法益侵害説　そこで、脱倫理的な立場から、規範に違反することが何故違法とされるかを尋ねるなら、それは、結局、法益を侵害し危険化したから、という答えに行き着かざるをえないであろう。結果無価値論は、違法性の実質をまさにこの法益の侵害・危険に求めているのである。法益侵害説は、法益の侵害・危険という客観的事態を違法判断の基礎に据えることによって、違法評価に客観的内容と事実的基礎を与える、という利点をもっており、また、「法益」および「侵害・危険」という概念は、事実的基礎をもつだけに、「道義（社会倫理）違反」という概念と比較すると、その内容を論理的に分析・検証することが容易である。刑法の第一次的任務を法益保護に求める立場からは、法益侵害説が支持されることになる。

法益侵害説に対しては、行為無価値論の側から、違法性は法益侵害に尽きるものではない、という批判が提起される。たしかに、違法評価に際しては発生した結果ばかりでなく行為の態様も問題となるが、それも法益侵害の危険のある行為という形で法益概念に還元して論ずることが可能である。反対に、法益概念に還元しえない行為の動機・目的といった、客観的事実に対応しない純粋の主観的、内心的要素は、むしろ法的、客観的評価であるべき行為の違法性判断に当たって考慮すべき事柄ではないのである。また、法益侵害説によると、すべての法益侵害が違法となってしまい妥当でない、との批判もあるが、法益侵害説もすべての法益侵害・危険が違法となると解しているわけではない。他人の法益侵害行為があっても、その行為によって被害法益を上回る自己または第三者の法益が保持された場合、その行為はなお適法と解せられるのである（法益衡量説）。

2 違法阻却の一般原理

構成要件に該当する行為は通常違法であるが、特殊な事情が存在する場合には、行為は構成要件に該当していても適法となる。このような事情を「違法阻却事由」（正当化事由）と呼ぶが、問題となるのは、他人の法益を侵害しているにもかかわらず、違法阻却事由に当たる行為が何故適法とされるのか、その根拠および基準、すなわちすべての違法阻却事由に通ずる違法阻却の一般原理は何か、ということである。この問題について、行為無価値論は前述の違法の実質に関する規範違反説からアプローチし、結果無価値論は法益侵害説からアプローチする。

(1)　規範違反説に立脚する考え方　その一つが、①法益の侵害が「国家によって承認された共同生活の目的達成のための相当な手段」である場合に違法でない、とする目的説の考え方であって、標語的に「正当な目的のための相当な手段」が違法阻却の一般原理であると表現される。目的説に対しては、「正当なものは正当だ」というだけであって同語反復であり、また、その表現形式があまりにも漠然・不明確としていて、実務上の問題解決の基準としては役立ちにくい、という批判がなされている。が、この見解の最大の問題点は、目的説の基準に従った場合、「国家によって承認された共同生活の目的」を実現するために、裁判を通して国家の道義的立場が国民に押し付けられてくる危険があるということであろう。

そこで、②行為が社会的に相当であること、すなわち行為が歴史的に形成された社会生活の秩序の枠内にあり、そうした秩序によって許容されていることが違法阻却の一般原理である、とする社会的相当性説が登場することになる（福田・一四三頁、一四九頁）。この見解は、目的説が目的を強調する点、次の法益衡量説が法益侵害という結果の無価値だけを判断の基準としている点が共に一面的であるとしてこれを非難し、社会的相当性を違法阻却の一般原理とみることは、両者の一面性を克服するものである、と主張する。社会的相当性説に対しては、この原理は緊急行為について妥当しない、社会的相当性の概念はあまりに包括的、抽象的、多義的であってその内容が明確でない、という批判が加えられている。

目的説にせよ社会的相当性説にせよ、いずれにしても規範違反説を基礎とする考え方に共通の問題として、これらの見解は、たしかに違法阻却のための形式的な判断枠組を提示してはいるが、それ自体において正当化の実質的内容を規定する具体的判断材料を準備していない、ということを指摘することができよう。裁判官の斉一的な統一された判断を保証するためには、違法阻却論において実際に何をどのように考量して評価するのか、その筋道が具体的に示されていなければならない。

(2) 法益侵害説に立脚する考え方　まず、①ある法益の侵害が他のより高い価値の法益を救うことになる場合、この法益侵害行為は法の任務・目的に合致するものとしてなお適法であると解するのが法益衡量説である。この立場の特色は、複数の法益が衝突する場合、価値の低い法益はより価値の高い法益に譲歩しなければならず、したがって違法阻却判断においては、法益の価値衡量が決定的な役割を果たす、と考えるところにある。法益衡量説に対しては、それは法益の衡量だけで違法阻却が決定されるとするあまりにも功利主義的な物の見方であって、結局、「強者の権」を認めることになりはしないか、すべての場合にわたって法益の大小軽重を比較衡量することが可能であろうか、という批判が加えられているが、この見解に対する最大の疑問は、法益衡量を違法阻却の唯一の基準とする立場においては、違法阻却の判断に際し、問題となっている法益の抽象的な価値関係以外の事情を考慮に入れることができないのではないか、ということである。

そこで、②法益の価値衡量が行為の違法性が阻却されるためのもっとも中心的な要素ではあるが、法益の一般的価値順位だけで行為の正当化が決定されるわけではなく、法益衡量のほかに個別具体的場合の全事情を考慮して包括的に利益の比較衡量を行う見解が優越的利益説(利益衡量説)として主張されている。この見解は、法益の一般的な価値順位のほかに、保護した法益に対する危険の程度、保護した法益と侵害した法益の量と範囲、法益侵害の必要性の程度、行為の方法・態様がもつ法益侵害の一般的危険性を具体的に考慮すべき事情として挙げている(内藤・(中)三一四頁)。優越的利益説は、対立する法益とその要保護性に関する客観的諸事情についての価値判断の過程を分析・

検証することを可能にすることによって結論に至る経過が明確になるという利点を有しており、妥当な方向を示しているといえよう。

三　主観的違法要素

1　一般的考察

行為者の主観的要素でありながら、行為に違法性を付与し、または行為の違法性を強める要素を「主観的違法要素」というが、行為が違法であるかどうかを決定するに当たって、行為の外部的・客観的な事情だけではなく、行為者の意思や目的などの内部的・主観的事情にも立ち入る必要があるとする「主観的違法要素の理論」を認めるかどうかは、行為無価値論を採るか結果無価値論を採るかによって大いに異なってくる。(a)行為無価値論を採れば、たとえ違法判断に当たって行為者の責任を考慮に入れない客観的違法論に立脚するとしても、そこでいう客観性は一般人を基準とする判断基準の客観性を意味するのであって、判断対象の客観性を意味するものではないから、主観的要素であっても違法評価に関係すると解せられるものについては、当然違法要素に組み込まれることになる。これに対し、(b)結果無価値論の立場では、伝統的な客観的違法論の見地から、判断対象を客観的なものに限ることこそが違法判断の客観性を担保することになると考えるから、一部の例外を除いて主観的違法要素の理論に対しては消極的な態度を採ることになるのである（結果無価値論には、一切の主観的違法要素を認めない立場と、いわゆる超過的内心傾向と呼ばれるものに限って主観的違法要素を認める立場とがある）。

行為無価値論に対しては、主観的違法要素の存在を全面的に認めることは客観的違法論の基本思想と矛盾することになるのではないかという疑問があり、反対に、結果無価値論に対しては、はたして客観的要素だけで違法性の存否・程度を判断することが可能なのか、という疑問が提起されている。ところで、主観的違法要素の役割としては、①それによって行為の違法性を基礎づけ、その程度を決定するということのほかに、②その存否によって犯罪の個別化・類型化を可能にするということが考えられている。まず、①については、行為者の主観も外部に現れて初めて法益の侵害・危険に結びついてくるのであって、主観的違法要素の理論は少なくとも本来の意味での客観的違法論からは採りえないところである。また、②の犯罪個別化機能は、責任類型の要素としての主観的構成要件要素こそが果たすべき役割であって、その機能を違法要素に求めることは適当でない。違法面での個別化・類型化は、違法類型としての客観的構成要件要素がその役割を担わなければならないのである。

2 個別的考察

主観的違法要素は、広い意味では、すべての犯罪に共通の要素であって、しかも客観的事実の単なる主観的反映にすぎない故意・過失を含むが、狭い意味では、特殊な犯罪にのみ要求される要素であって、かつ客観的事実を超えて法益の侵害・危険に新しい何物かを付け加えるものだけを指している（これを超過的内心傾向という）。代表的なものとして、目的犯における特定の主観的目的、傾向犯における一定の内心の傾向、表現犯における心理的過程などが考えられている（未遂犯における故意については、後出四2）。

第一に、目的犯における目的として、例えば通貨偽造罪（一四八条）における「行使の目的」があるが、通説はこれを主観的違法要素と解している。たしかに、偽造通貨は学校の教材やドラマの小道具として使うために作られることもあるから、通貨の単なる偽造行為だけでは、それが違法であるか適法であるかを判別することはできない。しかし、「行使の目的」を客観化して、ここでいう「偽造」を単なる偽造ではなく「行使の危険のある偽造」と解するならば、通貨偽造罪の主観面は単なる偽造の認識ではなく、「行使の危険のある偽造」の認識として故意の中に解消されることになる（中山・後掲❹四三頁）。もっとも、このような理解に対しては、はたして行為の客観面だけで、行使の危険のある違法な偽造とそのような危険のない適法な偽造との区別が可能か、という疑問が提起されているが、通常の場合は、偽造の程度・方法・場所など行為の客観的状況から判断できるであろうし、かりにそうでないとしても、責任（構成要件）要素としての「行使の目的」が犯罪類型の判別に寄与しうるのである。構成要件該当性と違法性とを峻別し、しかも客観的な（違法）構成要件と主観的な（責任）構成要件とを区別する立場からは、「行使の目的」は（主観的）構成要件要素ではあっても客観的であるべき違法要素ではないのである（曽根・後掲❸五六頁以下）。

第二に、傾向犯における内心の傾向としては、強制わいせつ罪（一七六条）におけるわいせつ傾向が典型的な例として考えられており、例えば最判昭和四五・一・二九（刑集二四巻一号一頁）は、本罪が成立するためには、その行為が自己の性欲を刺激興奮させ、または満足させるという性的意図の下に行われることが必要であるとし、もっぱら報復または侮辱虐待の目的で婦女を裸にして写真を撮ったときは同罪は成立しない、とした。しかし、本件において被害者の性的自由が侵害されている以上、そこに法益侵害の事実が認められるのであって、行為者にわいせつ傾向が認められないとしても強制わいせつ罪の成立を肯定すべきである。反対に、例えば女性の患者に対する診察・治療が医学的にみて適切であり、診療行為に患者の承諾があるときは、たとえ医師の側に性的衝動を刺激・満足させる傾向があったとしても、その行為はなお適法であると解すべきであろう。傾向犯における内心の傾向は、主観的違法要素でないばかりか、目的犯における「目的」とは異なり主観的構成要件要素でもないと思われる。

第三に、表現犯における心理的過程の代表例は、偽証罪（一六九条）における「内心の記憶」である。すなわち、証人が自己の実験した事実を供述することが証言であるから、「虚偽の陳述」であるかどうかは、証人の外部的な陳述と内心の記憶とを比較して初めて決定されることになる。その意味で、表現犯における行為者の内心の心理状態は主観的構成要件要素であるが、自己の記憶に反する陳述であっても、それが客観的な真実に合致しているときは国家の審判作用を害する恐れがないから、その場合の虚偽の陳述は法益侵害の危険を伴っておらず、したがって違法ではないのである。偽証罪における証人の主観的記憶は、偽造罪における行使の目的と同様、構成要件要素ではあっても違法要素ではないと考えられる（曽根・重要問題〔各論〕28参照）。

四 違法性基礎づけ機能——故意と違法性

故意の違法性基礎づけ機能は、犯罪構造論と犯罪認定論の双方においてその意義をもつとされている。故意を違法要素と解すべきかどうかは、①故意行為とその他の行為（過失行為・無過失行為）とで違法性の有無・程度に違いがあるか（犯罪構造論）、また、②故意を考慮しなくても故意犯の違法性を認定しうるか（犯罪認定論）、という二点にどのように答えるかに依存しているのである。第一点を肯定し第二点を否定するのが違法要素説であり、その反対が責任要素説である。

1 故意の違法性加重機能——犯罪の構造と故意

(1) 違法要素説　犯罪構造論においては、故意が行為の客観面に反映されることなく独立に違法性加重機能を営むか、が問題となる。違法要素説はこの点を肯定するが、その理由については、この説の内部においても若干異なったニュアンスで語られている。まず、①故意を法益の侵害に還元させない立場からは、故意犯は過失犯に比べて社会的相当性からの逸脱の程度が高い、と解されている（福田・八三—四頁）。例えば、殺人と過失致死とは、共に人の死という結果を惹起（同一の法益を侵害）する行為であるが、その法益侵害の態様、すなわち社会的相当性からの逸脱の程度が類型的に異なる、とするのである。ここでは、法益侵害の態様と呼ばれるものも、客観的な法益侵害自体からは切り離されて、主観的、規範的に捉えられていることに注意する必要がある。しかし、立法段階における考慮としては一応理解できるとしても、個別事案の違法認定の段階において法益侵害から切り離された行為者の意思を強調するならば、一種の主観的違法論に帰着することになって好ましいことではなかろう。仮に違法要素説に立つとしても、故意に法益侵害自体の程度を高める機能があるか否か、という観点から考察を進めるべきである。

そこで次に、②故意を法益侵害の問題に還元して論ずる立場は、故意行為は非故意の行為より結果発生の確実度が高いから、法益侵害の危険が高く、したがってまたより違法性が重い、と解している（中・後掲❺一五三頁以下）。たしかに、例えばピストルによる殺人行為と、付近に人がいるところでピストルを掃除していて誤ってこれを暴発させる行為とを比べてみると、事前的にみれば前者の方が結果発生の確実度が一般に高いということはいえるであろう。しかし、殺人が未遂に終わった場合にも、なおこれを重く処罰する理由を、故意行為のもつ一般的な法益侵害の高度の蓋然性に求めることはできない。ピストルの暴発により現に人が死亡しているわけであるから、少なくとも事後的にみれば、後者の過失行為の方が法益侵害の危険性が高かったわけである。違法判断は、個別具体的状況に即して行為の危険性を判断するものでなければならない。殺人未遂が過失致死より重く処罰される理由は、違法性ではなく責任の違いに求められるのである。また、殺人が既遂となった場合にも、故意・過失がそのままの形で無媒介に結果に作用するのではなく、法益侵害の客観的危険性を伴う行為を通して作用するものであることを確認する必要がある。違法判断の対象となるのは、故意行為・過失行為であって、故意・過失それ自体ではないといえよう（中山・後掲❻一〇頁以下参照）。しかも、右にみたように、故意行為の危険性が過失行為の危険性よりも大きいとは一概にいえないのである。

(2) 責任要素説　この見解に対しては、既遂の場合、故意をもっぱら責任要素と解することは過失犯と比べて不均衡が生ずる、という批判が加えられている。すなわち、過失犯の場合、法益侵害の結果が発生しても、客観的注意義務違反（違法）がない限り単なる事故とされ、行為者の主観的注意義務違反（責任）が問題とされることはないのに、故意犯の場合に、法益侵害の結果が発生した以上、その遂行態様をまったく無視してよいとするのは「不均衡な操作」だ、というのである（川端・25講四八―九頁）。しかし、仮に過失犯に客観的注意義務違反という側面を認めるとしても、これを違法要素と解さなければならない必然性はなく、例えば責任類型としての構成要件要素と解することによって故意犯との均衡を維持することは十分可能であろう。故意が違法要素でないと同様、過失も違法要素でないと解することができるのである（本書14）。

2 未遂犯の故意——犯罪の認定と故意

犯罪認定論においては、未遂犯において犯罪、ことに違法性を認定する際に故意を援用しなければならないか、が問題となる。主観的違法要素をめぐる問題の一場面として、未遂犯における故意が違法要素か否かが論議されている。

(1) 違法要素説　既遂犯における故意を含めて故意一般を主観的違法要素として構成する違法要素説が、未遂犯における故意を違法要素と解するのは当然である。違法要素説は、故意の違法性加重機能を認めるほか（前出1(1)）、さらに未遂犯においては、故意を考慮に入れないでは犯罪ないし違法性の有無・種類を特定できないと解するのである。例えば、Xが山中で猟銃を発砲したところ弾丸がAと野兎との中間を通り抜けた場合、違法要素説によると、その発砲行為の法的意味は行為者Xの主観（故意）によってしか決められない、とする（川端・25講四六―七頁）。すなわち、XがAを殺そうとしていた場合（故意のある場合）は殺人未遂であり、野兎を狙っていた場合（故意のない場合）は不可罰である、とするのである。

しかし、このような場合、その多くは猟銃の向けられた方向、行為時の四囲の状況、発砲行為に至ったいきさつ等の客観的事情から、殺人未遂か否かを認定することが可能であろう。しかも、行為者がどちらを狙ったのか自白しない限り、故意もまた結局は客観的事実から認定せざるをえないのであるから、「故意を推知させるような客観的危険の存在こそが違法を決するモメントだといわなければならない」（中山・後掲❻九頁）。そればかりか、右の例でXがAを狙ったのか野兎を狙ったのかが客観的に判別しえない場合は、「疑わしきは被告人の利益に」の原則に従って無罪を言い渡すべきであろう。「客観的に判別できないときに、殺人の主観的な故意があるという理由で、生命に対する客観的危険があるとすることは妥当でない」からである（内藤・(上)二二二頁）。また、犯罪の認定に際し、客観的事実と共に故意を援用することが許されるとしても、それは類型的な構成要件該当性を判断するための資料として、責任類型としての構成要件的故意を援用するにすぎず、その場合にも故意を違法要素と解する必然性はないのである。

(2)　修正責任要素説　基本的に責任要素説に立ちつつ、未遂犯については例外的に故意を違法要素と解する立場がある（平野・II三一四頁）。それは、未遂犯の構造が目的犯と同じであるということから、目的犯において目的を考慮しないと犯罪の成否を認定しえないのと同様、未遂犯においては故意を考慮に入れないと犯罪の存否・種類を認定しえない、と解するからである。ここでは、未遂犯における故意もいわゆる「超過的内心傾向」として、主観的違法要素の一つに数えられることになる。未遂犯において故意を主観的違法要素と構成する意味が、結果の発生している既遂犯と異なり、結果の発生していない未遂犯においては客観的事実だけで「違法性」の有無・程度を判断できないという趣旨であるとすれば、これに対しては次のように応えることができよう。すなわち、未遂犯における違法の実体が行為自体ではなく、行為の結果としての法益侵害の具体的危険に求められるとすれば(本書21参照)、危険の有無によって未遂犯の違法性を判断すれば足り、未遂犯においても故意を違法要素と解する必要はないことになる。

また、そうではなく、右の見解が未遂犯においては故意を考慮しないとそもそも「犯罪」の有無・種類を特定しえないとする趣旨であるとすれば、それは実は既遂犯の場合でも同様なのである。前例において、仮に弾丸がAに命中したとしても、それだけでXに殺人罪の成立を認めるわけにはいかない。野兎を狙った弾丸がそれてAに当たるということも十分考えられるからである。ここでも、故意を援用することが考えられるが、それは構成要件ないし責任の問題であって、違法性の問題ではない。犯罪類型の特定は、違法性だけではなく、構成要件および責任を考慮することによって初めて可能となるのである。未遂犯における故意のみを違法要素とする見解に対しては、違法要素説の側から「故意の『内容』それ自体にはまったく違いがないにもかかわらず、結果発生の有無によって故意に対する法的『評価』が異なるのは、いかにも奇妙である」との批判が寄せられているが(川端・25講四七頁)、この点は未遂犯の故意も責任(構成要件)要素であると解することによって問題の解決を図るべきであろう。

【参考文献】

❶川端 博「違法性の実質」同『違法性の理論』(一九九〇・成文堂)所収
❷清水一成「行為無価値と結果無価値」刑法基本講座第3巻
❸曽根威彦『刑事違法論の研究』(一九九八・成文堂)
❹中 義勝「主観的不法要素について」同『刑法上の諸問題』(一九九一・関西大学出版部)所収

❺同　　「故意の体系的地位」平場安治博士還暦祝賀『現代の刑事法学(上)』（一九七七・有斐閣）
❻中山研一「故意は主観的違法要素か—中教授の批判にお答えする—」、「主観的違法要素の再検討」同『刑法の論争問題』（一九九一・成文堂）所収
❼平野龍一「結果無価値と行為無価値」同『刑法の機能的考察』刑事法研究第1巻（一九八四・有斐閣）所収
❽前田雅英「行為無価値と結果無価値」同『現代社会と実質的犯罪論』（一九九二・東京大学出版会）所収
❾増田　豊「刑法規範の論理構造と犯罪論の体系」法律論叢四九巻五号（一九七七）
❿真鍋　毅「行為無価値と結果無価値」現代刑法講座第二巻
⓫特　　集『違法性論』現代刑事法三号（一九九九）

7 正当防衛と積極的加害意思

一 問題の所在

急迫不正の侵害に対して、自己または他人の権利を防衛するため、やむをえずにした反撃行為が「正当防衛」であるが（三六条一項）、防衛者が侵害者に対し積極的に攻撃を加える意思（積極的加害意思）を有していた場合にもなお正当防衛を認めることができるかどうかは、一個の問題である。特に、防衛者の側で相手方の侵害行為を十分に予想し、その攻撃を回避するための時間的な余裕があった場合にも「侵害の急迫性」が認められるのか、また、相手方の侵害の機会を利用し、防衛に名を借りてその機会に積極的に攻撃を加えようとする場合にも「防衛のための行為」といえるのか、ということが問題となる。他方、いくら侵害を予期して防衛の準備をし、しかも防衛者において積極的な加害意思があったとしても、相手方の侵害があった時点で初めてこれに対応する行動に出た場合には、やはり急迫な侵害に対する防衛とみることができるようにも思われる。

正当防衛が成立するためには、まずその前提として、①自己または他人の権利に対する「急迫不正の侵害」（これを正当防衛状況という）が存在しなければならない。ここに「急迫」とは差し迫った現在の意味であり、将来の侵害に対しては正当防衛が認められないのであるが、この点で特に問題となるのが、防衛者が侵害を予期していた場合にも、その侵害が将来の侵害ではなく現在の侵害といえるか、ということである(後出二)。次に、②正当防衛の内容となる要件は、「自己または他人の権利を防衛するため、やむをえずにした行為」(これを正当防衛行為という)であるが、ここに「防衛するため」というのが防衛する意思をもって行うことを必要とする趣旨であるかどうかについて見解が分かれている。そして、防衛意思必要説に立った場合に、防衛者に積極的加害意思があってもなお防衛意思を認める余地があるかが問題となるのである。この問題は、防衛意思の内容を防衛の認識で足りると解するか、それとも防衛の目的まで必要であると解すべきかということと関連している(後出三)。

二　侵害の急迫性と積極的加害意思

1　判例と侵害の急迫性

侵害を予期しながらこれに立ち向かった場合、殊に行為者が相手方の加害を予期していただけでなく、その加害行為に対して効果的に反撃ができるように事前に凶器を携行し、その準備行為が純粋に防衛のためになされたとはみられない事例について、かつての判例は、侵害が予期されていたことを理由に急迫性の要件を欠くとしていた。例えば、最判昭和三〇・一〇・二五(刑集九巻一一号二二九五頁)は、本件において被告人は相手の侵害について十分の予期をもち、かつ、これに応じて立ち向かう十分の用意を整えて、進んで相手と対面すべく赴いていたわけであるから、この侵害は被告人にとって急迫のものということはできない、と判示していた。

ところが、最判昭和四六・一一・一六(刑集二五巻八号九九六頁)は、相手方の侵害を予期しつつも、口論して別れた相手に謝り仲直りをしようと思って戻った場合について、「侵害があらかじめ予期されていたものであるとしても、そのことからただちに急迫性を失うものと解すべきではない」と判示し、相手方の侵害意図が被告人に予期されていたにもかかわらず侵害の急迫性を肯定するに至った。本判決は、また、侵害の回避可能性は「急迫性」の問題ではなく、防衛行為の必要性・相当性の問題であるとも判示しており、侵害の急迫性の認定に際しては、侵害の予期・回避可能性、防衛意思などの防衛者側の主観的事情は一応これを排除して、もっぱら侵害の時間的切迫性という客観的事実だけによって急迫性を判定すべきことを明らかにしている。もっとも、防衛者にとって「ある程度」の侵害の予期から「ただちに急迫性を失うものと解すべきではない」ともしており、侵害が確実に予期されていて、しかも十分な反撃が準備されているような場合には急迫性が欠ける、とする余地を残したのであった（内田＝長井・後掲❶七五頁）。

そして、最決昭和五二・七・二一（刑集三一巻四号七四七頁）は、刑法三六条における侵害の急迫性は、当然またはほとんど確実に侵害が予期されただけで失われるものではないが、その機会を利用し積極的に相手方に対して加害行為をする意思で侵害に臨んだときは失われることになると判示して、侵害の急迫性が失われる場合を一般的な形で示したのである（なお、本決定は、従来の裁判例が防衛意思の問題と関連させて論じてきた積極的加害意思の問題を急迫性の問題に移し変えて論じたところに判例としての意義が認められているが、本決定以後も防衛意思が問題とならなくなったわけではない（後出三））。さらに、最決平成四・六・五（刑集四六巻四号二四五頁）は、共同正犯における過剰防衛の成否が問題となった事案において、右の昭和五二年決定を引用しつつ、相手方の侵害は、積極的な加害意思がなかった（実行）共同正犯者にとっては急迫不正の侵害であるとしても、積極的な加害意思をもって侵害に臨んだ（共謀）共同正犯者にとっては急迫性を欠くものである、と判示するに至った。

判例の基本的立場は、結局、㈠相手方の侵害がただ単に予期されていたにすぎない場合、および相手方の加害を予期して反撃を用意していたとしても、それが純粋に防衛のためのものである場合には急迫性が認められるが、㈡相手方の侵害を予期したうえ、あらかじめその侵害を積極的に利用する意図をもって攻撃の準備をしたときはもはや急迫の侵害とはいえず、したがってそのような反撃はもはや防衛行為とは認められない、というものである。

なお、過去の侵害との関係で侵害の「急迫性」（継続性）が問題とされたものに、最判平成九・六・一六（刑集五一巻五号四三五頁）がある。本判決は、被告人がアパート二階で相手方Aからいきなり鉄パイプで殴打されてもみ合いになり、いったんは被告人が鉄パイプを取り上げて相手を殴打したが（第一暴行）、Aは、これを取り戻して殴りかかろうとし、その際、勢い余って二階手すりに上半身を乗り出してしまったが、Aがなお鉄パイプを握っていたので、同人を階下のコンクリート道路上に転落させた（第二暴行）、という事案に対して、①Aのおう盛かつ強固な加害意欲が被告人の第二暴行時にも存続していたこと、②Aが間もなく態勢を立て直して再度の攻撃に及ぶことが可能であったことを根拠に、第二暴行時にも急迫不正の侵害が存在していたことを認めた。同じ侵害の急迫性に関する判断であっても、判例において、侵害の開始時点（狭義の急迫性）における判断基準に比較して、侵害の終了時点（継続性）における判断基準の方が緩やかに扱われる傾向にある。

2　急迫性の要件と積極的加害意思

正当防衛に関する要件を正当防衛状況に関するものと正当防衛行為に関するものとに分けて考えた場合、行為者側に存在する事情は、本来すべて防衛行為の評価（その有無・程度など）に際して考慮すべき筋合いのものである。急迫性の要件についていえば、それが現在性、すなわち時間的同時性を意味するものであって、けっしてそれ以上のものでないとすれば、急迫性の存否が侵害の予見・回避可能性、準備行為の有無・目的等によって左右されることがあってはならないはずである。したがってまた、当該事案が正当防衛のカテゴリー（過剰防衛を含む）に属するか否かを判断するための前提としての正当防衛状況に関する要件は、行為者の主観に左右されることなく客観的要素を基礎として判断されなければならない。急迫性についても、その判断のための基礎となるのは行為の現下の客観的事態であって、行為者の主観的な認識・意思内容ではないのである。

以上の点を考慮すると、判例が侵害の急迫性は侵害が予期されただけでは失われるものではないという正当な方向へ一歩を踏み出しながら、積極的加害意思をもって侵害に臨んだときは急迫性が失われるとして、正当防衛のみならず過剰防衛の可能性をも奪っているのは不徹底のそしりを免れず、妥当でないと思われる。なぜなら、主観的要素の排除は、侵害の予期といった認識的要素を超えて、加害の意図といった意思的要素にまで及ぶものでなければならないからである。たとえ行為者が事前に積極的な加害意思を有していたとしても、その加害行為が相手方の侵害に対応する形で行われたときは、やはり侵害の急迫性を認めてよいのである。その点から、急迫性が否定されるのは、侵害がきわめて容易に回避可能であり、しかも反撃の必要性が欠如するという客観的事情によるのであって、積極的加害意思といった内心の事情によるものではない、という考え方が生まれてくる。急迫性において問題となるのは、客観的な積極的加害行為であって、主観的な積極的加害意思ではない、とするものである（平野・II二三五頁参照）。もっとも、客観的な積極的加害行為が正当防衛にならないとしても、それが侵害の現在性を意味する急迫性の問題であるかどうかはさらに検討してみる必要がある（前田・基礎二〇一—二頁参照）。

3　挑発行為と正当防衛

(1)　意　義　防衛者が単に積極的加害意思を有しているだけではなく、みずから挑発行為をして相手方の「不正の侵害」を有責に招いた場合（自招防衛）は、正当防衛権の行使が制限されることになる。さらに、相手方の攻撃を利用し、これに積極的に害を加える意図をもって挑発し、客観的にも意図されたとおりの状況において相手方の法益を侵害した場合(意図的挑発)は、およそ正当防衛が認められず、過剰防衛の成立する余地もない。また、挑発者が予期していた以上の攻撃を受けた場合は、正当防衛権の行使が完全に否定されるわけではないが、侵害を回避することが可能であれば、まず退避すべき義務が生ずることになる。挑発に基づく攻撃に対する正当防衛を制限する根拠として主張されているのが、「原因において違法な行為」の理論と権利濫用説である(山中・後掲❻九六頁以下)。

(2)　原因において違法な行為の理論　この見解は、防衛行為自体は適法であるが、原因行為である挑発行為が違法であるから、その結果として適法な防衛行為を経て法益侵害を惹起したことに対し故意・過失の責任を問いうる、とするものである。意図的に相手方の攻撃を招いた場合にも、挑発者に正当防衛権を認め、防衛行為については刑事責任を問いえないとしながら、挑発行為自体を構成要件実現行為とみることにより、そこに処罰根拠を求めるところにこの立場の特色がある。しかし、この理論に対しては、もともと防衛行為とそれによる結果が適法であるにもかかわらず、何故、原因行為である挑発が違法であれば、適法であるべき防衛行為によって惹起された結果が同時に既遂の違法性を基礎づけることになるのか、という疑問が提起されよう(山中・後掲❻一八四頁参照)。また、原因において違法な行為の理論の射程範囲が広がりすぎるという問題性を意識して、不正侵害を惹起する相当程度の危険という形で、挑発行為に危険性の観点から絞りをかけこれを防衛行為と一体化しようとすると(山口・後掲❺七五五頁)、原因行為を独立に取り上げる意義が希薄化するという問題もある(前田・基礎二〇七頁参照)。

(3)　権利濫用説　この見解は、みずから意図的に相手方の侵害を招いておきながら、これに対して防衛行為をしようとするのは、正当防衛権の濫用であって許されない、と主張する。ただ、権利濫用説の基本思想は妥当であるとしても、権利の濫用という一般条項を援用するだけでは、正当防衛権制限の具体的・実質的根拠を十分に明確化することはできない(山口・後掲❺七四四頁以下)。思うに、正当防衛権固有の根拠として、急迫不正の侵害に対して、個人の法益を保護するための客観的生活秩序である法が現存することを確証する利益が挙げられているが(法確証の原理)、積極的な利用・加害意図をもった挑発による攻撃に対する《防衛》の場合は、およそ法確証の客観的利益は存在せず、法秩序の擁護者をもって自らを任ずることができない。このような場合の行為は、客観的にみて「防衛のための」行為とはいえないであろう(前田・基礎二〇七―八頁)。また、積極的加害意図を有していないとしても、自ら挑発行為をして違法な攻撃を有責に招いた以上、挑発行為によって法確証の利益は減少するから、防衛行為の必要性の程度は低くなり、防衛行為の存在を認めたとしても、正当防衛は一定の制限を受けることになるのである(内藤・㊥三三六頁)。

三　防衛の意思と積極的加害意思

1　防衛意思の内容

正当防衛といえるために、防衛の意思が必要かどうかについて、学説には防衛意思必要説と防衛意思不要説の対立があるが、判例は一貫して防衛意思必要説に立っている。ただ、防衛意思の内容に関して判例に変遷が認められるので、防衛意思と積極的加害意思との関係を検討する前に、まず判例の流れをみておくことにしよう。

かつての判例は、防衛意思の内容を防衛の動機・目的の意味に解していた(目的説)。例えば、大判昭和一一・一二・七(刑集一五巻一五六一頁)は、攻撃者が被告人に向かって行き突然その胸倉をつかんだため、これに対して反撃したという事案に関し、被告人は「憤激して」やったのであって「正当防衛の意思」でやったのではないから、正当防衛の成立は認められないとした。これは、防衛の認識は憤激によって影響されないが、防衛の目的は影響されうるから、防衛の目的を意味する防衛意思が本件の場合認められない、とするものである。しかし、防衛の意思は、実際上、急迫した状態での自衛本能に基づく反射的行動、特に憤激・驚愕・興奮・狼狽等の下になされた反撃行為との関係で多く問題となるのであるから、防衛意思を認めるために憤激というような他の動機ないし目的の存在は妨げとならないと解すべきである。かりに防衛意思必要説に立つとしても、防衛意思の内容としては、防衛行為の意識ないし認識で足りると解すべきであろう（認識説）。

最高裁判例として、最初に認識説的見地に立った、最判昭和四六・一一・一六（前出二1）は、「相手の加害行為に対し憤激または逆上して反撃を加えたからといって、ただちに防衛の意思を欠くものと解すべきではない」と判示し、防衛意思の内容について、防衛の意識または対応の意識が認められる以上、たとい憤激・興奮・逆上して反撃に出たとしても防衛の意思を欠くものと解すべきではない、とする多数の学説に呼応して、防衛意思は純粋に防衛しようとする意思だけであるべきでその他の意識があってはならない、とする従来の見解を排斥したのである。さらに、最判昭和五〇・一一・二八（刑集二九巻一〇号九八三頁）は、「急迫不正の侵害に対し自己又は他人の権利を防衛するためにした行為と認められる限り、その行為は、同時に侵害者に対する攻撃的な意思に出たものであっても、正当防衛のための行為にあたる」と判示して、攻撃意思が防衛意思と併存している場合の行為も防衛意思を欠くものではないことを認めたのであった（もっとも、最判昭和六〇・九・一二刑集三九巻六号二七五頁は、専ら攻撃の意思に出たものであれば防衛の意思が欠ける、としている）。

2　口実防衛と積極的加害意思

このように、近年の判例は防衛意思の内容を緩和することによって、認識説の考え方に近い立場を採っているのであるが、認識説を徹底させた場合には、後述の偶然防衛（後出3）以外に防衛意思が否定されることはありえないはずである。ところが、昭和五〇年判決は、右の判示に引き続いて、「防衛に名を借りて侵害者に対し積極的に攻撃を加える行為は、防衛の意思を欠く結果、正当防衛のための行為と認めることはできない」として、いわゆる口実防衛を正当防衛から排除すると共に、積極的加害意思に基づく行為は正当防衛に当たらない、と解したのである。最高裁は、積極的加害意思に基づく行為は防衛意思を欠くとしたのであるが、この場合、たとえ予期された侵害に対する積極的な加害行為であろうとも、防衛者に侵害の存在の認識とこれに対応する意識が認められる以上、防衛者に防衛意思がないと言い切れるかは疑問である。

一方で、行為者が憤激または逆上していても存在し、また攻撃意思と併存しうる性格のものでありながら、他方、積極的加害意思と両立しえない「防衛意思」を観念することはきわめて困難である（前田・後出❹一四六―七頁以下）。この点、防衛の認識と防衛の目的（意図）との中間に「攻撃に対応する意思」を上げ、これを防衛意思と解する見解もある（香城敏麿・法曹時報二九巻八号一五五―六頁）。しかし、反撃行為が単なる攻撃意思によるものか、より強い積極的加害意思によるものかという「攻撃意思の程度」で「対応意思」（防衛意思）の有無、したがって正当防衛の成否を決するのは至難の技である（前田・基礎一九七―八頁）。そこで、防衛の目的をも要求する目的説が採りえないとすれば、認識説の見地から、防衛意思の内容を防衛の認識にまで緩和して、急迫不正の侵害を認識して反撃に出ている以上、積極的加害意思があってもなお防衛意思を認めるべきである。

3 偶然防衛の取扱い

(1) 意　義　以上に述べてきたケースは、行為者に積極的加害意思があるにせよ、とにかく相手方の侵害を認識してこれに対抗するという意識の下に反撃が行われた場合であったが、相手方の侵害を認識することなくもっぱら積極的加害意思をもって攻撃したところ、結果的に正当防衛の効果が生じたという場合が「偶然防衛」である。例えば、Xは、AがBを殺害しようとして銃を構えていたことを知らず、殺意をもってAに向け銃を発射し、これを殺害したというケースがそれである。この場合、正当防衛の成立には防衛の意思が必要であるとする立場に立てば、防衛の認識すらないXには当然に正当防衛が認められないのに対し、防衛意思不要説の立場からは、Xの行為は、結果的にせよ、急迫不正の侵害に対し他人（B）の権利（生命）を防衛するため必要やむをえなかった行為であるから、正当防衛が成立することになる。

(2)　行為無価値論の立場　　この立場に立って主観的違法要素を承認する場合、正当化事由である正当防衛については主観的正当化要素として防衛意思を要求することになる。例えば、目的犯である通貨偽造罪の場合、客観的な偽造行為と主観的な偽造の故意および行使の目的とが相俟って初めて通貨偽造罪の違法性が充足されるように、正当防衛の場合にも、客観的な防衛行為と主観的な防衛の意思とが認められて初めて、その行為は正当化されると解するのである。しかるに、偶然防衛の場合、客観的な防衛行為は存在するが、主観的な防衛意思が存在しないため、この立場では正当防衛が認められないことになる。しかし、行為無価値論は、本来、人間の行為は主観と客観の全体構造をもつものであるということから出発して、行為の違法性も主観的要素と客観的要素とが合わさって初めて完成する、と考える立場であって、主観的違法要素と客観的違法要素のいずれか一方でも欠ければ、行為は違法でなくなるはずである。ところが、偶然防衛の場合、客観的には防衛行為が存在するのであるから、客観的違法要素を欠き、本来であれば違法でなくなるはずであるが、行為無価値論者はこれを違法と解している。そこに、この立場の問題性が認められるのである（前田・後掲❹九九頁参照）。

(3)　結果無価値論の立場　　これに対し、結果無価値論の見地から主観的違法要素を否定する場合には、正当化事由についても主観的正当化要素を要求せず、防衛意思不要説に至ることになる。したがって、偶然防衛においても、正当防衛の客観的要件を満たす以上、正当防衛として認められることになるのである。さらに、故意は主観的違法要素ではないが、目的犯における目的のような超過的内心傾向は例外的に主観的違法要素であると解する立場では、防衛意思を防衛の目的と解するか（目的説）、防衛の認識と解するか（認識説）によって結論が変わってくる。すなわち、目的説に立てば、防衛意思は客観的な防衛行為の外にはみ出してこれに何物かを付け加えることになるため（超過的内心傾向）、主観的正当化要素として認められることになるが、認識説に立った場合には、防衛意思はいわば防衛行為の故意として主観的正当化要素ではないということになるのである。

前例においてXの行為が正当化されるかどうかは、それによって保護された法益が侵害された法益よりも優越的な保護に値するかどうかによって決まるのである。この例の場合、XがAに銃を発射しなければBは生命を失い、また、Bの生命を救うためにはXがAに向け銃を発射する必要がある、という関係が認められる。Aは、何ら侵害を受けるべき謂れのないBの生命を侵害しようとしているのであり、法の立場からみて、Aの生命とBの生命とを同時に保全する途がない以上、Bの生命が優先的に保護されなければならないことは理の当然である。正当防衛は、緊急避難と対比したとき、利益衝突が不正対正の関係にあると特徴づけられているが、ここではA（不正）とB（正）との間にそのような関係が維持されていると考えることができる。

これに対し、Aが第三者Bではなく、行為者X自身に狙いを定めていた場合には、事情が異なるように思われる。この場合は前例と異なり、Xの法益とAの法益とが衝突しているのであり、法は、XとAのいずれの側にも優越的地位を認めることができない。右の図式を当てはめると、ここにあるのは不正（X）対不正（A）の関係であって、正当防衛を認めるための前提を欠いている。Xに正当防衛を認めるのは困難であろう。その限りで、本件においては結果的に防衛意思が主観的正当化要素としての働きをもつことになるが、それは防衛意思の認められないXの法益が不正な利益と評価されるからであって、行為無価値論の説くように、防衛意思を有していないというXの心理状態自体が行為の違法性を基礎づけると考えるからではないことに注意する必要がある。もっとも、Xに正当防衛を認めない場合にも、その違法性の程度は未遂の限度にとどまると解すべきであろう。たしかに、Aは死亡しているのであるから、Xの行為は殺人既遂の構成要件に該当するが(この点は通常の正当防衛の場合も同じ)、Aの法益も法の保護に値しない不正な利益であることによって、通常の殺人とは法的評価を異にすると考えられる。ただし、現に結果は発生しているので、未遂規定の適用ではなく、その準用を認めるべきであろう。

四　積極的加害意思と正当防衛

客観的違法論を純化した立場から、違法性が客観的に捉えられなければならないとすると、その裏面である正当化事由(違法阻却事由)も客観的に構成されなければならない。正当化事由の一つである正当防衛についても、防衛意思の有無が保護法益の性状に影響を及ぼす例外的場合を除いて(前出三3⑶)、行為者の主観的事情、したがって積極的加害意思を考慮に入れる必要はないと思われる。しかし、積極的加害意思を何らかの形で正当防衛の成否に反映させようとする判例理論は、きわめて強固である。

判例は、積極的加害意思が認められる場合に、ときにより「急迫性」の要件を欠くといい、あるいは「防衛意思」を欠くというが、一般的傾向としては、①反撃行為の予備・準備段階における意思内容を「急迫性」の要件において考慮し(前掲最決昭和五二・七・二一(前出二1)が急迫性を否定したのは、単に積極的加害意思が存在したからだけではなく、侵害の予期も存在したからと考えられる)、②反撃行為の実行時における意思内容を「防衛の意思」の要件において考慮する、という態度を取っているとみることもでき(安廣文夫・最判解説昭六〇年一四二頁)、その限りでは、「急迫性」の問題と「防衛意思」の問題とは区別され、対象の振分けがなされている。

しかし、積極的加害意思が認められる場合には急迫性の要件を満たさない、とすることに疑問があると同時に(前出二2)、仮に防衛意思必要説に立つとしても、防衛意思に防衛の認識以上のものを要求することに疑問がある以上(前出三2)、主観的な積極的加害意思の問題は、客観的な違法論に属する正当防衛の成立要件から排除し、これを責任論において考慮すべきであると思われる。すなわち、積極的加害意思に基づいて行われた行為が防衛の程度を超えるに至った場合、急迫不正の侵害が存在する以上これも過剰防衛ではあるが、その法効果である「刑の減軽又は免除」の根拠とされる違法減少・責任減少のうち(曽根・一一九頁)、責任減少の側面が欠けることから刑の減免(少なくとも免除)が認められなくなる、と解すべきであろう(山口・探求六五頁参照)。もとより、積極的加害意思があっても客観的にみて防衛の程度を超えていなければ通常の正当防衛である。

【参考文献】

❶内田文昭＝長井圓「正当防衛における『急迫』な侵害・防衛の意思の意義と過剰防衛の成否」上智法学論集一六巻三号七五頁(一九七三)
❷曽根威彦「『偶然防衛』再論」同『刑事違法論の研究』(一九九八・成文堂)所収
❸平川宗信「正当防衛論」『刑法理論の現代的展開　総論Ⅰ』
❹前田雅英「正当防衛に関する一考察」同『現代社会と実質的犯罪論』(一九九二・東京大学出版会)所収
❺山口　厚「自ら招いた正当防衛状況」法学協会百周年記念論文集第二巻(一九八三)
❻山中敬一『正当防衛の限界』(一九八五・成文堂)

❼特　集『正当防衛論』現代刑事法九号（二〇〇〇）

❽特　集『正当防衛の各論的検討』現代刑事法五六号（二〇〇三）

8 正当防衛と緊急避難の限界

一 緊急行為

正当防衛と緊急避難は、通説によれば、共に緊急行為として正当化事由（違法阻却事由）の一つに数えられている。法は、本来、法に敵対する者をも含めて、すべての被法治者の法益の保護をもってその任務としているが、複雑多様な社会生活においては、時として法の上で等しくその存続が要求される数個の法益の間に矛盾・衝突が生じ、法が同時にすべての法益を保護することが不可能であるような事態が起こることがある。この法益衝突の場合を「緊急状況」または単に「緊急」というが、緊急状況は、法益の一方の側からいえば、速やかに救済方法を講じなければ生活利益の失われる危険状態でもある。

緊急はまた、同時に救助の時期が切迫していることを意味し、このような状況において人は、通常、何らかの緊急（危険）から免れる行為、緊急（危険）を避ける行為に出る。これが緊急行為である。もっとも、危険から免れる行為、危険を避ける行為が他者のいかなる法益をも侵害しない場合は、刑法上これを問題とする必要がないから、本来の意味での緊急行為は、緊急の相手方あるいは第三者の法益を侵害することによってしか自己または他人の法益を擁護しえないところにその特色をもっている。したがって、「緊急行為」とは、法益に切迫した危険（緊急）から自己または他人の法益を擁護するために他者の法益を侵害する行為、と定義することができる。

古来、「緊急は法をもたない」とか、「緊急は命令を知らない」とか言われている。刑法は、緊急行為に対し、そのおかれている緊急状況という特殊性に照らして、これを特別に取り扱う必要が生じてくる。緊急行為は、通常の事態においては許されず、刑法上処罰の対象となる行為が、速やかに救済方法を講じなければ法益の失われる緊急状況を理由として例外的に正当とされ、刑責を問われないという点において同一の取り扱いを受ける。その点では、正当防衛と緊急避難との間に違いはない。ここに、緊急行為という一般的な概念を立てることが刑法学上可能となり、また必要となってくる。正当防衛と緊急避難との差異も、緊急行為という共通の上位概念の種差として捉えることにより、両者の区別をより明確にしうると同時に相互の内的関係を明らかにすることができるのである。

しかし、正当防衛と緊急避難がそれぞれ独自の歴史において発達した法概念・法制度であり、また、その正当化ないし免責の根拠、個々の成立要件の範囲および限界がそれぞれ固有のものを有していることも事実である。正当防衛が急迫不正の侵害それ自体に対する反撃行為であるのに対し、緊急避難は、現在の危難を避けるため危難の原因とは関係のない第三者の正当な利益を侵害する行為である。正当防衛が「不正対正」の関係に立つ二面構造をもつのに対し、緊急避難が「正対正」の関係に立つ三面構造を取るとされるのはそのためである。

正当防衛と緊急避難との間には、このような類似点と相違点とが認められることから、ある法現象が正当防衛に当たるのかそれとも緊急避難に当たるのかが問題となることがある。従来、そのような問題として論じられてきたものの一つが、①動物による侵害に対し正当防衛が認められるのか、それとも緊急避難が認められるにすぎないのかという対物防衛の問題であり（後出二）、もう一つが、②急迫不正の侵害に対する防衛行為に際して第三者の法益を侵害した行為が正当防衛なのか緊急避難なのかという問題である。さらに、後者の事例の中には、その行為がそもそも緊急行為といえるのか、疑問のあるものも含まれている（後出三）。

二 対物防衛

1 対物防衛と判例

人間の侵害行為以外の単なる侵害の事実、特に動物による侵害に対する反撃行為が「対物防衛」であるが、これを正当防衛として認めるかどうかについて見解が対立している。この問題は、刑法三六条一項の「不正の侵害」の解釈に端を発している。動物の侵害に対しても正当防衛を肯定する立場は、不正すなわち違法という評価はすべての法益侵害・危険の状態に向けられているということから、ここでいう「侵害」は広く侵害状態を含むものであると解して、人の侵害行為ではない動物の侵害に対しても正当防衛を認める（正当防衛説）。これに対し、正当防衛を否定する立場は、不正＝違法は（法）規範違反を意味するが、規範は人間の行為に対してのみ向けられるから、不正の「侵害」も狭く人の侵害行為に限定されるとし、そこから外れる動物の侵害を「危難」とみて、これに対しては緊急避難が認められるにすぎない、と解するのである（緊急避難説）。もっとも、所有者が攻撃の手段として動物を利用したとき、あるいは動物の侵害の背後に所有者の作為・不作為が認められるときは、所有者の侵害行為に対する正当防衛が可能となるから、ここで「対物防衛」として問題となるのは、所有者の管理不能な動物の侵害に対するものに限られることになる。また、動物が無主物であったり、保護動物として国家の管理下に置かれていない場合は、動物による侵害を不正と解するとしても、これを殺傷する行為はいかなる構成要件にも該当しないから、正当防衛を論ずる必要はない。したがって、刑法上、対物防衛が問題となる場面では、常に、動物による侵害状態と動物の利益主体（飼い主・国家）との結び付きが認められてこよう（山中・四三〇頁以下）。

判例は、緊急避難説に立っていると思われる。次の著名な判例がある。大判昭和一二・一一・六（裁判例一一刑法八六頁）は、Xが猟犬を連れてA方前に差しかかったところ、A所有の番犬がXの猟犬に咬みついてきたので、Xは、そのまま放置すると自分の犬が咬み殺されると思い、携帯していた猟銃でAの番犬を狙って発砲し傷を負わせたという事案に関し、Xの犬の価格がAの犬の価格よりも高いことなどを理由に、緊急避難としてXの行為は違法性を阻却する、と判示した。本判決は、正当防衛に言及することなく緊急避難の規定を適用しているが、これは動物の攻撃は「不正の侵害」ではありえず、「現在の危難」として緊急避難のみが問題となりうる、という考え方を当然の前提としているものといえよう。

2　主観的違法論と客観的違法論

正当防衛説と緊急避難説の対立は、三六条一項の「不正」の侵害の解釈に関連している。ここで、「不正」（＝違法）とは、規範論的には法規範違反を意味するが、仮に法規範はこれを理解するものにのみ向けられているとすれば（主観的違法論）、責任無能力者の場合と同様、規範を理解しえない動物の侵害は違法（不正）ではありえず、これに対する正当防衛は認められないことになる。これに対し、法規範がこれを理解しえないものにも向けられているとすれば（客観的違法論）、動物の侵害も違法（不正）となり、これに対する防衛行為も許されることになる。もっとも、客観的違法論に立つとしても、法規範が人間の「行為」のみを対象としていると解すれば、責任無能力者の侵害に対しては正当防衛が可能であるが、動物の侵害に対してはやはり正当防衛は認められないことになる（修正された客観的違法論）。主観的違法論および修正された客観的違法論は、法規範の対象は少なくとも人間の「行為」に限られなければならないから、三六条一項の「侵害」は当然に侵害行為の意味に狭く解せられることになるのである(前出1参照)。

主観的違法論は、法規範を人の意思に働きかける意思決定規範(命令規範)と捉える立場から(命令説)、法規範はその内容を理解しうる者だけを名宛人とすると解し、したがって違法評価は責任能力者の行為についてのみ妥当する、と主張する。そこで、責任能力のない者の侵害行為に対しては正当防衛が成立せず、いわんや動物の侵害に対して正当防衛の観念を入れる余地はまったくないことになるのである。しかし、法規範が人の意思に働きかけて何かを命令し、禁止する場合には、当然その論理的前提として、法の立場からみて命令の対象が人間の社会生活にとって好ましいものであり、禁止の対象が好ましくないものであるとの評価がなされていなければならない。その意味で、法規範は意思決定規範として機能する前に、まず客観的な評価規範として機能すると考える客観的違法論が妥当である。

伝統的な客観的違法論では、違法とは評価規範違反を意味し(意思決定規範違反は責任の問題である)、したがって動物による侵害もそれが人間の社会生活にとり好ましくない事態をもたらすものであれば、人間の行為と同様やはり評価規範としての法規範に違反し、違法(不正)な侵害としてこれに対する正当防衛が可能となるのである。ところが、客観的違法論を採っても、法規範が人間の行為のみを対象とすると解するときは、主観的違法論と同様、右の結論は維持しえないことになる。

3　侵害行為と違法状態

修正された客観的違法論は、法規範のもつ評価機能と意思決定機能の双方が共に違法と責任のそれぞれの場面で二重に作用するという考え方を基礎としている。この立場で、違法と責任を区別するための基準は、評価規範違反か意思決定規範違反かということではなく、抽象的一般人を基準とする当為の判断か(違法)、具体的行為者を基準とする可能の判断か（責任）に求められることになる。したがって、この見解は客観的違法論といっても、それは判断基準の客観性を意味するのであって（一般人を基準とする）、判断対象の客観性を意味するものではない。このように、基準が客観的であるとはいえ、違法の領域においても法規範が意思決定規範として機能するということになると、いわゆる違法状態の観念は否定され、対物防衛も認められないことになるのである。

しかし、そもそも法規範は生活利益を保護するために存在するのであるから、法規範の機能として、行為あるいは事実が生活利益保護のための客観的生活秩序としての法規範と調和するものか矛盾するものかという評価規範による判断が、法規範のもつ意思決定機能に先行していなければならない。そして、生活利益保護のための客観的生活秩序としての法規範（評価規範）と矛盾するということは、何らかの法益を侵害し、危険化することを意味するのである。したがって、そのような評価規範と矛盾し、法益を侵害・危険化するかぎり、違法判断の対象は人間の行為に限定されるいわれはなく、自然現象や動物の行動をも含むということになる。伝統的な客観的違法論の立場では、当然違法状態（侵害状態）の観念を承認しうるし、違法状態を前提とする対物防衛も正当防衛として適法だということになるのである。三六条一項も、「不正の侵害」と規定しているだけであるから、これを侵害行為に限ることなく侵害状態（違法状態）をも含むと解することに十分な合理性があると考えられる。むしろ、刑法は不正の「侵害行為」と規定しているわけではないのであるから、「侵害」を「侵害行為」に限ることによって、防衛者に法文よりも不利益な解釈をすることは、罪刑法定主義上の疑義さえ生じさせることになろう（内藤・㊥三三九頁）。

修正された客観的違法論は、責任無能力者の侵害行為に対しては正当防衛を認めつつ、所有者の管理できない動物の侵害に対しては正当防衛が許されないとするが、これでは動物に対してよりも人に対して正当防衛という峻厳な措置を認めることになり、著しく均衡を失することになる。修正された客観的違法論が違法判断の対象を人間の行為に限るのは、動物の行動を違法と評価し、これに刑罰を科すのは無意味であり、またそれは現行法の立場でもないということに基づいている。たしかに、刑罰権行使の前提となる犯罪成立要件としての違法性判断は人間の行為を前提としているが、それは刑法上の犯罪概念が人間の行為に限られていることの結果であって、違法概念に内在する違法の本質からの帰結ではない。ここで問題にしている対物防衛においては、刑罰の前提となる犯罪成立要件としての違法性ではなく、正当防衛の対象としての侵害の違法性が問われているのであるから、違法の本質にさかのぼってその内容を定めればよいのである。そして、本来の客観的違法論の立場を採るかぎり、動物の行動も法益を侵害・危険化するものとして違法判断の対象となりうることになる。

三　防衛行為と第三者

対物防衛と並んで、従来、正当防衛と緊急避難の限界領域にあるとされる問題に、「防衛行為と第三者」というのがある。これは、防衛行為に伴い侵害とは無関係な第三者の法益を侵害した場合、刑法上これをどのように解決すべきかという問題である。これには、以下に述べる三つのケースが考えられている。

1　侵害者が第三者の物を利用した場合

例えば、Aがつないであった Bの飼い犬を解き放してXにけしかけ咬みつかせようとしたため、Xが自分の身を守るためにBの犬を蹴殺したという場合のように、急迫不正の侵害者（A）が侵害の手段として第三者（B）の所有物（飼い犬）を利用した場合、被侵害者（X）が防衛のためその第三者の所有物を損壊する行為が正当防衛となるかどうかが争われている。本件において、Aとの関係では不正な侵害が存在するから当然正当防衛が成立するが、問題は、正当な法益の所有者である第三者Bとの関係である。

この問題を、動物の侵害に対する反撃という点で、前述の対物防衛のカテゴリーに含めて理解する余地もある。その場合には、まず、対物防衛否定説によれば、Bが自分の飼い犬の侵害に何らかかわっていない以上、Bとの関係ではXの正当防衛が否定されることになる。これに対し、対物防衛肯定説の立場では、Bの飼い犬がAの不正な侵害行為の手段として利用されている以上、通常の対物防衛の場合にもまして第三者Bとの関係でも正当防衛が認められることになる（平野・II二三三頁）。しかし、本来の対物防衛においては、動物の侵害という単なる違法状態を前提としているにすぎないのに対し、本問の場合は、いずれにしても物を利用した違法な侵害行為が存在するのであるから、これを対物防衛の問題に解消してしまうことには疑問がある（内藤・㊥三八三―四頁）。対物防衛否定説の立場でも、本件Xの行為についてはBとの関係でも正当防衛を認めることができるのである。

それにもかかわらず、第三者Bには故意・過失がなく、Bの法益が正当であることから、Bに対する関係では緊急避難にとどまると解する余地もまったくないわけではない。しかし、この場合、Bの所有物はAによる侵害の手段としてその一部分となっているから、Xの行為はAの侵害自体に対する反撃とみることができるし、また、Bの所有物が用いられたことは侵害者Aの側の事情によるのであって被侵害者Xの側の事情によるのではないから、Xの行為は第三者Bとの関係でも正当防衛と解するのが妥当である（大塚・後掲❶一二一頁、香川・後掲❷一二六頁以下、川端・後掲❸二一四頁、森下・後掲❼七五頁）。

なお、侵害者が第三者自身を利用した場合、例えばAがXめがけてBを突き飛ばしてきたため、XがBに反撃を加えた場合は、Bの動作が刑法上「行為」と評価できないものであっても、真正の客観的違法論の立場からすれば、Bの動作は不正であって、Xに正当防衛が認められる。

2 防衛者が第三者の物を利用した場合

第二に、例えば、Xは、Aが日本刀で切りかかってきたのでとっさに傍らにあったBの竹刀でこれを防いだため、Xに怪我はなかったが、竹刀は使いものにならなくなってしまった場合のように、急迫不正の侵害者(A)の侵害に対して被侵害者(X)が防衛するため第三者(B)の所有物(竹刀)を利用し、その物を損壊した場合の防衛者の罪責が問題となる。この場合、Xの行為は、Aの不正な侵害に対してやむをえず行った防衛行為であり、第三者Bの所有物はその手段として用いられているのであるから、Bとの関係でも正当防衛を認めてよさそうであるが、本件と先の第一の類型との間には決定的な相違が認められる。

たしかに、B自身に不正が認められないという点では両者同じであるが、第一類型におけるBの犬はAによる不正な侵害の手段として使われており、いわば侵害行為を構成する要素であるのに対し、本問におけるBの竹刀は侵害に対する防衛の手段として使われているのであって、防衛行為を構成する要素であると解せられる。Xの行為は、Aの行為から生ずる現在の危難を避けるために、危難とは無関係な第三者Bの法益を侵害して避難の効果を上げている点で、例えばAの侵害から免れるためにやむをえず傍らにいたBを突き飛ばして逃げるという典型的な緊急避難事例との間に相違は認められない。本件のXの行為は緊急避難として正当化(ないし免責)されることになる(香川・後掲❷一三八頁。なお、川端・後掲❸二二八頁参照)。

3 防衛行為の結果が第三者に生じた場合

例えば、Xは、Aが日本刀で切りかかってきたので、防衛のためやむをえずAに向けて銃を発射したところ、弾丸がAに当たらず傍らにいたBに当たってBを死亡させてしまった場合のように、正当防衛に際し、たまたま不正の侵害者(A)の傍らにいた第三者(B)を殺傷した場合に、行為者(X)の罪責が問題となる。大別すると、緊急行為性を認める見解（正当防衛説・緊急避難説）と否定する見解（違法行為説）とがある。

⑴　正当防衛説　まず、Xの行為が正当防衛に当たるとする見解は、防衛行為の本質は行為が攻撃者に向けられたことにあるから、第三者の法益に対する侵害が攻撃者に向けられた防衛の構成部分である限りにおいて正当防衛の限界内にある、と説く（川端・後掲❸二二四頁）。しかし、正当防衛が緊急行為として正当化されるのは、防衛行為が反撃行為として不正の攻撃者に向けられ、その結果として自己または他人の法益が保全されるからであって、付随的とはいえ防衛効果をもつとは考えられない第三者の正当な法益侵害を正当防衛に含めて理解することは妥当でない。

もっとも、本問は、正当防衛の枠を超えているという点で、過剰防衛に類似した面もある。しかし、不正な侵害者と同一の客体に向けられる過剰防衛は、正当防衛の延長上にあるものとして緊急行為に含めて考えられるが、侵害者と異なる客体に結果が発生した本事例においては、その者との関係では緊急行為の一種である過剰防衛を認めることもできない。

⑵　緊急避難説　ここに、Xの行為は第三者Bとの関係では緊急避難であるとする見解が登場することになるが（団藤・二四二頁）、緊急避難説にも難点がある。本来、緊急避難において避難行為者は、危難を忍受するか、それとも第三者の法益を犠牲にするかという二者択一の関係におかれるが、正当防衛により同時に第三者の法益を侵害する場合には、行為者Xと第三者Bとの間に右の関係を認めることができないのである。行為者が第三者の法益を侵害する行為が危難を免れるにふさわしいものであって初めて緊急避難行為と呼ぶことができるが、本問においては、当該第三者Bの法益を侵害することがXの法益保全に結び付かない反面、Bの法益侵害と無関係にXの法益を保全する途があったわけで、XとBとの間には緊急避難にとって本質的な法益衝突の契機が含まれていないといわ

ざるをえない（もっとも、例えばBが人質としてAの背後に捕らわれており、XのAに対する反撃行為が同時にBに危害を及ぼさざるをえない状況にあれば、Xの法益とBの法益とは択一関係に立つことになるので、Xの行為はBとの関係で緊急避難となる）。そこで、本問を緊急避難と同視しえないことを認めながらも、これを「一般緊急行為」（平場・後掲❺一六七頁以下）、ないし「準緊急避難」（森下忠「緊急避難の法的性質」中編『論争刑法』七四頁）と呼び、刑法三七条の適用（準用）を認める見解が登場するが、これでは緊急避難概念の独自性を損ない、三七条の統一的把握を犠牲にすることになろう。

なお、本件を方法の錯誤の問題と解し、具体的事実の錯誤につき法定的符合説を採った場合（本書15二）、第三者Bへの法益侵害行為を違法と解すると、Bに対する関係で常に故意犯の成立を認めざるをえなくなるが、この結論を回避するためにBとの関係においても緊急行為性を認めるというのであれば、それは本末転倒した議論というべきであろう。本問においてこのような解決をせざるをえないところに、方法の錯誤における法定的符合説の一つの問題性が露呈されているように思われる。

(3)　違法行為説　Xの行為は、少なくともBとの関係では違法と解すべきである。本問においては、先の二つのケースとは異なり、Xの行為がそもそも「緊急行為」として正当化されるかどうかが問題とされなければならない。というのは、第一および第二類型の事例では、第三者Bの法益を侵害する行為が直接・間接に行為者Xの法益保全に役立っているのに対し、本件においてXは、Bの法益侵害を手段として自己の法益を保全したわけではないからである。もっとも、このような事例の多くは、その事案の情状からいって、通常、故意・過失が否定され、あるいは第三者の法益を侵害しないことを期待することが不可能ないし困難であることから、Xの行為は違法ではあっても責任が阻却されるケースが大半であろう。しかし、そのことは、Xの行為が法益の衝突を前提とする緊急行為であることを意味するものではないのである。

【参考文献】

❶大塚　仁「正当防衛・緊急避難」福田＝大塚編『演習刑法総論』(一九八三・青林書院新社)
❷香川達夫「防衛行為と第三者」同『刑法解釈学の諸問題』(一九八一・第一法規) 所収
❸川端　博「防衛行為と第三者の法益の侵害」同『正当防衛権の再生』(一九九八・成文堂) 所収
❹西村克彦「正当防衛か緊急避難か」警察研究四八巻四号 (一九七七)
❺平場安治「緊急行為の構造」同『刑法における行為概念の研究』(一九五九・有信堂) 所収
❻福田　平「対物防衛はみとめられるか」福田＝大塚『新版　刑法の基礎知識1』(一九八二・有斐閣)
❼森下　忠「正当防衛と緊急避難との限界領域」法経学会雑誌 (岡山大学) 一二巻四号 (一九六三)
❽斉藤誠二「正当防衛と第三者」森下忠先生古稀祝賀『変動期の刑事法学　上巻』(一九九五・成文堂)

9 過剰防衛と誤想防衛

一 過剰防衛

1 過剰防衛の種類

急迫不正の侵害に対して、自己または他人の権利を防衛するため、やむをえずにした反撃行為であって、防衛の程度を超えたものが「過剰防衛」であるが（刑法三六条二項）、過剰防衛は種々の観点からこれを分類することができる。

(1) 質的過剰防衛と量的過剰防衛　①急迫不正の侵害（正当防衛状況）が存在する場合に、防衛行為が必要性・相当性の限度を超えた場合が「質的過剰防衛」であり（限縮的過剰防衛ともいう）、②正当防衛状況が客観的に存在しない場合、すなわち攻撃が未だ現在しないか、もはや現在しないにもかかわらず、「防衛」行為がなされる場合が「量的過剰防衛」である（拡張的過剰防衛ともいう）。三六条二項にいう「防衛の程度を超えた行為」の中に、本来の意味での過剰防衛である質的過剰防衛の外に量的過剰防衛が含まれるかについては争いがある。この点、最判昭和三四・二・二（刑集一三巻一号一頁）は、最初の反撃行為で侵害者が凶器を手から落とし、横倒れになってその侵害態勢が崩れ去ったのに、被告人が恐怖・驚愕・興奮かつ狼狽の余りさらに鉈で侵害者に数回切りつけてこれを死に致した事案について、一連の行為を全体としてみて過剰防衛に当たる、とした（同旨、内藤㊥三四八頁）。しかし、量的過剰防衛の場合、防衛者は客観的な意味で正当防衛状況におかれているわけではなく、また三六条二項が急迫不正の侵害に対する「防衛」の程度を超えた行為のみを問題にしていることから、量的過剰防衛を三六条二項の規定している「過剰防衛」の中に含めて考えることは妥当でない。ただし、事前に侵害があった場合につき過剰防衛に準じた取扱いをすることは可能であろう。

⑵　故意の過剰防衛と過失の過剰防衛　①防衛者が防衛の程度を超えたことを認識していた場合が「故意の過剰防衛」であり、②認識の可能性はあったが不注意により認識していなかった場合が「過失の過剰防衛」である。共に、三六条二項の適用がある。過失の過剰防衛は、従来、誤想防衛の一種と考えられてきた。たしかに、この場合も正当防衛を構成する事実に誤認があるという点では、誤想防衛と呼ぶことができないわけではないが、本来の誤想防衛が客観的に存在しない急迫不正の侵害を存在すると誤信して《反撃》に出る場合であるのに対し、過失の過剰防衛の場合には、現に急迫不正の侵害が存在している場合について、単に防衛行為の程度を誤認しているにすぎないのであって、その間に本質的な差異があることを見誤ってはならない。過失の過剰防衛の場合には、情状により過失犯の刑がさらに減軽または免除される可能性があるのに対し、誤想防衛の場合には三六条二項を適用する余地がないのである（後出三参照）。

2　刑の減免の根拠

過剰防衛は、防衛の程度を超えているとはいえ急迫不正の侵害に対応する行為であることから、通常の犯罪とも一線を画す必要がある。したがって、過剰防衛の本質を明らかにするためには、刑の減免の実質的根拠が論ぜられなければならない。

(1)　責任減少説　過剰防衛に刑の減免が認められる根拠は、従来、行為者の主観的非正常性に基づく責任減少に求められてきた（例えば平野・II二四五頁）。すなわち、刑の減免の根拠が、もっぱら行為者の行為動機の異常性に求められてきたのである。急迫不正の侵害に対し反撃行為に出る者は、事態の緊急性の故に往々にして恐怖・驚愕・興奮・狼狽等の異常な心理状態に陥り、それが動機となって防衛の程度を超えることがあるからである。それゆえ、行為者に過剰に至らないことを期待することが不可能ないし困難となり、これに対する非難が止むか減少することになる。刑の減免の実質的根拠として、行為者の責任の側からの考慮が働くことは争いえないところであろう。もっとも、三六条二項が過剰防衛の効果を刑の減軽または免除にとどめていることを考えれば、過剰防衛は責任阻却事由ではなく、責任減少事由だということになるが、防衛の程度を超えたことについて行為者をまったく非難することができないような場合には、超法規的に責任の阻却を認めるべきであろう（盗犯等防止法一条二項参照）。

責任減少説に対する疑問は、責任減少という点では誤想防衛の場合と同じであるにもかかわらず、通常の誤想防衛は過失犯として（禁止の錯誤説では故意犯となる）刑の減免が認められないのに対し、同じ過失犯である過失の過剰防衛については刑の減免が認められ、また故意の過剰防衛についても刑が免除される場合には誤想防衛よりも軽く扱われることの説明がつかないということである。少なくとも恐怖・驚愕等の精神の動揺が行為者の責任に及ぼす影響という点においては、実際に急迫不正の侵害があった場合と、実際にはなかったが行為者があると思った場合とで違いがあるとは考えられない。また、責任減少説に立てば、質的過剰防衛と量的過剰防衛とで異なった取扱いをする必要もなくなり、免責される量的過剰防衛を盗犯等防止法一条二項に限定する必要もないことになる。過剰防衛の刑の減免の根拠は、責任減少以外の点にも求められなければならない。

(2)　違法・責任減少説　過剰防衛の責任減少・阻却が動機の異常性に基づくものであるということは、実は正当防衛にもこのような側面が存在することを意味している。過剰防衛が正当防衛の延長上に位置づけられるとするならば、正当防衛に内在しない要素が過剰防衛において突如表面化するということは考えられないからである。したがって、それと同時に、正当防衛における違法阻却的側面もまた過剰防衛に受け継がれているとみるべきではなかろうか。たしかに、防衛の程度を超えている行為について、違法「阻却」を認めることはできないが、本来正当とされた行為がその程度を超えた一事をもって、行為全体が完全な違法性を獲得すると解することも不自然である。通常の殺人と、不正の侵害の存在を前提とする過剰防衛による殺人とは、違法性の観点からも区別されなければならない。

過剰防衛は、防衛の程度を超えた分が正当防衛にいわば接ぎ木された行為であるが故に、全体として違法性を帯びてくるのであるが、逆にいえば、正当防衛の枠内にある分については、それが過剰防衛において通常の犯罪より違法性を減少させる方向に作用することを認めざるをえない。すなわち、急迫不正の侵害に対し自己または他人の正当な利益を保護するための防衛行為という点では、正当防衛と過剰防衛との間に何らの差異も存在しないのである。一方、過剰防衛を誤想防衛と対比してみると、その間に急迫不正の侵害の有無という、違法性の観点からは決定的な違いが認められる。過剰防衛の場合は、現に急迫不正の侵害が存在するからこそ、これに対する防衛がその程度を超えた場合にも違法性の減少が認められるのに対し、誤想防衛の場合は、実際には急迫不正の侵害が存在しないために、想定された侵害に対応する《防衛》が行われても、違法性の減少は認められないのである。過剰防衛が刑を減免しうるとされるのは、それが責任減少と同時に違法減少を伴うからである（曽根・後掲❹二〇三頁。なお、違法減少のみを考慮するものとして、町野・後掲❼五二頁）。

3 侵害の継続性と量的過剰

侵害がすでに過去のものとなり、侵害の急迫性（継続性）が否定されて正当防衛の成立が認められない場合にも、さらに（量的）過剰防衛の成否が問題とされることになる。たしかに「急迫不正の侵害」（正当防衛状況の存在）は、正当防衛と過剰防衛に共通の前提要件であることから、侵害の終了後は、本来の意味での（質的）過剰防衛は認められないが（前出1）、侵害の急迫性が否定された場合であっても、侵害が存在した時点で反撃行為が行われ、侵害終了後も引続き反撃が続行された場合は、全体を一連の過程として統一的に評価することもできないわけではない。そして、近年の下級審判決には、一連の行為を全体的に捉えて過剰防衛の成立を認めるものも見受けられるのである。

(1) 判例の動向　近年の判例のうち、まず、過剰防衛の成立を認めなかったものとして、例えば①津地判平成五・四・二八（判タ八一九号二〇一頁）がある。事案は、被害者Aからいきなりパン切り包丁で切りかかられた被告人Xが、揉み合ううち落ちた包丁を拾い上げ、馬乗りになって右包丁等でAの頸部等を突き刺し、さらにAが動かなくなった後も首を圧迫して扼殺したというものであるが、裁判所は、Aによる急迫不正の侵害が継続している状況になかったと認定した上で、頸部圧迫行為が興奮状態の相当治まった後の行為であって、余勢に駆られた行為とは言えないことなどから、Xの一連の殺人行為を全体的に観察して急迫不正の侵害に対する防衛行為と判断することができない、と判示して過剰防衛の成立を否定した。

これに対し、全体を一個の反撃行為とみて過剰防衛の成立を認めた最近の下級審判決として、②富山地判平成一一・一一・二五（判タ一〇五〇号二七八頁）がある。事案は、被告人Xの反撃行為（Xによる第一行為）により被害者Aの急迫不正の侵害がなくなった後に、同人と意思を通じた被告人Yによりさらに反撃行為（Yによる第二行為）が加えられたというものであるが、本判決は、Yによる第二行為の当時、Aによる被告人らの身体に対する攻撃の危険性がほぼ消失していたから、それ自体を取り上げれば防衛行為と評価できないとしつつも、Yの行為は、Yと意思を通じて行ったXによる第一行為の直後に連続して行われ、包丁による刺突という点で同じ態様である上、その回数が一回にとどまってより重要とはいえないことなどから、それ以前のXの防衛行為に引き続き、同じ興奮状態において余勢に駆られた一連の行為とみるべきである、としたのである。

(2)　判断基準　侵害終了後の行為をそれ以前の行為と一体化して全体を過剰防衛とみるか、それとも独立した違法行為とみるかを区別する基準としては、次のような事情が考えられる。全体を一連の行為として捉えるためには、まず、客観的要件として、(a)侵害終了時とその後の行為との時間的懸隔がわずかであることが必要であって、前掲②判決の言う「余勢に駆られた」行為は、このような意味に理解される。侵害終了後、時間が相当経過した段階で行われた行為は、侵害時の防衛行為との物理的一体性を備えていないのである。また、(b)手段の同一性も、一体性判断の一つの資料となる。前掲判例①では、手段が刺突行為から扼殺行為に変わったのに対し、②では、包丁による刺突という同一形態の手段が用いられている。さらに、(c)侵害終了後の行為が死因となるなど、結果発生にとって決定的な意味を持った場合には一体性が否定される。①では、後行行為である扼殺が死因を形成している(これに対し包丁等での刺突行為により生じた傷害は死因なっていない)のに対し、②では、先行のXによる刺突行為が一〇数回に及んでいる一方、後行のYの刺突行為は一回のみである。

次に、侵害終了前後を通じて行為を一体的に把握するためには、主観的要件として、(d)行為者の特殊な心理状態が、攻撃者の侵害終了前後の行為において一貫していること(心理状態の継続性)が必要である。特に、過剰防衛における刑の減免の根拠について責任減少説に立つ場合、防衛者の心理状態が侵害終了後においても侵害時と同様に精神的動揺状態にあることが要請されることになる。①判決が、侵害終了後には被告人の興奮状態も治まり、余裕さえ認められるとしているのは、過剰防衛否定の一つの根拠と考えられる。これに対し、過剰防衛の本質を、急迫不正の侵害の存在を前提とする違法減少に求める場合には(違法減少説)、客観的にみて侵害が終了した量的過剰の場合に刑の減免を認めることは困難である。なお、過剰防衛において、違法減少と責任減少を共に考慮する立場では(違法・責任減少説)、責任減少の側面から、量的過剰についても刑の減免(少なくとも刑の減軽)を認めることは可能であろう。

二 誤想防衛

1 誤想防衛の意義と種類

急迫不正の侵害が存在しないのに存在すると誤信して《防衛》行為に出た場合が「誤想防衛」であるが、客観的に急迫不正の侵害が存在しない点で、これを前提とする過剰防衛との間に決定的な違いが認められる。これに対し、客観的に存在する急迫不正の侵害に対し防衛のために相当な行為をするつもりで、誤って防衛の程度を超える行為をした過失の過剰防衛についても(前出一1⑵)、正当防衛の要件事実に関する誤認としてこれを誤想防衛の一つに数える見解もあるが(例えば団藤・二四二頁)、過失の過剰防衛は、違法減少の側面を伴っている点で、これの認められない本来の誤想防衛からは厳に区別されなければならない。

誤想防衛には、①誤想した侵害に対する防衛行為としてその程度を超えない典型的な誤想防衛と、②仮に侵害が存在したとしても、その防衛が必要性・相当性の程度を超えた誤想過剰防衛とがある。誤想過剰防衛は、急迫不正の侵害に関し誤認がある点で誤想防衛の一種であって、現実に急迫不正の侵害が存在する過剰防衛の一種ではない。

2　誤想防衛と違法性

(1)　違法論で解決する立場　　誤想防衛が違法であるとするのは、圧倒的な通説であるが、行為無価値論の中には、一定の場合には誤想防衛も適法であるとする見解がある。例えば、「急迫不正の侵害が、実際には存在しない場合であっても、行為者が、自己または他人の権利に対する不正の侵害が切迫しているかあるいは現に行なわれているものと誤信した場合に、そのような事実を誤認したことについて、行為者の立場におかれた平均的な思慮分別をそなえた一般市民を標準として、そのような誤信を避けることができなかった、すなわち、そのような状況に置かれた者ならば、当然急迫不正の侵害が行なわれていると信ずることに客観的な理由があると認められる場合(事実誤認をしたことについて過失が認められない場合)には、正当防衛の前提要件としての急迫不正の侵害があった場合と同様に扱うべきである」とするのがそれである(藤木・一七二頁以下)。この見解は、誤想防衛としてなされた法益侵害行為は、故意の結果惹起行為としての違法性はなく、正当行為をするに当たって要求される注意を欠いたため予期しない被害を生ぜしめたものであるから、行為の構造としてせいぜい過失行為が認められるにとどまるという前提に立ち、したがって誤想防衛は、急迫不正の侵害ありと信じたことに客観的な合理的理由があって、無過失であると認められる場合には正当防衛そのものである、とするのである。

右の見解は、誤想防衛を事実の錯誤と解し故意の阻却を認めたうえで、行為者に過失もない場合にはこれを適法行為として扱うものであったが、これに対し、誤想防衛を違法性の錯誤と解しつつ、誤想防衛に適法な場合があることを認める見解がある。すなわち、いわゆる事前判断の見地から、急迫不正の侵害についての錯誤が一般人にとって回避不能である場合には行為の違法性阻却を認め、回避可能である場合には違法性の錯誤(禁止の錯誤)として扱う、とするものである(川端・25講二〇〇頁以下)。

(2) 考　察　以上の見解は、誤想防衛について、違法論の段階でも故意・過失・無過失をそれぞれ違法性の有無・程度を決する要素として区別すべきであるとする人的不法論（行為無価値論）を前提とするものであるが、物的不法論（結果無価値論）の見地からこの結論を採ることはできない。右の見解によれば、誤想防衛は、客観的には（事後的には）急迫不正の侵害がなかったことが明らかであった場合にも、行為時に一定の要件を満たせば、《防衛者》（X）の行為も適法行為（正当防衛）として扱われることになるが、そうなると誤想防衛行為が「不正な侵害」でないことになり、誤認されたその相手方（A）はこれに対し正当防衛で対抗することができなくなる。しかしこの場合、事前判断説（主観説）も、誤認されたAの取った対抗手段が違法であるとまではいわないであろう。そこで、右の結論を回避しようとすれば、正当防衛に対する正当防衛という関係を認めざるをえなくなるが、法益保護をもってその第一次的任務とする法がこのような関係を是認するとはとうてい考えられない。法益を相互に侵害し合う行為は、共に違法ということはあっても、共に適法ということはありえないからである。違法評価は、行為者ごとに個別的に判断される責任の評価とは異なり、全法秩序の見地から、行為者同士および被害者（さらに第三者）にとって共通の基盤のうえで一元的になされなければならないのである。

物的不法論（結果無価値論）を採れば、故意・過失・無過失が違法性の平面で区別されることはないから、右のような問題は生じてこない。客観的に急迫不正の侵害が存在しない以上、誤想防衛は常に違法であって（したがってこれに対抗する行為は正当防衛となる）、その解決は責任要素としての故意をめぐる問題として責任論において図られなければならない（本書18）。

三　誤想過剰防衛

1　意義と種類――誤想防衛か過剰防衛か

すでにみたように(前出二)、急迫不正の侵害が存在しないのに存在すると誤認して、これに対する《反撃》行為をしたが、誤認した侵害が現実に存在したと仮定しても、その防衛が必要性・相当性の程度を超えたものが「誤想過剰防衛」である。そして、右の定義からも明らかなように、誤想過剰防衛は急迫不正の侵害に関し誤認がある点において誤想防衛の一種であって、現実に急迫不正の侵害が存在する過剰防衛の一種ではない。

誤想過剰防衛には、急迫不正の侵害については誤認しながら、防衛の程度を超えたことについては認識のある「故意の誤想過剰防衛」と、防衛の程度を超えたことについても認識のない「過失の誤想過剰防衛」とがあるが(二分説)、この点についてはこれと異なった理解もあるので、まずそれをみてみることにしよう。

2　故意犯か過失犯か

(1)　故意犯説　まず、①違法性の意識(本書17)に関して厳格責任説を採れば、誤想防衛自体が違法性の錯誤として故意の阻却が認められないから(本書18)、その延長線上に位置する誤想過剰防衛についても、当然に故意犯の成立が認められることになる(阿部・後掲❶一三三頁以下)。しかし、誤想防衛を事実の錯誤と解する通説的見地からは、右の見解を支持することができない。

次に、②誤想防衛として故意の阻却が認められるのは、行為者の誤認した急迫不正の侵害に対し、防衛行為が相当性をもつ場合に限られるのであって、相当性を欠く場合にはもはや故意が阻却されることはない、とする見解がある（船田・後掲❻一一〇頁）。そして、この見解を採るべきことは、正当防衛との均衡からいって当然である、とする。たしかに、防衛行為が相当性を欠くことを認識していた場合には、故意の阻却を認めるべきでないが、防衛のために相当な行為をするつもりで誤って不相当な、防衛の程度を超える行為をしてしまった場合には、やはり故意の阻却を認めるべきである。この場合、行為者は行為の違法性を基礎づける過剰な事実を認識することなく防衛行為に出ているのであって、故意犯の成立は認められないのである。また、正当防衛との均衡からみても、正当防衛の程度を超えたことについて認識がない場合には、せいぜい過失の過剰防衛が成立するにすぎないのであるから（前出二）、誤想防衛においてその程度を超えたことに認識がない場合に故意犯の成立を否定しても何ら不均衡の問題は生じないのである（町野・後掲❼四六頁以下）。

(2)　過失犯説　この見解は、誤想防衛を事実の錯誤と解する通説的理解から出発し、誤想過剰防衛の場合、行為者が急迫不正の侵害を誤認しなければ過剰な防衛行為もしなかったであろうから、急迫不正の侵害の誤認の点が行為全体について支配力をもち、そのような行為は全体において過失犯的性格をもつ、とする（石原・後掲❷一〇一―二頁）。たしかに、防衛の程度を超えたことについても認識がない場合には、行為は全体として過失犯となるが、過剰にわたった点について認識がある場合には、違法性を基礎づける事実を認識しているのであるから、故意犯の成立を否定することはできない。また、通常の過剰防衛において、防衛の程度を超えたことを認識していた場合を故意犯とせざるをえない以上、それとの対比からいっても、誤想過剰防衛において常に故意の阻却を認めることは不均衡のそしりを免れないであろう（内藤・㊥三七三頁）。

(3)　二分説　誤想過剰防衛には、故意犯の類型と過失犯の類型とがある。まず、㈠行為者が防衛の程度を超えたことを認識していた場合には、「故意の誤想過剰防衛」となる。この場合、行為者は防衛行為の違法性を基礎づける過剰な事実を認識しているのであるから、故意犯の成立が認められるのである。これに対し、㈡行為者に防衛の程度を超えたことについて認識がない場合には、そのことについて認識可能性があることを前提として「過失の誤想過剰防衛」が認められることになる。この場合、行為者には違法性を基礎づける過剰事実について認識がないから、故意犯の成立を認めることができないのである。過失の誤想過剰防衛は、急迫不正の侵害と過剰事実の二点において誤認があることを特徴としており、行為者の意識としては通常の誤想防衛と同様、正当防衛の意識、すなわち適法行為を行うことの意識しかないのである。

3　刑の減免の可否

誤想過剰防衛についても通常の過剰防衛と同様、刑の減軽または免除を認めることができるかどうかについて争いがある。

(1)　積極説　　過剰防衛の刑の減免の根拠を責任減少に求める立場(責任減少説)は、急迫不正の侵害の存在しない誤想過剰防衛においても、行為者が恐怖等の心理的異常状態にあることを理由に、行為者の責任減少が通常の過剰防衛と異なることがないとして三六条二項の適用ないし準用を認める。積極説は、その点では誤想過剰防衛を過剰防衛の一種として捉える立場といえる。最決昭和四一・七・七(刑集二〇巻六号五五四頁)も、原判決が「刑法三六条二項により処断したのは相当である」と判示し、その結論を支持している。しかし、《防衛》がその程度を超えない典型的な誤想防衛において、およそ刑の減免が認められないこととの均衡を考慮すると、急迫不正の侵害が存在せず、しかも防衛の程度を超えている誤想過剰防衛に三六条二項の適用を認めることには問題がある。

(2)　消極説　　この見解は、過剰防衛の刑の減免の根拠を違法減少ないし違法・責任減少に求める立場から出発し、誤想過剰防衛の場合は、過剰防衛の場合と異なり、急迫不正の侵害が存在しないので違法減少が認められないということを重視し、また、典型的な誤想防衛の場合との刑の均衡を問題にする（町野・後掲❼五四頁）。誤想過剰防衛を誤想防衛の一環として位置づける立場からは、基本的に消極説が妥当であろう。たしかに、急迫不正の侵害の誤認について無過失のときは、典型的な誤想防衛が不可罰となるから、誤想過剰防衛に三六条二項を準用しても刑の不均衡の問題は生じない。しかし、いずれにしても誤想過剰防衛の場合に、その際における恐怖・驚愕・狼狽等の異常な心理状態の程度の高いときは、一般的な期待可能性の理論によって責任の減少・阻却を認める余地があるのであるから、急迫不正の侵害が存在しない誤想過剰防衛にあえて三六条二項を適用ないし準用する必要はないと思われる（曽根・後掲❹二二五頁）。

【参考文献】

❶阿部純二「誤想過剰防衛」福田＝大塚編『演習刑法総論』（一九八三・青林書院新社）
❷石原　明「殺人未遂罪につき誤想過剰防衛が認められた事例」法学論叢八一巻一号（一九六七）
❸内田文昭「過剰防衛について」「誤想過剰防衛について」同『犯罪の実質とその現象形態』（一九九三・信山社）所収
❹曽根威彦「誤想過剰防衛と刑の減免」同『刑事違法論の研究』（一九九八・成文堂）所収
❺日高義博「誤想過剰防衛と独自の錯誤説」同『刑法における錯誤論の新展開』（一九九一・成文堂）所収
❻船田三雄「殺人未遂罪につき誤想過剰防衛が認められた事例」最高裁判所判例解説刑事編昭和四一年度（一九六七）
❼町野　朔「誤想防衛・過剰防衛」警察研究五〇巻九号（一九七九）
❽村井敏邦「正当防衛に関する錯誤と過剰防衛に関する錯誤」警察研究五一巻四号（一九八一）
❾山火正則「誤想防衛と過剰防衛」刑法基本講座第3巻

10 緊急避難の本質

一　学　説

自己または他人の生命・身体・自由または財産に対する現在の危難を避けるため、やむをえずにした行為であって、その行為から生じた害が避けようとした害の程度を超えないものが「緊急避難」であるが、その効果は正当防衛と同様、「罰しない」である(三七条一項本文)。ところが、正当防衛が正当な利益を擁護するため不正な利益を侵害する行為であるのに対し(不正対正の関係)、緊急避難が第三者の正当な利益を侵害する行為であることから(正対正の関係)、「罰しない」とされることの理論的根拠が問われることになる。大別して、違法阻却説、責任阻却説、二分説の三つがある。

1　違法阻却説

(1)　違法阻却の根拠　この見解は、緊急避難を正当防衛と同様、違法阻却(正当化)事由と解するが、その根拠を法文の次の文言に求めている。第一に、刑法は「他人」のための緊急避難も認めているが、これは責任阻却説からは説明がつかないとする。すなわち、責任阻却説は、法が現在の危難に対し(この立場で)違法行為である緊急避難行為以外の他の適法な行為をすることが期待できないことをその根拠にあげるが、そうであるとすれば、他人に対する現在の危難に対しては、これを放置して第三者の正当な法益を侵害（違法）しないことを法は期待することができるから、緊急避難は自己の法益に対する現在の危難の場合に限られるはずであるが、法はそのようになってはいない、と言うのである。

第二に、三七条一項は、「法益（害）の均衡性」を緊急避難の要件として掲げているが、この点も責任阻却説からは説明がつかないとする。何故なら、価値の低い法益を保全するために第三者の重大な法益を侵害したとしても、そのような行為に出ないことについて期待可能性がなければ、責任阻却説による限り緊急避難を認めてよいはずである（現にドイツの免責緊急避難規定〔三五条〕は法益の均衡を要求していない）、と言うのである。

なお、違法阻却説においても、緊急避難規定の要件を欠く行為が超法規的に責任が阻却される場合があることは否定できないが、それは別問題である。

(2) 法益同価値の場合　違法阻却説、特に違法阻却（正当化）の一般原理に関する諸説のうちの優越的利益説（法益衡量説）に基礎をおく違法阻却説に対しては、避難行為によって保全された法益と侵害された法益とが同価値の場合の説明に窮するのではないか、という疑問が提起されている。すなわち、刑法は法益同価値の場合にも緊急避難を認めているが、保全法益の価値が侵害法益の価値より優越する場合に違法阻却を認める優越的利益説の立場では、法益同価値の場合は違法とならざるをえないのではないか、という疑問である。例えば、難破した船から投げ出された二人の人間が一人を支える浮力しかない一枚の板を争う、いわゆるカルネアデスの板のような場合にも緊急避難が認められるが、人間の生命という法益はすべて同価値であるから優越的利益説ではその説明がつかないのではないか、と批判されるのである。

優越的利益説は、たしかに法益同価値の場合、優越する法益は存在しないが、それは法がそのいずれをも優先的に扱ってはならないということを意味しているにすぎず、消極的な形で避難行為を是認しているのである。これはマイナス（優越的法益侵害）がない限り許容するという思想であって、プラス（優越的法益保全）の場合だけではなくゼロ（法益同価値）の場合も違法でない、という趣旨のものである（内田・一九七頁）。優越的利益説の基礎にあってこれを支えている、違法の実質に関する法益侵害説の意義は、すべての法益侵害・危険を違法とするものではなく、保全法益（プラス）に優越する法益の侵害・危険（マイナス）のみを違法とみる見解なのである。

2　責任阻却説

(1)　違法とする理由　責任阻却説は、㈠その消極的な理由を緊急避難が違法行為であることに求め、㈡その積極的な根拠を期待可能性の不存在（責任阻却）に求めているが、ここでは、㈠についてみておくことにする。責任阻却説が緊急避難行為を違法とする理由として、①緊急避難が正当防衛と異なり第三者の正当な法益を侵害していること、②正当防衛が不正な侵害者と防衛者との二面的な構造をもつのに対し、緊急避難が現在の危難を第三者に転嫁する三面的な構造をもっていることを指摘する（日高・論争Ⅰ一四四頁以下）。第一は、緊急避難の相手方の権利擁護を重視する個人主義的な理由づけであり、第二の理由は、自己にふりかかった危難を何らとがめられるべきいわれのない第三者に転嫁してまでこれを回避しようとするのは正義に反する、という思想に基づくものである。

しかし、違法の実質に関する諸説のうちの法益侵害説によったとしても、先にみたように、法益の侵害があればすべて違法というわけではなく、最終的には法益の比較衡量を通して違法性の有無が決定されるのであるから、第一の理由づけは絶対的なものではないし、第二の理由についても、緊急避難に対して緊急避難をもって対抗する場合のように二面的な構造をもつ場合もあり、そこに「正対正」の関係が維持されていれば、やはり緊急避難を認めることができるのである。

(2)　責任阻却の根拠　責任阻却説は、違法阻却説から提起された疑問に対して、次のように答えている。まず、三七条一項が「他人」のための緊急避難を認めていることが期待可能性の観点から説明がつかないということについては、他人のための緊急避難であっても期待可能性がない場合がある、と反論する。しかし、緊急避難行為を違法と解する以上、少なくとも他人のためであれば違法とされる緊急避難行為に出ないことを期待できないわけではないし、かりに期待可能性のない場合が認められるとしても、わが国の刑法は「他人」を親族または自己と密接な関係にある者に限っているわけではないから（ドイツの免責緊急避難規定は、救助の対象を自己の外はこのような関係にある者に限っている）、少なくとも緊急避難一般について責任阻却説を採ることは妥当でないであろう。

次に、三七条一項が「法益の均衡性」を要件としていることに対しては、危難を転嫁されて法益を侵害される者はまったくいわれのない侵害を受けるわけであるから、責任阻却説の立場にあっても、法政策的な観点から法益均衡の原則を要求することは認められる、と反論する（日高・論争Ｉ一四八頁）。しかし、第三者の正当な法益を侵害するから法益の均衡を要求するというのは、違法性の問題であって責任の問題ではなく、責任阻却にとって法益の均衡は過大の要求というべきであろう。

3　二 分 説

緊急避難には違法性が阻却される場合と、違法ではあるが責任が阻却される場合とがあるとする二分説には、(1)違法阻却説から出発するものと、(2)責任阻却説から出発するものとがある。

(1)　違法阻却を基本とする二分説　これにもさらに、緊急避難は原則として違法阻却事由であるが、①法益同価値の場合には例外的に違法であって責任が阻却されると解する立場と、②生命と生命、身体と身体とが対立する場合に、例外的に違法ではあるが責任が阻却されると解する立場とがある。

まず、第一説は、保全法益の価値が侵害法益の価値よりも重大である場合は、優越的利益の原理が妥当し避難行為の違法性が阻却されるが、法益が同価値のため優越的利益の原理が妥当しない場合には、緊急避難は違法であって、ただ期待可能性がないために責任が阻却されるにすぎないとする（例えば中山・二六九頁）。しかし、法益同価値の場合にも、すでにみたように違法阻却とする理論構成は可能であるし、また責任阻却を認める限度では、他人のための緊急避難の説明に窮することになろう。

次に、第二説は、緊急避難は原則として違法阻却事由であるが、生命・身体という法益は人格の根本要素であるから生命と生命、身体と身体は相互に比較しえないし、またこれらの法益は自己目的の存在であって、これを手段とすることが許されないから、生命と生命、身体と身体が対立する場合の緊急避難は、例外的に違法であって単に責任阻却が認められるにすぎない、とする（阿部・後掲❶一五七頁以下）。しかし、生命と生命とが衝突する場合は法益同価値の場合の問題に解消されるし、身体についてはその侵害に程度を付すことができる以上、相互の比較はなお可能である。現にこの立場の論者も、身体については、当事者の自由な意思決定を制限するほどの重大な健康ないし身体の完全性に対する侵害が存する場合にのみ責任阻却が問題となる、としている（阿部・後掲❶一五八頁以下）。そこで、生命・身体が問題とされている場合について、生命や身体の枢要部分はあくまでも「自己目的」として扱われなければならず、法の是認の下、いわれなく「他人の犠牲」に供されてはならない（生命・身体の枢要部分の絶対的優越性）ということを根拠に、違法阻却事由としての緊急避難の成立を否定する結論を採ることは全く不可能ではない、とも説かれている（山口・探求九五頁）。

しかし、第一説・第二説のいずれにしても、基本的に違法阻却事由を規定しているとされる刑法三七条の中に、例外的とはいえ責任阻却事由の場合を読み込むことは、解釈論としてはかなりの困難を伴うであろう。

(2) 責任阻却を基本とする二分説　この見解は、緊急避難は原則として責任阻却事由であるが、相対立する法益間に著しい差がある場合には、相手方に正当防衛を認めることが明らかな不正義を招くことになるから、例外的に違法性が阻却されると解するのである（森下・後掲❺二二八頁以下）。そして、この立場で、三七条一項の「やむを得ずにした」というのは、通説のように補充性の原則を規定したものと解すべきではなく、他の適法行為の期待可能性がない、という趣旨に解すべきであるとする。したがって、例外的な違法阻却のケースは超法規的に認められることになり、法定の緊急避難規定である三七条一項の解釈に関する限り、この見解は責任阻却説とまったく同じである。しかしそれだけに、この見解にも基本的に責任阻却説の問題性が妥当するし、違法阻却のケースを法益間に「著しい」差がある場合に限る根拠も必ずしも明らかではなく、具体的にどの程度の差がある場合を指すのかも不明である。また、「やむを得ずにした」という文言についての独自の解釈についても、同じ文言を規定する正当防衛との関係が問われることになろう。

二　民法の緊急避難と刑法の緊急避難

以上の考察から明らかなように、緊急避難の本質について基本的には違法阻却説が妥当であるが、緊急避難がはたして正当防衛と同じような意味で適法行為であるのかどうかについては、さらにこれを検討してみる必要がある。それは、正当防衛と緊急避難との関係、および緊急避難の取扱いについて、民法と刑法とで相違が認められるからである。民法上の緊急避難は、危難が物に由来する場合にのみ認められ（七二〇条二項）、人の不法行為に由来する場合は、刑法で緊急避難とされるものについてもすべて正当防衛として扱われている（同一項）。

1　危難が人の行為に由来する場合

(1)　不法行為に由来する場合　㈠民法上、人の不法行為に対抗する行為はすべて正当防衛と解せられており、不法行為者に対してなされる場合だけではなく、それ以外の第三者に対する行為も正当防衛に含まれる（七二〇条一項）。例えば、不法行為者の暴行を避けるために第三者の家の垣根を破壊して脱出する場合にも正当防衛が成立するのであって、民法七二〇条一項但書は、このような場合を予想した規定である。

これに対し、㈡刑法においては、不法行為に対応する行為が民法七二〇条一項の要件を満たす限り適法であるとしても、それが正当防衛となるのは、相手方に対する反撃行為に限られており（三六条）、不正な侵害に対応する行為であっても、それが第三者に向けられるときは緊急避難が成立するにすぎない（三七条一項本文）。ただし、民法上、損害賠償責任を負うのは不法行為者であって避難行為者ではないことから（七二〇条一項但書）、この場合の緊急避難は、正当防衛と同様、完全な適法行為とみるべきであって、第三者はこれに対し緊急避難（不可罰的違法行為）をもってしか対抗することができない。

(2)　適法行為に由来する場合　人の適法行為に由来する危難に対応する行為は、民法が第三者への危難転嫁を認めていない以上、民法上不法行為を構成するが、刑法上は、三七条一項本文の要件を満たす限り緊急避難となる。ただし、この場合の緊急避難は民法との関係から不可罰的違法行為とみるべきであって、第三者はこれに対し正当防衛をもって対抗できると解すべきである。このように、緊急避難に関し民法と刑法とで異なった扱いがなされる場合があるのは、法益均衡の要件が維持されている限り、刑法がその緊急避難行為について処罰に値するとして介入するのは妥当でない、という法政策的な考慮が働いているからである（内藤・㈥四二四―五頁参照）。

右のように同じく人の行為に由来する危難に対応する緊急避難でありながら、危難が不法行為に由来するか否かによって緊急避難としての性格を異にするのは、形式的には、民法上前者は正当防衛、後者は不法行為という取扱いの違いに由来するのであるが、実質的にみれば、相手方の不法行為に由来する危難は避難行為者の優越的地位にかんがみ、第三者との関係においてもこれを甘受する義務がないのに対し、適法行為に由来する場合は、無関係な第三者に対して危難を転嫁する行為を法が認めていないことによるのである。

2　危難が物に由来する場合

(1)　物を害する場合　民法(七二〇条二項)は、緊急避難を危難が物より生じた場合に限定するとともに、避難行為者がその物を毀損した場合にのみ適法行為として損害賠償の責任を解除している。一方、刑法は、民法上の緊急避難、すなわち対物防衛について、それが正当防衛であるか緊急避難であるかについては争いがあるにせよ(本書8二)、これが民法との関係からみても完全な適法行為であることは明らかである。なお、ドイツの学説にならい、緊急避難を、現在の危難を第三者に転化する「攻撃的緊急避難」と、危険源自体を避難行為の対象とする「防御的緊急避難」とに分ける場合、(1)の類型(物を害する場合)は、後者に属することになるが、この場合、法益侵害は保全法益について予想される侵害を上回るものでもかまわない、とされる(山口・探求一〇五頁参照)。しかし、そのことは、防御的緊急避難とされるものが、実は正当防衛のカテゴリーに属することを物語るものといえよう。

(2)　第三者を害する場合　民法上、物より生じた危難を第三者に転嫁した場合は不法行為を構成するが、刑法上は、このような行為もそれが三七条一項の要件を満たす限り、緊急避難としてその可罰性が否定される。ただし、ここでも民法との関係からみてその違法性は否定しえず(不可罰的違法)、第三者はこれに対し正当防衛をもって対抗することができることになる。

3　まとめ

結局、緊急避難は原則として不可罰的違法行為（可罰的違法阻却事由）であり、例外的に適法行為（正当化事由）ということになる。すなわち、①不正な侵害を第三者に転嫁する行為（および緊急避難と解した場合の対物防衛）のみが完全に適法な緊急避難であり（正当化事由）、②人の適法な行為に由来する危難に対する避難行為、および物に由来する危難を第三者に転嫁する行為は違法ではあるが不可罰の緊急避難となる（可罰的違法阻却事由）。もっとも、刑法上の違法性が否定されるという点では両者の間に違いはない。

三　解釈論上の問題点

本章では、緊急避難の本質に関する見解の違いが端的に反映される解釈論上の問題について考察することにしよう。

(1)　緊急避難に対する正当防衛　緊急避難により害を受ける第三者がこれに対し正当防衛を行うことが可能かどうかが問題となる。この問題は、一においてみたように、緊急避難が違法阻却事由か責任阻却事由かという問題に直結している。まず、①違法阻却説に立てば、緊急避難は適法行為なのであるからこれに対しては正当防衛ができず、第三者はせいぜい緊急避難でしか対抗できないことになる。したがって、XがAからの侵害を回避するためBに重傷を負わせざるをえないような場合にも、この立場では、第三者（B）に正当防衛が認められないから、Bがやむをえず X を殺害したときは過剰避難として犯罪が成立することになる。他方、②責任阻却説では、緊急避難は違法行為なのであるから、これに対する正当防衛が可能だということになる。もっとも、XがAからの暴行を避けるためやむをえず付近にいたBを突き飛ばし軽傷を負わせて逃げようとした場合、Bが防衛のためXを殺害する行為は過剰防衛であって、Bの行為は責任阻却説の立場からも許される行為ではない。

思うに、③何のいわれもなく危難を転嫁される第三者の正当防衛を否定することは、その者の保護に欠けることになる。その意味からも、緊急避難を原則として不可罰的違法行為と解することには合理的な理由があるのである。例えば、Xが自己の不注意によりA運転の車に轢かれそうになったので、難を逃れるため付近にいたBを突き飛ばそうとしたとき、今度はBが車に轢かれそうになったためやむをえずXを押し返したのでXが車に轢かれて死亡したという場合、Bの行為は正当防衛として許容されるというべきである(前出二1(2))。もっとも、緊急避難には可罰的違法性が欠如しているのであるから、これに対する正当防衛にもおのずから限定が加わることは避けられないであろう。一方、例外的に、適法な緊急避難に対しては、第三者は可罰的違法阻却事由としての緊急避難によってしか対抗できないことになる。例えば、XがAからの不正な攻撃を回避するため他に取るべき方法がない状況で第三者Bの家に飛び込んだという場合、BはXに対して正当防衛を行うことはできないのである(前出二1(1))。

(2) 社会・国家法益のための緊急避難　刑法は、緊急避難をなしうる法益を個別的に列挙しているが、問題はこれを例示列挙とみて、その他の法益、殊に社会・国家法益のための緊急避難も認められると解すべきかどうかである(なお、貞操や名誉のための緊急避難は一般に認められている)。まず、①「他人」のためにも緊急避難が認められているることを自説の根拠とする違法阻却説に立ち、しかも社会全体の立場・利益を強調する場合には、社会・国家法益のための緊急避難を肯定する方向に向かうが、三七条一項に列挙されている法益が個人法益に限られていることからすれば、その場合でも社会・国家を構成する個人に危難がふりかかった場合に制限されるべきであろう。なお、②可罰的違法阻却説からすれば、緊急避難は不可罰とはいえ違法行為なのであるから、正当防衛の場合にもまして社会・国家法益のための緊急避難は認められないことになる。一方、③責任阻却説の立場では、社会・国家法益のための緊急避難に出ないことを法が期待できないとはいえないから、やはり否定的に解せられることになる。

(3)　避難意思の要否　正当防衛における防衛意思と同様、緊急避難においても現在の危難の認識という意味での避難意思の要否が問題となる。まず、①違法阻却説に立って、しかも主観的違法要素に消極的な立場を採れば避難意思不要説に至る（可罰的違法阻却説でも同様）。これに対し、②責任阻却説に立った場合は、現在の危難に対する認識があって初めて他の適法行為の期待可能性がなくなるのであるから、避難意思必要説を採ることになろう。また、③二分説においても、少なくとも責任阻却事由としての緊急避難に関する限り、避難意思の存在は不可欠である。

(4)　緊急避難と共犯　緊急避難行為について共犯が成立するかどうかが問題となる。まず、①違法阻却説に立てば、緊急避難は適法なのであるから、これに対する共犯は成立しない（ただし間接正犯の可能性はある）。例えば、カルネアデスの板において、一枚の板を取り合っているA・B二人のうちのAに向かって、Bを突き落として死亡させることを教唆するCの行為は、正犯Aの行為が緊急避難として適法である以上、教唆犯を構成しない。また、②可罰的違法阻却事由説の立場でも、避難行為は違法であるとしても可罰性がないのであるから、避難行為（不可罰的違法行為）の共犯も不可罰的違法であって共犯の成立は認められない。他方、③責任阻却説では、避難行為は違法であるから、共犯の従属形式について制限従属性説に立つ限り、これに対する共犯が成立することになる。前例で言えば、Aの行為が違法である以上、Cの教唆行為も違法であり、Cについてはせいぜい個別的に期待不可能性による責任阻却が認められるにすぎないのである。

(5)　誤想避難の取扱い　まず、①違法阻却説に立てば、誤想防衛の場合と同様、誤想避難も正当化事情の錯誤の問題となり、事実の錯誤説と違法性の錯誤説との対立に解消されることになる（本書18）。これに対し、②責任阻却説の立場では、誤想避難は期待可能性に関する錯誤の問題となり、多数説が、錯誤が回避不能であれば故意責任の阻却を認め、回避可能な場合には現在の危難が存在すると誤認していたとしても故意責任を認めるのに対し、少数説は、誤想避難者の認識の内容は通常の緊急避難の場合と同じであることから、実際に現在の危難が存在したために期待可能性がなかった場合と同様に扱っている。

【参考文献】

❶阿部純二「緊急避難」刊法講座2
❷同「緊急避難」刑法基本講座第3巻
❸高橋敏雄「緊急避難の本質に関する一考察」同『違法性論の諸問題』（一九八三・有斐閣）所収
❹村井敏邦「緊急避難の本質――違法阻却説の立場から――」中義勝編『論争刑法』（一九七六・世界思想社）
❺森下　忠『緊急避難の研究』（一九六〇・有斐閣）
❻同「緊急避難の法的性質」中編・前掲❹
❼特　集『緊急避難論の新展開』現代刑事法六九号（二〇〇五）

11 被害者の承諾と危険の引受け

一 被害者の承諾の意義と種類

「被害者の承諾」とは、被害者が自己の法益の侵害について承諾を与えることをいう。被害者の承諾は、①超法規的な正当化事由(違法阻却事由)の一つに数えられているが、常に正当化の問題と関連するわけではなく、②その不存在が構成要件とされている犯罪類型もある。まず、被害者の承諾のないことが構成要件の要素となっているために、承諾があれば構成要件該当性そのものを欠く犯罪、例えば住居侵入罪(一三〇条)、秘密漏示罪(一三四条)、強姦《かん》罪(一七七条前段)、窃盗罪(二三五条)等があり、また、承諾が刑の減軽事由として構成要件の要素となっているもの、例えば承諾殺人罪(二〇二条)、同意堕胎罪(二一二・二一四条)がある。そして、右の①と②を区別するため、構成要件該当性を阻却する承諾および減軽類型事由としての承諾を「合意」と呼び、正当化事由としての承諾を「同意」と呼ぶこともある(以下、特に断らない限り、承諾を同意の意味で用いることにする)。

二 被害者の承諾と自己決定の自由

1 被害者の承諾における正当化の根拠

被害者の承諾が正当化事由の一つであるとしても、それは超法規的なものであって法の規定するところではない。したがって、被害者の承諾が違法性を阻却する範囲、承諾が成立するための要件等を考察するに当たっては、被害者の承諾がなぜ違法性を阻却するのか、その根拠が探求されなければならない。

正当化事由としての被害者の承諾（同意）は、違法性・適法性の限界に関わる問題であって実質的違法論の反面としての性格をもち、したがってこの観点からのみ承諾の根拠は理解されなければならない。この点に関する限り、その他の正当化事由と何ら異なるところがないはずであるが、学説上一般に、被害者の承諾は違法阻却論の内部で体系的に特別の地位が与えられてきた。それは、被害者の承諾が他の正当化事由とは別個の正当化原理に基づいていると解されてきたからである。例えば、通常の正当化事由は優越的利益の原則に導かれるが、被害者の承諾は利益不存在（利益放棄）の原則に導かれるとし（利益放棄説）、あるいは承諾に基づく行為の不可罰性は、他の正当化事由と異なり、法的保護の放棄に基づく（法的保護放棄説）、とするのがそれである。

そして、この議論は、被害者の承諾が刑法三五条後段に含まれるか、という問題と関連することになるのである。すなわち、仮に三五条後段が正当業務行為以外の常態的正当化事由をも含むと解するとしても、被害者の承諾が他の一般的正当行為と正当化事由としての性格を異にしているということになれば、被害者の承諾は三五条後段に含まれないことになるからである。

ところで、利益の放棄ないし法の保護の放棄が私的自治の領域に属するものとして国家がこれに干渉しないというのは、そうすることがまさに国家ないし法の任務に合致すると考えられるからである。そこで、近年、人間の自由な自己実現の確保ということを法の任務に掲げて、その観点から被害者の承諾の正当化根拠を説明しようとする見解が有力になりつつある。

2　自己決定の自由

(1)　刑法の機能との関係　　刑法は、法益保護の任務を有しているが、それは、法益が人間の自由な自己実現という目的達成のために不可欠な客体であり、そのための必要条件と解せられるからである。その意味で、法益は、それが人間の自己実現に役立つ限りでのみ、法によって保護されるに値するのである。したがってその反面で、法益の保護が個人の自由の実現にとって桎梏と感ぜられるに至れば、これを法によって保護する必要もなくなってくる。この場合、法益主体による法益の自由な処分可能性、その意味での「個人の自己決定の自由」を尊重することこそが人間の自己実現に資することになるのである。

(2)　規範論的アプローチ　　被害者の承諾における正当化の根拠を、承諾に基づく行為が国家によって承認された共同生活の目的達成のための相当な手段であることに求める「目的説」、およびそれが歴史的に形成された社会生活秩序によって許容されていることに求める「社会的相当性説」の立場では、個人の自己決定の自由は被害者の承諾においてほとんどその意義をもちえない。これらの見解は、個人的法益について被害者の承諾があっても、その承諾によってなされる行為が社会倫理的観点から許容されるか否かが重要であるとし、承諾が行為を正当化するのは、社会的に相当な例外的場合である、と解しているからである。目的説および社会的相当性説によれば、例えばヤクザが仲間に指を詰めてもらう場合のように、たとえ被害者の承諾があっても、その承諾によってなされる行為

(傷害)が社会倫理的観点から許容されない場合は正当化されないことになる。しかし、この結論は、被害者の承諾の基礎にある個人の自由な自己決定権の尊重という思想とは相容れないであろう。

(3) 法益論的アプローチ　まず、法益主体である被害者自身が自由な自己決定によりその処分可能な法益を放棄した結果として、保護されるべき法益がなくなること(保護法益不存在の原則)に被害者の承諾の正当化根拠を求める「法益衡量説」の立場を徹底すると、法益主体が自己の法益に対する侵害を承諾すれば、法益の種類いかんを問わず、行為はすべて正当化されるということになるはずである。ところが、刑法は承諾に基づく殺人を処罰の対象としており(二〇二条後段)、また、死の危険を伴うような承諾傷害を適法と解することにも疑問がある。そこで、法益衡量説は、このような疑問に応えるために、生命・身体については国家・社会も法益主体であり、被害者が侵害に承諾を与えても保護されるべき法益はなくならないと解することになるが、従来、純粋な個人法益とみられてきた生命・身体が同時に国家・社会法益でもあるとするのは、個人法益に対する国家・社会の過剰な介入を認める国家主義的、超個人主義的思考方法であって妥当でないであろう。

次に、被害者の承諾について、法益主体が自らその処分可能な法益における生活利益を放棄したことにより、侵害された法益を刑法によって保護する必要がなくなること(法益の要保護性不存在の原則)に正当化の根拠を求める「優越的利益説」においても、利益放棄について個人の自己決定の自由を尊重しようとする思想が承認されている(内藤・㈥五八八頁)。そして、承諾殺人については、それが被害者の承諾による法益侵害行為によって個人の自己決定の自由が回復不可能になるような場合であって、この場合にまで法益の要保護性がなくなると解することは、個人の自己決定の自由を尊重しようとする基本思想と調和しがたい、とするのである。たしかに承諾殺人の場合、生命が失われることによってその後の観念的な自己決定の自由の可能性は失われることになるが、承諾と裏腹をなす行為時における現実の自己決定の自由は、承諾殺人においても何ら毀損されていないどころか、むしろ実現されていると解すべきではなかろうか。

(4)　私　見　承諾に基づく行為が正当化されるのは、承諾によって実現された自己決定の自由という利益が、行為によって侵害された法益に優越することを根拠としている。被害者の承諾においては、同一人格である被害者の内部で利益衡量が行われるところにその特色があるが、優越的利益の原理が支配しているという点では、他の正当化事由と基本的に異なるところはないのである。被害者の承諾による行為は、法益客体を侵害することによって構成要件に該当し、かつ、被害者の一方の個別具体的法益（例えば身体の不可侵性）を侵害し、他方の一般抽象的法益（自己決定の自由）を実現することによって違法性の問題となると同時に、両者の比較衡量が正当化の有無・程度を決定すると解することができる。したがって、侵害法益が自己決定の自由の利益に優越するときは、承諾にもかかわらず行為は違法となる。承諾殺人が被害者の承諾にもかかわらず違法とされるのは、それが自己決定の自由の実現によっても補いえないほど重大な生命（自己決定権行使の基盤でもある）という法益の侵害を伴うからである。また、承諾に基づく通常の傷害の違法性は阻却されるにもかかわらず、生命の危険を伴う傷害の場合に承諾があっても違法性が阻却されないのも同様の理由に基づいている（平野・II二五四頁参照）。

三　被害者の承諾の認識と錯誤

1　承諾の認識の要否

被害者の承諾の効果を認めるために、行為者が承諾を認識していたことを要するかどうかについては争いがある。

この問題は、被害者が承諾を外部に表示する必要があるかどうかの問題に関連しているので、先にそれをみておくことにしよう。

(1) 承諾の外部的表示　①「意思表示説」は、承諾に基づく行為が正当化されるためには、承諾が外部的に表示されることを必要と解し、②「意思方向説」は、承諾は被害者の内心の意思として存在すれば足り、必ずしも外部に表示される必要はない、と解している。被害者の承諾の正当化根拠を、被害者の自己決定権の行使に求める立場からは、被害者の内心において自己決定の自由が保障されていれば足りるから、意思方向説が妥当だということになる。もっとも、意思表示説を採っても、外部的な表示が明示的であると黙示的であるとを問わないということであれば、両説の結論上の差異はほとんどないことになる(内藤・㊥五九四頁参照)。

(2) 承諾の認識　①承諾の外部的表示の要否について意思表示説を採る場合には、行為者に承諾の認識を要求するのに対し(認識必要説)、②意思方向説を採る場合には、承諾の存在の認識を不要と解することになる(認識不要説)。認識必要説を採れば、行為者が承諾を認識していなかったときは既遂犯が成立することになり、認識不要説を採れば、その場合にも少なくとも既遂犯は成立しないことになる。合意の場合を例に取ると、例えば行為者が窃盗に際して被害者の承諾を認識していなかった場合、認識必要説によれば窃盗既遂が成立するのに対し、認識不要説によれば不可罰ないしはせいぜい窃盗未遂が成立するにすぎない。このうち、窃盗未遂説は、故意を窃盗未遂の主観的違法要素と解することを前提とし、承諾の認識のない行為自体に財産権侵害の一般的危険性があることを根拠とするものであるが、窃盗未遂の処罰根拠を被害者の意思に反する財産権侵害の具体的危険に求める立場からは(本書21参照)、被害者の承諾が客観的に存在する以上、行為者がその事実を認識していなくても被害者の意思に反する財産権侵害の具体的危険が発生したとはいえず、不能犯の一種として不可罰と解すべきであろう。

なお、承諾殺人罪のように承諾による違法減軽類型のある犯罪の場合、例えば承諾があるのにそれを知らずに殺害したとき、認識必要説によれば殺人既遂が成立するが、認識不要説によれば少なくとも殺人既遂は成立しないことになる。問題となるのは、後者の立場で、それが殺人未遂となるのかそれとも承諾殺人罪にとどまるのかということであるが、ここでも認識不要説を前提とする限り、客観的に存在する被害者の意思を考慮して承諾殺人罪の成立を認めるべきであろう（本書16三2参照）。

2　被害者の承諾の錯誤

1でみた承諾の認識は、行為者の錯誤に関する問題であったが、ここでは被害者側の錯誤の問題を扱うことにする。被害者の承諾は、承諾の内容と意味を理解しうる者の任意かつ真意に出たものでなければならないから、承諾の内容と意味に錯誤のある者の与えた承諾は無効であるが、錯誤が単に動機に関するものであればなお有効である。この点で参考になるのが、欺罔によって得られた承諾は、それが「法益関係的錯誤」に基づく場合だけ無効である、とする考え方である（法益関係的錯誤説）。この見解の根拠は、「ある構成要件と無関係な利益についての欺罔行為を、被害者の承諾を無効にすることを通じて当該構成要件で処罰するならば、……実質的には当該法益を錯誤が関係する別の法益に変換することになるか、あるいは、欺罔から自由であるという意思活動の自由一般を保護することになってしまう」点に求められている（佐伯・後掲❸五九頁）。

例えば、承諾殺人罪（二〇二条）における「承諾」は、意思決定能力を有する者の任意かつ真意に出たものであることを要するから、無理心中の場合は、被害者の承諾は瑕疵ある意思に基づくものとして無効であって、殺人罪が成立する。しかし、追死の意思がないのに追死するもののごとく装って相手を自殺させる行為（偽装心中）は、被害者が自殺すること自体については何ら誤認しておらず、ただその動機・縁由について錯誤があったにすぎないから、自殺関与罪が成立するにとどまる（曽根・刑法各論一四頁）。また、住居侵入罪（一三〇条）における承諾（合意）も、住居権者の任意かつ真意に出たものでなければならないから、立ち入ること自体について錯誤がある場合の承諾は無効であるが、立ち入ることについての動機に錯誤があったにすぎない場合の承諾はなお有効である（各論七九―八〇頁）。もっとも、偽装心中や立ち入ることについての動機に錯誤があったにすぎない場合に承諾が有効であるのは、仮に錯誤の内容が真実であったとしても、法的にみて被害者に承諾を与えない自由が存するからである。したがって、例えば適法な捜索令状を装って偽の令状を示し、承諾を得て他人の家に立ち入る行為は、仮に錯誤の内容が事実であるとすれば、立入行為は法令行為であって、被害者は法益侵害を甘受せざるをえない立場に置かれることになるので、このような欺罔に基づく承諾は不自由なものであって、無効と解すべきであろう（山口・探求八三頁参照）。

四　被害者による危険の引受け

1　問題の所在

近年に至り、特に過失犯において「危険の引受け」ということが言われるようになった。これは、法益の主体（過失犯の被害者）が事前に一定の危険を認識したにもかかわらず、あえて自らをその危険にさらしたところ、不幸にも行為者の行為から結果の発生した場合を指している。例えば、未舗装の路面を自動車で走行し、所用時間を競うダートトライアルの練習中に、初心者である被告人がダートトライアル歴七年の同乗者（被害者）を死亡させた事案について、千葉地判平成七・一二・一三（判時一五六五号一四四頁）は、被告人の運転方法および被害者の死亡結果は被害者が引き受けていた危険の現実化というべき事態である、として業務上過失致死罪の成立を否定した。

被害者が危険を引き受けたということは、行為者の行為によって危険が自らの身に降りかかることに承諾を与えたと解せられ、したがって危険行為に伴って必然的に生じた結果についても行為者の罪責を問いえないのではないかと考えられたことから、従来、「危険の引受け」は、「被害者の承諾」論の内部で扱われてきた。しかし、「危険の引受け」の場合、被害者は危険な「行為」は引き受けているが、そこから生ずる「結果」まで引き受けたわけではないということから、「被害者の承諾」の法理による解決の困難さが意識され、最近では、「被害者の自己答責性」の思想に基づく自己危殆化論のアプローチが有力になりつつある。これは、被害者が自己の積極的態度によって一定の事象においてイニシアティブを取ったのであれば、行為の危険性と発生した結果は被害者自身の答責領域に帰属されるべきであって、行為者は発生した結果に対して罪責を負わない、というものである。

2　危険の引受けと被害者の承諾

過失犯における危険の引受けを「被害者の承諾」の法理によって説明しようとする場合に問題となるのは、被害者が行為の危険性については認識・認容していたが、結果の発生自体を意図していたわけではない、という点を法的にどのように評価するか、ということである。この点、承諾の対象が「行為」で足りるとする見解は、過失犯における違法の実体は注意義務に違反した行為であって、結果は処罰条件にすぎないという見地から、承諾は行為に向けられていれば足り、危険の引受けの場合も、被害者の承諾によって行為の違法性は正当化されるとする(行為説)。これに対し、過失犯は結果犯であって、過失犯の違法の実体は結果にこそあるとするのであれば、承諾の対象はむしろ(行為とともに)結果に向けられていなければならず、危険の引受けにおいては、承諾があっても結果を含む行為全体の違法性は阻却されないことになる(結果説)。

本来の人的不法論は、過失犯において、社会生活上必要な注意を怠った注意義務違反の行為に違法性の基礎を求めているが(行為無価値論)、この立場で、過失犯の不法はひとえに注意義務違反の存在および正当化事由の不存在によって基礎づけられ、承諾が注意義務違反の行為にのみ向けられている「危険の引受け」の場合も、行為の違法性は阻却されることになる。これに対し、過失犯においても結果の違法性を考慮するならば(結果無価値論)、危険の引受けの場合、行為無価値は止揚するが、結果無価値を止揚しないため、承諾による違法阻却効果は認められないことになるのである。

さて、(刑)法が最終的に否認しているのは、法益が失われた状態であって、そのような事態をもたらす行為そのものではない。行為が違法とされるのも、それが法益侵害の可能性(危険性)を備えているからであって、行為を禁止すること自体が(刑)法の自己目的であるわけではない。また、被害者にとっても関心があるのは、自己の法益が保全されることになるのか、それとも侵害されてしまうのかということであって、行為者が注意義務に違反していたか否かということではない。そして、「危険の引受け」の場合は、本来の「被害者の承諾」の場合と異なり、仮に結果が確実に発生することを被害者が認識していたとするなら、危険を引き受けることもなく、行為自体に承諾を与えることもなかったという事情が認められるのであって、違法性が阻却されるための承諾の対象は、「行為」自体では足りず、「結果」でなければならないのである。

なお、基本的に結果説に立ちつつ、危険の引受けの場合も、被害者は危険行為に対する承諾によって同時に結果をも甘受したのであり、被害者の承諾は結果にまで及んでいるとする見解もあるが、これは、被害者が結果の発生をいわば「故意的に」引き受けている本来の意味での「被害者の承諾」と、結果の発生についてはこれを「過失的に」引き受けているにすぎない「危険の引受け」とを混同するものであって、妥当ではなかろう。

3　危険の引受けと自己答責性

(1)　被害者の自己答責性原則　被害者による危険の引受けを、違法論を超えたところで「自己答責性の原則」によって説明しようとする見解は、危険の引受けにおいては行為者も被害者も結果の発生を望んでおらず、むしろ結果の不発生が信じられ期待されていることを指摘する。ところで、広く自己答責性が問題となるケースには、①行為者が被害者の行為に関与するにすぎない「自己危殆化」の場合（例えば自殺関与）と、②被害者の合意に基づく「他者危殆化」の場合（例えば同意殺人）とがあるが、両者の区別基準は「行為の主たる担い手は誰か」という点に求められており、過失犯における「危険の引受け」はこのうち②の類型に属している。

「自己答責性の原則」は、刑法は法益の保持をその第一目標とする社会的な制度であるが、法益の保持は単に「他人によって干渉・侵害されない」ということでのみ示されるものではなく、法益主体もまた法益保持のために固有の責任を負っている、という前提から出発する。そして、危険の引受けを含む問題状況の本質的特徴を、危険行為の実行と結果の発生に対して行為者と被害者が過失的に「共働」したことに求めたうえで、被害者が自己の答責的態度によって事象におけるイニシアティブを取ったのであれば、行為の危険性と発生した結果は「正犯的」に被害者自身の答責領域に帰属されるべきなのであり、行為者はせいぜい「共犯的」に事象に加わったとみなされるべきだ、と解するのである（塩谷毅「自己危殆化への関与と合意による他者危殆化について（四・完）」立命館法学二五一号九一―二頁）。

(2)　自己答責性原則の問題点　自己答責性論にみられる基本的発想は、行為者と被害者（法益主体）を対等の資格で対置させたうえで、法益侵害結果をそのいずれの答責領域に帰属させるべきかというものであるが、侵害結果に対する被害者の自己答責性が問題となるとしても、それはせいぜい行為者の罪責に対する評価に反映される限りであって、刑法的に見た場合、被害者の自己答責性自体が独立した意義をもつわけではなかろう。刑法の分野では、

「他人によって干渉・侵害されない」ということとの関連でのみ被害者の法益が保護されれば足りるのであって、法益主体（被害者）も法益保持のために固有の責任を負っていると解することは、国家による市民生活への過度の介入を是認することにもつながりかねない。

また、「危険の引受け」に関しては、「被害者の承諾」によって可罰性の排除されない行為が、何故、同じく「個人の自由」を基礎とする「自己答責性」の原則によって不可罰とされるのか、という問題もある。「危険の引受け」の場合、法益侵害に直接結び付く危険行為は全面的に行為者に委ねられているのであって、特に生命侵害の場合は、被害者が「侵害」結果まで引き受けていても（同意を与えていても）行為は可罰的なのであるから（同意殺人罪）、いわんや「危険」の引受けにとどまっている（危険にしか同意を与えていない）場合は、当然可罰的であると考えざるをえないのである。そして、少なくとも物的不法論の立場からすれば、故意犯における帰結（可罰性）は当然に過失犯にも及ぶことになる。「被害者の承諾」の正当化根拠を自己決定の自由（自己決定権）に求める限り（前出二）、被害者の承諾と自己答責性の原則との間に基本思想のうえでの違いはなく、「被害者の承諾」の法理によって基礎づけえないものは、同様に「自己答責性」の原則によっても基礎づけえないことになると思われる。

【参考文献】
❶阿部純二「傷害罪と承諾——その一側面」鴨良弼博士古稀祝賀『刑事裁判の理論』(一九七九・日本評論社)
❷木村静子「被害者の承諾について」団藤重光博士古稀祝賀論文集　第二巻（一九八四・有斐閣）
❸佐伯仁志「被害者の錯誤について」神戸法学年報一号（一九八五）
❹塩谷　毅『被害者の承諾と自己答責性』（二〇〇四・法律文化社）
❺曽根威彦『刑法における正当化の理論』（一九八〇・成文堂）
❻同　「過失犯における危険の引受け」同『刑事違法論の研究』（一九九八・成文堂）所収

❼振津隆行「被害者の承諾」『刑法理論の現代的展開　総論Ⅰ』
❽須之内克彦「被害者の承諾」刑法基本講座第3巻
❾山口　厚「「危険の引受け」論再考」齊藤誠二先生古稀記念『刑事法学の現実と展開』（二〇〇三・信山社）

12 可罰的違法性と違法の統一性

一　はじめに

犯罪として刑罰を加える程度の質と量をもった違法性が「可罰的違法性」であるが、この定義からも明らかなように、可罰的違法性には二つの側面がある。

一つは、違法性の量的軽微性に関するものであって、「狭義の可罰的違法性」と呼ばれる。ここでは、同じく違法性の分野における刑法の超法規的運用という点で共通の基盤に立っている超法規的正当化事由（超法規的違法阻却事由）との関係が問題となる。いずれも、実質的に法（規範）に違反するという意味での実質的違法性論を前提として、刑法における謙抑主義の思想を背景に、国家刑罰権の濫用を阻止し、個々の事件について具体的妥当性を得ようとして展開されてきた考え方である（両者の関係については、後出二1）。

可罰的違法性の第二の側面は、違法性の質にかかわるものであって、「違法の相対性」という考え方がこれである。違法性の質は、当該処罰規定とは別個の法律に明文の禁止規定がある場合に問題となるのであって、違法の相対性はこの問題に関連している。違法の相対性という意味での可罰的違法性は、まず、Ⓐ例えば姦通は民法上違法であって裁判上の離婚原因となるが、刑法上は違法でなく犯罪とならないというように、刑法以外の領域では違法性を帯びる行為が刑法上は構成要件をもたない場合と、Ⓑ緊急避難が民法上は違法であって損害を賠償しなければならない場合があるが、刑法上は多数説によれば違法阻却が認められていることや（本書10二）、無免許医業としての手術が医師法（一七条、三一条一項一号）に違反するとしても、直ちに刑法上の傷害罪を構成することにはならないように、他の法領域で違法とされた行為が刑法上も構成要件には該当するが、可罰的違法性が認められない場合の二類型がある（違法の相対性については、後出三）。

二　狭義の可罰的違法性

1　可罰的違法性と超法規的正当化事由

可罰的違法性の理論と超法規的正当化事由の理論との関係に関しては、可罰的違法性の理論を認める見解の中にも複数の考え方がある。その一つとして、可罰的違法性の理論は、行為が適法ではないが当該構成要件の予想する可罰的程度の違法性を欠くことを根拠に構成要件該当性そのものを否定する場合を問題とするのに対し、超法規的正当化事由の理論は、構成要件に該当する行為につき超法規的観点から違法性が完全に排除される場合に適用されるとして、両者を対立的に捉える考え方が有力に主張されてきた（藤木・後掲❼三頁以下、同・後掲❽一三二頁以下）。しかし、可罰的違法性の理論に独立の意義を認める論者も、そこにおいて違法性の実質的把握がなされていることはこれを認めており、超法規的正当化事由の理論と共通の問題を含んでいることは否定できないところである。

可罰的違法性は、違法性の質が問われる「違法の相対性」の問題としても論じられるが（前出一）、従来、実際に問題とされてきた可罰的違法性論の適用事例の多くは、違法性の量的な軽微性を内容とする「狭義の可罰的違法性」に関するものであり、超法規的正当化事由の理論との関係が問題となるのも主としてこの場合であった。狭義の可罰的違法性が問題となる事例には、Ⓐいわゆる一厘事件に象徴されるように、端的に被害法益が軽微な場合(絶対的軽微型)と、Ⓑ被害法益自体は必ずしも軽微ではないが、当該侵害行為が意図する保全法益との比較において法益侵害の程度が比較的軽微といえる場合(相対的軽微型)とが考えられている(曽根・一〇四頁)。だが、はたして右のタイプのいずれもが固有の意味での可罰的「違法性」の問題といえるかは、さらに検討してみる必要がある。

私見によれば、絶対的軽微型の事例は、違法性とは独立に構成要件該当性のレベルで考えるべきであり(同旨、前田・基礎四九―五〇頁)、相対的軽微型の事例のみが(可罰的)違法性固有の領域に属する。たしかに、被害法益が絶対的に軽微な場合は、当該行為の違法性も通常軽微であるといえようが、その程度の被害は事実的にみてどのみち当該構成要件の予定する結果(構成要件的結果)に当たらないのであるから、この場合にまで価値判断を要する違法性の程度を問題にする必要はないといえる。これに対して、法益侵害の問題よりも法益衝突の問題に重点がおかれる相対的軽微型の事例については、結果の重大性にかんがみ構成要件該当性自体を否定することは妥当でなく、事は違法性の段階で処理されなければならない。ここに、超法規的正当化事由との理論体系上の同質性をみることができるのである。

しかも、このことは、可罰的違法性の理論の意義が認識されるようになった歴史的・実際的背景からも裏づけることができよう。戦前においては、主として絶対的軽微型の事例について論じられていたが、戦後、社会情勢の推移、犯罪現象の多様化に伴い、現存刑罰法規を形式的に適用することによってしばしば生ずる不当な結論に疑問がもたれるようになり、相対的軽微型の事例を処理するに当たって法規の趣旨に沿った実質的に妥当な結論を導くために、可罰的違法性の理論が登場してきたという実際的理由を指摘することができるのである。

可罰的違法性の理論の適用場面は、本来の超法規的正当化事由のそれと境を接するところに求められるべきであって、これを構成要件不該当の場合に限る考え方には問題がある。可罰的違法性の有無が論じられるのは、構成要件に該当する行為に対してであり、構成要件該当行為についての実質的違法性を検討することによって、違法性が不可罰な程度にまで軽減されると認められるとき、犯罪不成立となるのである。ここに、広義の超法規的正当化事由として、まったく違法性の存在しない本来の超法規的正当化事由と、違法性が軽減される結果、可罰性が失われる超法規的違法減軽事由（可罰的違法阻却事由）とを併置することが可能となる。

2　判例と狭義の可罰的違法性

狭義の可罰的違法性の理論を採用したとみられる裁判例は、その理論構成の観点から次の三つのグループに分けることができる。その一は、動機・目的や行為態様などを考慮しつつも、結局において発生結果（侵害法益）が軽微であるということを理由に構成要件該当性自体を否定したものであり（第一類型＝例えば最判昭和三一・一二・一一刑集一〇巻一二号一六〇五頁）、その二は、被告人側に存する権利防衛の側面と被害者側にある権利侵害的側面との衝突の実相を詳細に検討することによって、構成要件該当行為の可罰的違法性を問題にするものであり（第二類型＝例えば仙台高判昭和四八・一〇・八刑裁月報五巻一〇号一三六四頁）、その三は、結果の軽微性を問題にしながらも、行為動機という主観的側面や行為態様の情緒価値という行為無価値的側面に重点をおくことによって、構成要件該当性そのものを否定するものである（第三類型＝福岡高判昭和四二・三・六判時四八七号六六頁〔門司信用金庫事件〕）。第一・第二類型が、それぞれ1に挙げたⒶ（絶対的軽微型）およびⒷ（相対的軽微型）の分類に対応することは明らかであるが、第三類型は、藤木博士の提唱した可罰的違法性の理論の影響を受けたものであって、その理論構成には問題がある。

第三類型に属する前掲福岡高裁判決は、可罰的違法性の理論を説明して、これは「ある行為につき実質的違法性が可罰的な程度に至らぬ程微弱であるということを理由として行為の構成要件該当性そのものを否定するものであり、その判断の基準として㈠法益の侵害即ち実害ないし脅威の程度が軽微であり構成要件が予定する程度に達しないこと、㈡行為の態様が目的、手段、行為者の意思等諸般の事情に照らし社会通念上容認される相当性があることが考えられるが、かかる場合は刑法の根本原則に則り、これを構成要件に該当しないと解して差支えない」とした。しかし、もし当該具体的行為が判決文㈠の要件を満たしているのであれば、あえて違法性の程度を問うまでもなく直ちに構成要件該当性を否定すれば足りるのであって、㈡の要件は無用であり（絶対的軽微型）、反対に、㈠の要件を満たさないというのであれば、構成要件該当性を否定することは不可能となり、違法判断の段階で法益衡量を中核に据えつつ、㈡の要件を加味して（可罰的）違法性の有無・程度を論ずれば十分である（相対的軽微型）。第三類型の採る可罰的違法性の理論は、前掲いずれかの類型へ解消することが可能であるし、また、構成要件該当性―違法性の体系が担っている保障原則を維持するためにも、かかる作業は不可欠であるといえよう（井上・後掲❷一七一頁）。

三　違法の相対性と可罰的違法性

1　問題の所在

刑法における違法性に関して、違法性概念がすべての法領域ないし犯罪について統一的でなければならないのか（違法の統一性）、それとも違法性は個々の法領域ないし犯罪ごとに個別的性格をもつものであるのか（違法の相対性）、ということが争われている。この点について、ⓐ違法性判断は法秩序全体で一元的なものであるとする見解（違法一元論）は、基本的に違法の統一性を指向し、(b)刑法上の違法性は処罰に値するか否かの判断を前提とするものであって、民法などの違法性とは性格を異にするという見解（違法多元論）は、正面から違法の相対性を容認しようとする。

違法一元論は、ある法領域で禁止されていない行為が別の法領域では禁止されているというように、各法領域の規範の間に矛盾があってはならない、という「法秩序の統一性」の思想を立論の基礎に置いているのに対し、違法多元論は、法域間の規範矛盾は法秩序の目的に必要な範囲で除去されれば足り、必ずしもこれを絶対的に排除する必要はない、とするのである（前田・基礎一五八頁、京藤・後掲❸一九六頁以下）。もっとも、現在、わが国で支持されている違法一元論は、①違法性は全法秩序において完全に単一であり、一つの法領域で違法とされた行為が他の法領域で正当とされることは絶対にありえない、とする「厳格な違法一元論」ではなく、②違法性が根本において法秩序全体に通ずる統一的なものでありながら、その発現形式にはさまざまの種類・軽重の段階があるとする「やわらかな違法一元論」である。（やわらかな）違法一元論も、各法の固有の目的に応じて、そこで要求される違法性の質・量に違いが生じてくることを承認する点では、「違法の相対性」を認めているのである。

違法の統一性ないし相対性の問題は、具体的には、Ⓐ構成要件に該当する行為が民法・行政法等において許容されている場合、刑法においてもその行為の正当性が認められるのか、反対に、Ⓑ民法・行政法等において禁止されている行為が刑法の構成要件に該当する場合、その行為は刑法上も常に違法であって可罰性を帯びるのか、という二つの側面で現れる。そして、やわらかな違法一元論は、Ⓐの命題を肯定し、Ⓑの命題を否定するが（厳格な違法一元論の立場では、Ⓐはもとより Ⓑの命題も肯定される）、違法多元論は、Ⓑだけでなく Ⓐの命題も否定される場合のあることを認めるのである。

右のうち、㈠刑法総論においては、主として、他の法領域において違法とされる行為が刑法上も常に（可罰的）違法性を帯びるのか、という形でⒷの側面が問題となるのに対し、㈡刑法各論では、他の法領域においては当該利益について保護の必要性が認められず、これを害する行為が違法とされない場合であるにもかかわらず、刑法上はなお保護法益を害する行為として違法性を帯びる場合が認められるか、という形でⒶの側面が問題となる。以下では、㈠の問題に限って考察することにする。

2 可罰的違法性の理論

行為が違法であっても、それが可罰的程度に達していないときは犯罪が成立しない、とすることを認める理論が「可罰的違法性の理論」であるが、可罰的違法性論に対する学説の対応の仕方は、違法一元論、特にやわらかな違法一元論と違法多元論とで大きく異なっている。

(1) 否定論　厳格な違法一元論の立場では、違法性の評価は全法秩序の見地から統一的になされることが必要であるから、刑法以外の法領域で違法と評価される行為は、刑法上も当然に違法行為として扱われるべきであって、刑法に特殊な違法性としての「可罰的違法性」を認める余地はないことになる（木村亀二『犯罪論の新構造㊤』（一九六六）二二一頁以下）。しかし、違法性は根本におい法秩序全体に通ずる統一的なものであるとしても、刑法の目的と機能からみて、刑法上の違法性が刑罰を科するにふさわしい質と量を備えたものでなければならないことも否定できないところである。したがって、刑法独自の違法性の概念を認めることは可能であるし、また必要でもある。問題は、その前提として違法の統一性を認めるべきであるか、それとも違法の相対性を正面から肯定してよいか、ということである。

(2) 不要論　違法多元論は、形式的な「可罰的違法性」という概念を用いることなく、可罰的違法性論の実質を維持・発展させようと試みるものであり（前田・後掲❽四三二頁以下）、正面から「違法の相対性」を認めることによって、違法の統一性を前提とした「可罰的違法性」の概念は不要となる、と主張する。違法多元論の特色は、刑法上の違法性は処罰に値するという意味での違法性、すなわち可罰的違法性そのものなのであるから、可罰的違法性論のように、可罰性と違法性、ないし刑法上の違法性と一般的違法性とを峻別することは意味をなさず、したがって「可罰的違法性」の概念は刑法上の違法性概念（実質的違法性）に解消されるべきである、とする点にある。

(3)　必要論　しかし、刑法上の違法性と他の法領域における違法性との差異も、「（一般的）違法」という共通の上位概念の種差として捉えることにより、その区別をより明確にしうるとともに、相互の内的関係を明らかにすることが可能となるのである。また、一般的違法性を帯びるが可罰的違法性のない行為は、犯罪として成立しないにしても、これに対しては正当防衛が可能であるという意味で、そのようなカテゴリーを設定することに解釈論上の実益も認められる。そして、違法の相対性を意味する「可罰的違法性」の概念は、違法の統一性を要請する（やわらかな）違法一元論によって初めてこれを基礎づけることが可能となる。

3　正当化事由と可罰的違法阻却事由

可罰的違法性をめぐる見解の対立は、違法阻却論の分野で先鋭な形で現れてくる。広い意味の違法阻却事由には、構成要件に該当する行為の違法性を完全に排除する「正当化事由」と、一般的な意味では違法であるが、刑罰に値する程度の違法性を欠く「可罰的違法阻却事由」（違法減少事由）とがある。この二つの違法阻却事由を区別することについては、可罰的違法性論に対する考え方の相違を反映して、ここでも見解の対立が認められる。

(1)　可罰的違法阻却事由否認論　厳格な違法一元論は、可罰的違法性論の適用基準が不明確であるため、この理論の拡大適用ないし濫用の危険性に対する歯止めが欠如している、という危惧から正当化事由のみを承認し、可罰的違法阻却事由を名実ともに否定している（臼井滋夫『刑事法の今日的諸問題』（一九八三）一二九頁以下）。しかし、適用基準の不明確性という点では、超法規的正当化事由の存在からも明らかなように、最終的にはやはり実質的判断に頼らざるをえない正当化事由についても同様の問題がある。のみならず、厳格な違法一元論が、適法ではないが違法性の微弱な構成要件該当行為をすべて処罰の対象とすることには、より大きな問題性があるように思われる。

(2) 区別否定説　違法多元論は、正当化事由から区別された意味での可罰的違法阻却事由の概念を否定し、正当化論の枠内で可罰的違法性論の考え方を生かそうとする。すなわち、刑法上の違法阻却事由をすべて可罰的違法阻却事由であると解することによって、正当化事由と可罰的違法阻却事由の区別を否定し、これを「実質的違法阻却事由」の概念に一元化しようとするのである。

しかし、他の法領域で正当化事由に当たり適法とされた行為については、刑法においてこれが可罰的違法阻却事由に該当するかどうかを論ずる必要はない。法秩序の統一性の観点からは、刑法における正当化事由も法効果の相違を超えて法秩序全体から引き出されなければならないのである。また、正当化事由に当たる行為は適法であって正当防衛の対象とはならないが、可罰的違法阻却事由に該当するにすぎない行為はなお「不正」であって、これに対しては正当防衛が可能となる、という相違も認められる。さらに、違法阻却の問題をすべて「処罰に値する」という視点から考察する方向は、本来の正当化事由のもつ正当な権利行使としての側面を「処罰に値する違法性なし」という形で希薄化してしまう恐れもあろう。

(3) 区別肯定説　結論として、やわらかな違法一元論の立場から、正当化事由と可罰的違法阻却事由とを区別する立場が妥当である。なお、旧公共企業体等労働関係法（現特定独立行政法人等の労働に関する法律）一七条一項違反の争議行為に労働組合法一条二項（刑法三五条による刑事免責）の適用を認めて被告人らを刑事罰から解放した、最大判昭和四一・一〇・二六（刑集二〇巻八号九〇一頁）の理解に関し、違法一元論の『処罰の有無を決定する三五条の判断において違法性は阻却されないのに、処罰に値する違法性は否定される』という説明は苦しい」という指摘があるが（前田「法秩序の統一性と違法の相対性」研修五五九号二〇頁）、刑法三五条は処罰の有無を決定するものではなくて、違法性が完全に排除される場合の正当化事由を規定したものと解するならば、三五条により直接違法性が阻却されないにしても、可罰的違法性が否定されることは十分考えられるのである。

【参考文献】

❶生田勝義「可罰的違法性と社会的相当性」現代刑法講座第二巻
❷井上祐司『争議禁止と可罰違法論』（一九七三・成文堂）
❸京藤哲久「法秩序の統一性と違法判断の相対性」平野龍一先生古稀祝賀論文集　上巻（一九九〇・有斐閣）
❹佐伯千仭『刑法における違法性の理論』（一九七四・有斐閣）
❺曽根威彦「違法の統一性と相対性」同『刑事違法論の研究』（一九九八・成文堂）所収
❻日髙義博「可罰的違法性と違法の統一性」齊藤誠二先生古稀記念『刑事法学の現実と展開』（二〇〇三・信山社）
❼藤木英雄『可罰的違法性の理論』（一九六七・有信堂）
❽　同　『可罰的違法性』（一九七五・学陽書房）
❾前田雅英『可罰的違法性論の研究』（一九八二・東京大学出版会）

13 原因において自由な行為

一　問題の所在

(1)　意義と学説　「原因において自由な行為」とは、法益侵害行為(結果惹起行為)の時には責任能力がないが、無能力状態に陥ったこと(原因設定行為)について行為者に責任がある場合をいい、例えば人を殺害する意思で大量に飲酒して心神喪失状態に陥り、計画通りそのような状態で人を殺害した、というケースがこれである。違法行為を犯したことについて行為者を非難しうる場合でなければ刑罰を科しえない、とする責任主義の原則(行為と責任の同時存在の原則)からすれば、責任無能力状態での行為の可罰性は当然問題となるところであるが、わが国の通説は「原因において自由な行為」の可罰性自体についてはほとんど異論を示さず、もっぱらその理論構成をめぐって見解が鋭く対立してきた。大別して、従来、次の二つの理論構成が試みられている。

その一は、①それ自体は法益侵害行為とみることができないが、責任能力が存在する時点での原因設定行為(以下、原因行為という)に未遂犯としての処罰を可能とする実行行為性を認める見解であり(原因行為説)、その二は、②直接の法益侵害行為ではあるが、責任能力の存在しない時点での結果惹起行為(以下、結果行為という)を実行行為とみる見解である(結果行為説)。原因行為説の理論構成には、それ自体法益侵害性のない原因行為に可罰性を認めるという点で罪刑法定主義に抵触するのではないか、という疑問があり、結果行為説の理論構成については、責任のない結果行為に実行行為性を認める点で責任主義(行為と責任の同時存在の原則)に反するのではないか、という問題性が指摘されてきた。そこで、最近では、③罪刑法定主義と責任主義の要請を同時に満たそうとする意図の下に、原因行為を因果関係の起点としての実行行為と解して、この意味での実行行為時に責任が備わっていれば責任主義の要請を満たすとしつつ、結果行為を未遂犯処罰の基礎としての未遂行為という意味での実行行為と解して、実行行為概念を二元的に把握する見解も有力になりつつある(二元説)。

(2)　各説の関係　(a)「行為と責任の同時存在の原則」を考えるに当たっては、責任と同時に存在しなければならない行為とはどのようなものかが問題となる。責任と同時に存在すべき行為の性格について学説を分類すると、①原因行為説は、これを法益侵害の具体的危険のある未遂行為(可罰的行為)と解し(原因行為がこれに当たるとする)、②結果行為説は、例えば最終的意思決定に貫かれた一連の行為(非実行行為)であれば足りると解し、③二元説は、相当因果関係の起点となる行為(その意味での実行行為)と解している。一方、(b)未遂犯としての処罰時期(実行の着手時期)については、①説がこれを原因行為の開始時に求め、②説および③説は結果行為の開始時に求めているのである。さらに、(c)実行行為と実行の着手の関係について、①説および②説がこの両者を直結させて、実行行為(未遂行為でもある)の開始時点を実行の着手時期と解しているのに対し、③説は、両者を分離し、実行の着手時期を(相当因果関係の起点としての)実行行為と区別された意味での未遂行為に結びつけて理解しているのである。

二 原因行為説とその問題点

(1) 原因行為説の考え方　原因行為説は、責任と同時に存在すべき行為を「実行行為」と解して責任主義の原則を厳守する反面、構成要件の厳格性を緩和して原因行為を実行行為と解すると同時に、そこに未遂処罰の基礎を求めようとする(この立場で、結果行為は因果の流れに解消される)。ここでいう「実行行為」は、単なる因果関係の起点としてのそれにとどまるものではなく、未遂犯としての処罰を基礎づけるに足る未遂行為としての実行行為である点にその特色がある。原因行為説は、一般に間接正犯類似説とも呼ばれ、「原因において自由な行為」を、自己の責任能力のない状態を道具として利用する点で、間接正犯に類似するものとして理解している。原因行為説(間接正犯類似説)によれば、間接正犯において責任のない道具を利用する行為が実行行為と解されるのと同様の意味で、原因行為が実行行為と解されているのである。したがって、自己を限定責任能力状態に陥れたにすぎない場合は、自己を単純な道具にするものとはいえないから、その原因行為を実行行為とみることはできないことになる(例えば団藤・一六二頁。ただし大塚・一五三頁〔後出(2)〕)。

原因行為説は、責任能力は実行行為時に存在しなければならないとするが、それは責任能力を(行動)制御能力と解するからである。すなわち、この見解は、責任能力が単に意思決定能力にすぎないものではなく、行動制御能力であることを強調し、したがって責任能力は実行行為に対する事前のコントロールの問題ではなく、同時的コントロールの問題である、とする。そして、同時的コントロールを必要とする根拠は、犯罪の実行を中止しようとすれば中止が可能であるにもかかわらず、あえてこれを遂行する場合に本来の責任非難が認められる、とする点に求められている（団藤・後掲❶二四一頁）。

(2)　原因行為説の問題点　　原因行為説の基本的な問題性は、原因行為を未遂犯の処罰を基礎づける未遂行為と解している点にある（内藤・(下)I八七一頁以下、山口・探究一九〇頁参照）。原因行為は法益侵害に至る一般的・抽象的な危険性をもった行為とはいいえても（その意味で実行行為性は認められよう）、それによっては未だ直ちに法益侵害の現実的・具体的危険を生じさせたとはいえず、そこに未遂処罰の可能性を認めるならば、あまりに早い段階で未遂犯の成立を認めることになってしまう。例えば、酩酊状態に陥ると人を殺傷する性癖のある者が殺害の意思で飲酒を開始すれば、酔い潰れて眠り込んでしまっても殺人未遂罪が成立するというのは妥当でなかろう。

そこで、原因行為に実行行為としての「定型性」が認められない場合には、「原因において自由な行為」の可罰性は否定される、との主張が登場することになる。例えば、過失犯や不作為犯の場合は、原因行為に実行行為性を認めやすいが、故意の作為犯については原因行為を実行行為とみることが困難な場合が多い、とするのである（団藤・一六二一―三頁）。しかし、このような場合（故意の作為犯）に「原因において自由な行為」の法理を認めないとすると、逆に、計画通り結果行為が行われ結果が発生した場合に不当に処罰を免れさせてしまうという不都合が生ずることになる。原因行為説は、原因行為である実行行為を可罰的な未遂行為と表裏の関係にあると解したため、問題の解決にとって困難な状況に陥らざるをえなかったのである。実行行為としての原因行為は、相当因果関係の起点として法益侵害の一般的危険性をもつ行為であれば足り、必ずしもそれ自体が未遂処罰を基礎づけるに必要な具体的危険性を具備する行為（未遂行為）である必要はない。責任は、右の意味での実行行為時に存在すれば足り、未遂犯における結果を意味する具体的危険の発生時に存在する必要はないのである。

原因行為説は、責任能力が実行行為に対する同時的コントロールの問題であることを強調するが、同時的コントロールの可能性は実行行為の開始時点にあれば足り、実行行為終了まで完全な責任能力が備わっていることは必要でない。仮に、原因行為説の理解に立てば、実行行為の途中から責任無能力または限定責任能力の状態に陥ったときも、既遂ないし重い結果について完全な責任を問うことができなくなろう。そこで、最近の下級審判例にも、実行行為の途中で心神耗弱状態に陥った場合について刑法三九条二項の適用を排除したものがある（長崎地判平成四・一・一四判時一四一五号一四二頁。もっとも、責任能力のある段階での実行行為が重大とみられない本件においては、三九条二項を適用する余地もあったと思われる）。

また、間接正犯類似説（原因行為説）は、通常、自己の限定責任能力状態を利用したときは「原因において自由な行為」の法理を適用しえないとするが、この結論は、責任無能力状態になれば右の法理が適用されて完全な責任を問われることと対比すると均衡を欠く結果になる。そこで、基本的に原因行為説に立ちつつ、自己の限定責任能力状態を利用した場合を、間接正犯における「（身分なき）故意ある道具の利用」のアナロジーで説明する見解がある（大塚・一五三頁）。しかし、規範的障害となりうる「身分なき故意ある道具」を利用する行為を間接正犯と解することに疑問があるほか（本書23参照）、そもそも限定責任能力者の行為を利用した間接正犯はおよそ認められないのであるから、間接正犯類似説の立場を一貫させるなら、自己の限定責任能力状態を利用した場合には刑の減軽を認めざるをえなくなるであろう（内藤・(下)I八七一頁。なお、丸山治・刑法判例百選I総論（第三版）八二頁参照）。

三　結果行為説とその問題点

(1)　結果行為説の考え方　結果行為説は、結果行為が実行行為であるとして実行の着手時期を結果行為の開始時点に求めるとともに、原因行為説（間接正犯類似説）では困難とされた、自己の限定責任能力状態を利用する「原因において自由な行為」も認めている。もっとも、結果行為説に立った場合は、実行行為（結果行為）の時点で行為者に完全な責任能力が失われていることから、責任主義の要請をいかに実現するかが最大の課題となる。

その一つの試みとして、実行行為と責任との同時存在に代えて「行為」と責任との同時存在の原則を掲げ、行為の開始時における最終的意思決定が結果発生に至る一連の行為の全体に貫かれている場合には、その最終的意思決定の際に責任能力がありさえすれば、現実の実行行為（結果行為）の際に責任能力が失われていても完全な責任を問いうる、とする見解が主張されている（西原・後掲❸四一〇頁以下）。この見解は、責任判断が意思決定規範としての法の立場からする否定的価値判断であることを前提として、意思決定能力を意味する責任能力は行為をなすよう意思決定をする際に要求されるとし、かつ、刑法上の行為を一個の意思の実現過程と理解して、ある違法行為についての責任能力は、その違法行為を含むところの行為全体の開始時にあればよい、とするのである（意思決定能力説）。もっとも、この立場は、原因において自由な行為における実行の着手時期を常に結果行為時に求めるわけではなく、不作為犯の場合は原因行為開始時が実行の着手時期だとしている（西原・後掲❸四一六頁以下）。

(2)　結果行為説の問題点　　意思決定能力説（結果行為説）は、意思決定時に責任能力が存在すれば、その行為についてそれが一つの意思決定に貫かれている限りにおいて責任を問うことができるとするものであるが、最終的意思決定の時点が唯一の基準となることから、予備行為あるいはそれ以前の行為にさかのぼる意思決定に対する非難を可能とする点で可罰性を拡大しすぎる恐れがある（内藤・(下)Ⅰ八七八頁）。また、「原因において自由な行為」の法理をもっぱら責任論プロパーの問題と考え、その限定を主観面による絞りにのみ頼ることになるため、この立場を徹底すると、犯罪への意思決定がなされていれば、例えばジュースを飲もうと思って誤って酒を飲んでしまい、当初の意思のままに犯罪を実現した場合にも犯罪が成立することになってしまう、という問題もある。そこで、この立場の論者は、故意の内容として、結果惹起の認識のほかに、責任能力の喪失・減弱を惹起することの認識をも要求する二重の責任（故意）の理論を採ることになるのである。

四 二元説とその問題点

(1) 二元説の考え方　二元説は、実行行為を因果関係の起点としてのそれと未遂犯処罰の基礎となる未遂行為としてのそれとに相対化し、原因行為は因果関係の起点としての実行行為で足りると解し、未遂行為としての実行行為を結果行為に求めている。そして、結果の「相当な」原因となった行為（原因行為）を問責の対象とし、原因行為の「危険性」に着目してこれと結果行為・結果との相当因果関係を要求し（因果連関）、また、故意・過失の内容を分析して原因行為と結果行為との間に責任連関を認めうる限りにおいて、原因において自由な行為の可罰性を基礎づけることができる、と主張するのである（山口・後掲❻一六四頁以下）。原因行為説の「定型性」、「未遂行為としての実行行為」という限定の論理に代えて、「相当性」、「危険性」を限定の論理とするところにこの立場の特色がある。ところで、二元説は、実行の着手を未遂行為としての実行行為、すなわち責任能力が失われた結果行為の開始に求めることから、同時存在の原則をどのように説明するかが問題となる。

二元説は、まず、原因行為と結果行為・結果との間の相当因果関係を判断するに当たって、原因行為について法益侵害の一定程度の（相当の）危険性を認めるためには、原則として、飲酒・薬物使用等をすると身体・生命等を侵害する危険な行動に出る習癖の存在などの特別の状況が必要であるとし、また、原因行為と結果行為・結果との間の時間的・場所的近接性が必要である、とする。問題は、結果行為という客観的にみてそれ自体独立した行為が存在するにもかかわらず、何故、原因行為について構成要件該当結果との間の因果連関を肯定しうるか、ということであるが、この点については、結果行為時に故意が認められるとしても、その時点においては心神喪失状態であるから、結果行為自体について責任を問うことはできず、したがって「遡及禁止」による遮断効は働かない、としている（山口・探求一九七―八頁）。結果行為時に責任無能力であることは、それが規範的障害として機能しないということであって、原因行為の危険性を高める要因であると同時に、その危険が結果へと実現したことを強くうかがわせる事情と解することができよう。

次に、この立場では、完全な責任能力の存在する原因行為時に故意・過失があり、その故意・過失がそのまま結果行為に実現されたことが責任評価の対象となるから、故意犯が成立するか過失犯が成立するかは、原因行為が故意によるものであるか過失によるものであるかによって決まることになる。そして、故意の内容としては、①原因行為が結果行為・結果を惹起する危険性をもつことの認識、②その危険性の結果行為・結果への相当な実現の認識、③発生する結果行為・結果の認識が必要である、とする（山口・後掲❻一七七頁）。問題となるのは、原因行為にいかなる意味で、いかなる要件の下で故意を認めることができるか、ということであるが、例えば前例のように（前出三⑵）、ジュースを飲もうと思って誤って酒を飲んでしまったような場合には、ジュースを飲む段階では、行為者は原因行為の危険性を認識しておらず、後の故意による殺人行為を留保していることから、殺人という構成要件該当事実についての故意が認められないため、故意の殺人罪の成立は否定されることになる。そして、心神喪失状態における自己の故意行為は責任のない行為であり、それによって「遡及禁止」の遮断的効果は生じないから、その限りで、原因行為に故意を認めるためには、自己の結果行為が心神喪失状態で行われることを認識・予見していたことが必要である（二重の故意）、とするのである（山口・探求一九八―九頁）。

二元説は、同時存在の原則が責任主義の要請であるという場合、この「責任主義」を、責任能力、故意・過失の存在する時点で行われた、法益侵害の危険性のある違法行為から発生した相当因果関係のある結果についてしか責任を問うことはできない、との原理という意味で理解し、この意味での責任主義の要請、すなわち行為と責任の同時存在の原則に反しない限りで、「原因において自由な行為」の可罰性を肯定しうる、とする。したがって、法益侵害・危険と相当因果関係のある行為（原因行為）の時点で責任能力があり、故意・過失があれば、その故意・過失がそのまま法益侵害行為（結果行為）に実現されたとき、そのことについて完全な故意・過失の責任非難をなしうる、と解するのである（内藤・(下)Ⅰ八八四頁）。

(2) 二元説の問題点　二元説は、責任主義の要請と罪刑法定主義の要請を共に満たして問題を解決しようと試みている点で、基本的に妥当な方向にある。しかし、同じ「実行行為」という言葉を因果関係の起点としての意味と未遂犯処罰の基礎である未遂行為としての意味の二つの意味に用いることは紛らわしい。そこから、因果関係の起点としての実行行為、すなわち原因行為のことを単に「行為」と呼び、未遂行為のみを「実行行為」と呼ぶ考え方も現れている（内藤・(下)Ⅰ八八四頁）。この点は、行為概念に限定が加わっているとはいえ、結果行為説、殊に意思決定能力説と基本的に同じ理解に立つものである。

二元説の問題性は、行為の開始を意味する実行の着手時期を結果行為の開始時に求めた点にある。結果行為はたしかに未遂犯処罰の基礎となる未遂行為ではあるが、それは犯罪結果の原因となった狭義の行為、その意味での実行行為から区別されるべきものではなかろうか。近年、未遂犯も単に行為を処罰するものではなく、法益侵害の（具体的）危険という一種の「結果」を処罰するものであるという理解が有力になりつつあるが（本書21参照）、原因において自由な行為における「結果行為」はまさに未遂犯における「結果」に当たるものということができる。行為者が結果行為を開始したということは、未遂犯における結果が発生したということであって、犯罪の実行に着手したということとは区別されなければならない。実行の着手とは、法益侵害の一般的危険性のある行為、その意味で(相当)因果関係の起点となる行為を開始することを意味するのであって、原因において自由な行為の場合には、責任能力の失われている結果行為が規範的障害となりえず、したがって原因行為を開始した時点ですでに実行の着手が認められるのである。原因行為が行われれば結果行為がほぼ自動的に行われうる場合は(前田・基礎二一五頁参照)、すでに実行の着手が認められたといってよいであろう。ただ、未遂犯として処罰するためには、結果行為を開始することによって未遂犯としての結果、すなわち法益侵害の具体的危険を生じさせることが必要なのである。

五　判　例

判例に現れた事案には、原因行為の前にすでに結果行為をする意思がある場合(意思が連続している場合)と、原因行為によって初めて結果行為意思が作り出された場合(意思が不連続の場合)とがある。

1　意思が連続している場合

例えば、人を殺そうと決意した者が勢いをつけるため飲酒し、計画通り相手を殺害したが、殺人行為のときには酩酊のため心神喪失(または心神耗弱)状態にあったというような例がこれに当たる。この場合には、結果惹起の勢いをつけるために飲酒行為(原因行為)をしているのであるから、実行行為(原因行為)の相当な危険性と、その危険性の認識を比較的認めやすい(内藤・(下)I八八九頁以下)。

最決昭和四三・二・二七（刑集二二巻二号六七頁）は、自動車を運転してバーに立ち寄り、飲み終われば酔って再び自動車を運転することを認識しながら、ビールを二〇本ぐらい飲み、その結果、心神耗弱状態で自動車を運転したという事案につき、「酒酔い運転の行為当時に飲酒酩酊により心神耗弱の状態にあったとしても、飲酒の際酒酔い運転の意思が認められる場合には、刑法三九条二項を適用して刑の減軽をすべきではない」として、酒酔い運転の罪につき完全な責任能力を認めた。本判例は、「原因において自由な行為」の法理が自己の限定責任能力の状態を利用したときにも適用されることを認めた点に意味があるだけではなく、原因行為（飲酒行為）以前にすでに結果行為（運転行為）をする意思があった典型的なケースに関するものとしても意味がある。なお、本判例は「飲酒の際酒酔い運転の意思が認められる場合には」と判示することによって、飲酒酩酊による心神耗弱状態で初めて運転の意思を生じた場合にには、「原因において自由な行為」の法理が適用されないことを示唆している。

2　意思が不連続の場合

原因行為以前に結果行為意思が存在しない場合には、原因行為（実行行為）と結果行為・結果との間に相当因果関係が認められないことが多く、また相当因果関係が認められても、原因行為時に故意を認定しえないことが多い。意思不連続の場合については、判例のほとんども過失犯の成立を認めたものである。

まず、過失犯の成立を認めた代表的判例である、最大判昭和二六・一・一七（刑集五巻一号二〇頁）は、Xが飲食店の調理場で女給Aよりすげなくされたので酔余Aを殴打したところ、居合わせたBらに制止されて憤慨し、咄嗟に傍らにあった肉切包丁でBを刺し殺したという事案につき、多量に飲酒すると病的酩酊に陥り、心神喪失状態で他人に犯罪の害悪を及ぼす危険のある素質を有する者は、常にその原因となる飲酒を抑止・制限する等、危険の発生を予防する注意義務があるから、心神喪失時の殺人行為であっても、それが、自己の前記素質を自覚する者が前記注意義務を怠って犯したものであるときは、過失致死の罪責を免れない、と判示した。本件は、原因行為（飲酒行為）によって過失により結果行為（傷害行為）意思が形成された事案であるが、その原因行為の危険性を示すために、多量に飲酒するときは病的酩酊に陥り、その状態で他人に犯罪の害悪を及ぼす危険のある素質の存在を指摘し、過失致死罪成立の要件として右の危険な素質の自覚の存在を認定している。

次に、下級審判決には、故意犯の成立を認めたものもある。名古屋高判昭和三一・四・一九（高刑集九巻五号四一一頁）は、薬物注射による症候性精神病に基づく心神喪失の状態で他人に暴行・傷害を加え死亡させた場合でも、注射をすれば精神異常をきたして幻覚妄想を起こし、他人に暴行を加えるかもしれないと認識しつつあえてこれを容認して注射をした結果、前示行為に及んだ場合は傷害致死罪が成立し、三九条一項は適用されない、と判示した。しかし、飲酒・薬物注射行為（原因行為）自体には、生命・身体に対する侵害の危険性が認められないから、このような原因行為を実行行為と解するためには、前掲昭和二六年の最高裁大法廷判決が示したように、飲酒・薬物注射をすると暴行等の行為に出る危険な習癖の存在のような特別の事情の認定が必要である。したがってまた、故意を認定するためには、行為者に自己の危険な習癖等を自覚していたことが必要になろう（内藤・(下)Ⅰ八八八頁）。

【参考文献】
❶団藤重光「みずから招いた精神障害」植松正博士還暦祝賀『刑法と科学・法律編』（一九七一・有斐閣）
❷中森喜彦「原因において自由な行為」『刑法理論の現代的展開　総論Ⅰ』
❸西原春夫「責任能力の存在時期」佐伯千仭博士還暦祝賀『犯罪と刑罰(上)』（一九六八・有斐閣）
❹　同　「原因において自由な行為の再論」団藤重光博士古稀祝賀論文集第三巻（一九八四・有斐閣）
❺平川宗信「原因において自由な行為」現代刑法講座第二巻
❻山口　厚「『原因において自由な行為』について」団藤重光博士古稀祝賀論文集第二巻（一九八四・有斐閣）

❼長井　圓「原因において自由な行為」刑法基本講座第3巻
❽林　幹人「原因において自由な行為」同『刑法の基礎理論』（一九九五・東京大学出版会）所収
❾町野　朔「『原因において自由な行為』の整理・整頓」松尾浩也先生古稀祝賀論文集　上巻（一九九八・有斐閣）
❿特　集『原因において自由な行為の理論』現代刑事法二〇号（二〇〇〇）

14 過失犯の構造と注意義務

一 旧過失論と新過失論

伝統的な過失論（旧過失論）は、法益侵害という結果から出発し（結果無価値論）、客観的因果関係と主観的予見可能性を概念用具として、過失犯の構造を解明しようとする。この立場は伝統的な犯罪論体系に立脚して、過失犯も行為の客観面を評価する構成要件該当性・違法性の段階では故意犯との間に本質的な違いはなく、主観面を問題とする責任の段階で初めて、故意とは異なる過失の内容を予見可能性によって説明すればよい、と説くのである。旧過失論の特色は、客観面における因果関係と主観面における予見可能性に着目して過失犯を構成し、しかも客観的な行為について過失それ自体との結び付きを否定した点に求められよう（過失と過失行為との分離）。

これに対し、戦後台頭した新しい過失論（新過失論）は、過失の内容である注意義務違反も単なる内心における主観的な義務違反にとどまらず、一定の行為との関係における客観的な義務違反と理解すべきだと主張する。新過失論の特色は、過失にとって本質的なことは法益侵害といった結果無価値ではなく、結果防止のための社会生活上必要な注意を怠った結果回避義務違反にあるとして（行為無価値論）、過失犯の本質を結果の面からではなく、まず行為の面から把握しようとするところにある。また、過失判断の基準が、客観的に要求されている注意を払っているかどうかに求められることから、過失、すなわち客観的注意の欠如は、過失犯における実行行為の概念要素と解されることになるのである（過失と過失行為の一体化）。

結論的に言えば、旧過失論は責任論において予見可能性を中核とする主観的過失を問題にし、新過失論は違法論（および構成要件論）において結果回避義務を前提とする客観的過失を問うものといえる。そして、この対立は、違法の本質を法益侵害・危険におく結果無価値論と、行為の規範違反性に法益侵害から独立した意義を認める行為無価値論との争いに根差しているのである。

私見は基本的に旧過失論に与するものであるが、構成要件要素としての過失（構成要件的過失）の存在を認め、また、基本的に故意犯と共通であるとしても、実行行為を初めとする過失犯の客観的側面を独立に論ずることに意義を認める点で、旧過失論に対する部分的修正を必要と考えている（修正旧過失論）。過失犯の構造に関する私見の概要は次のとおりである。まず、㈠構成要件該当性のうち、①客観面については故意犯との間に基本的な相違はない。実行行為は、一般に法益侵害の危険性のある行為であれば足り、また、行為と結果との間の相当因果関係については、行為の相当性（行為の危険性）と因果経過の相当性（危険の実現）とが要求される。一方、②主観面においては、一般人に要求される程度の注意能力を基準として一般的予見可能性（通常客観的予見可能性と呼ばれる）を前提とする構成要件的過失（一般的注意〔予見〕義務違反）が認定されなければならない。次に、㈡違法性の段階では、相当因果関係の認められた行為（実行行為）が実質的にみても法的に許されない高度な危険をもった行為であるかどうかが問題となる。そして最後に、㈢責任の段階において、行為者個人の注意能力を基準として個別的予見可能性（主観的予見可能性）を前提とする責任過失（個別的注意〔予見〕義務違反）が認定されることになるのである（これに対し、構成要件的過失と責任過失の区別を否定するものとして、前田・基礎二七六頁）。

二　過失犯の客観面――違法の実体

(1)　旧過失論　発生した結果を出発点とし、これと相当因果関係を有する不注意な心理状態を考えることによって過失犯を構成しようとした旧過失論においては、結果は行為者の内心の心理状態である「過失」それ自体によって惹起されるものと考えられており、過失「行為」（過失犯の実行行為）の側面はほとんど看過され、したがってその内容に関心が払われるということもなかった。故意・過失を客観的な行為の属性ではなく主観的な行為者の属性と捉える旧過失論にあっては、故意行為と過失行為との間に本質的な違いはないと考えられたのであった。ここに、新しい過失論、つまり不注意な「態度」のうちに過失犯の無価値性の本質を求め、したがって過失を責任ではなく、構成要件該当性ないし違法性に関係するものとして捉える理論の台頭する機縁があったのである（西原・後掲❺三頁以下）。

(2)　新過失論　過失犯も犯罪である以上、故意犯と同様、刑法的評価の対象として「行為」の存在を予定しなければならないから、新過失論が過失「行為」の存在を浮き彫りにした点は評価できる。犯罪論体系において、構成要件該当性・違法性・責任という評価を前提とする限り、過失犯においても「実行行為」の観念を認める必要があるのである。ただ、新過失論がはたして刑法的評価の対象である「行為」を的確に捉えているか、という点についてはさらにこれを検討してみる必要がある。

例えば、Ｘが制限速度の時速四〇キロで走行すべきところ、六〇キロで走行したため路地から飛び出してきた子供Aを轢いてしまったという場合、刑法的評価の対象となる行為は、六〇キロという危険を伴う速度で走行したという作為と考えられる。ところが、新過失論は、この場合、四〇キロに減速しなかったという不作為を、四〇キロ走行という基準行為から逸脱する「落度」ある態度、すなわち過失行為であると解するのである。しかし、四〇キロに減速しないという不作為は、Xの六〇キロ走行という行為を危険性のあるものとし、これを実行行為たらしめている一つの事情にすぎない。Xがおよそ運転行為をしなかった場合にも同じように結果が発生しなかったわけであるから、四〇キロに減速しなかったことではなく、(六〇キロで)走行したこと自体が結果の発生と因果関係に立つ実行行為なのである。四〇キロ走行という基準行為からの逸脱性は、Xの実際に行った行為(六〇キロ走行)の危険性を判断する資料にはなりえても、それ自体を刑法的評価の対象であると解することはできない(平野・I一九三―四頁)。

新過失論に対しては、「してはならない行為をしたか、という問題から、なにがなされねばならなかったか、なされたことは避けられるべきであったか、という問題にすりかえられている」という批判が提起されている(木村・後掲❹一〇六頁)。一般的にみて基準行為に合致する行為であっても、当該具体的状況において法益侵害の現実の危険性のある行為は禁止されるべきであるし、反対に、基準行為から逸脱する行為であっても、その結果として具体的危険を発生させたのでなければ、逸脱自体の違法性が問われるのは別として(例えば道路交通法上の安全運転義務違反)、過失犯との関係では当該行為はなお許容されているとみるべきなのである。

(3) 修正旧過失論　過失の内容を、事実の予見可能性を前提とする予見義務違反と解するためには、過失犯における違法評価の対象(実行行為)を直接法益侵害に至る危険行為に限ることが必要となる。そこから、基本的には旧過失論によりながら、したがって注意義務の内容を結果予見義務と解しつつも、行為の危険性に実行行為性の根拠を求める「修正旧過失論」が登場するに至った。この見解は、新過失論のように客観的な注意とか基準行為という規範的・評価的概念を用いて過失の構成要件該当性を判断すると、構成要件のもつ罪刑法定主義的機能が弱まるので、結果発生の「実質的で許されない危険」をもった行為を過失認定の基準とすべきである、と主張する。すなわち、修正旧過失論によれば、過失行為は「結果発生の『実質的で許されない危険』を持った行為」であり、この過失行為のもつ危険性は「結果の客観的予見可能性」を意味している（平野・Ⅰ一九四頁）。そして、犯罪論体系上の問題として、実質的危険という概念は、それがなくても違法な場合がありうるから固有の意味での違法要素ではなく、違法行為「類型」としての構成要件要素と考えられるが、行為者の認識をも問題とせざるをえないという点で、責任要素である主観的な本人の予見可能性という要素の有無を判断する場合の一つのプロセスにすぎない、とするのである（平野・後掲❻二九八頁以下）。

修正旧過失論が伝統的な過失論と新しい過失論のそれぞれの難点の克服を目指している点は多とすべきであるが、過失行為の危険性と客観的予見可能性の関係については、なお不明確なものが残されている。それは、外部的・客観的な行為の危険という概念に、本来、人の内心・主観にかかわる予見可能性という意味をもたせることが可能か、ということである。客観的予見可能性、したがってこれを前提とする客観的過失を客観的構成要件ないし違法の要素とみることは適当でない。客観的予見可能性・客観的過失といっても、それは一般人の立場からみてそうだというだけのことであって、その内容が外部的であるという意味で客観的であるわけではないからである。一般人の観点からにせよ、予見可能性を過失行為の危険性の前提とし、客観的予見義務違反を違法要素と解することになれば、「過失犯の違法性の主観的色彩を濃厚にし、それこそ、客観的違法性論と主観的違法性論の差を紙一重にしてしまうおそれがある」（板倉宏〔中義勝編〕『論争刑法』二九―三〇頁）との批判を受けざるをえなくなる。責任ないし責任類型としての主観的構成要件要素である過失（予見可能性）と、違法ないし違法類型としての客観的構成要件要素である危険「行為」とは区別されなければならない（同旨、前田・基礎二八六―七頁）。

(4) 私　見　故意犯において実行行為とは、形式的には刑法各本条の基本的構成要件に該当する行為をいい、実質的には法益侵害の一般的危険性をもった行為をいうが、過失犯における実行行為についても基本的には右の理解が妥当する。過失犯において実行行為を論ずる意義は、およそ法益侵害の一般的危険性のない行為についてその過失の有無を論ずるまでもなく、最初から過失犯の構成要件に該当しないものとしてこれを考慮の外におく点にある。例えば、XがAに電車へ乗車することを勧めたところ、その電車が事故のため脱線転覆してAが死亡したという場合、乗車をすすめる行為は電車の事故率からみておよそ法益侵害の一般的危険性のある行為、その意味で過失犯の実行行為とはいえないのである（なお、XがAの死亡を意図していたとしても事情は同じである）。

三　注意義務の内容

注意義務に違反して犯罪事実を認識しないことが過失であるから、注意義務が過失概念の中核的要素であることは否定しえないところである。ところが、注意義務の内容をどのようなものとして理解するかについては、過失犯の構造に関する見解の対立を反映して（前出一参照）、これを結果予見義務と解する立場と、結果回避義務と解する立場とが対立している。

1　考え方

(1) 結果予見義務説　旧過失論は、過失認定の基礎におかれる実質的な注意義務の内容としては、予見可能性を前提とした結果予見義務を予定し、過失の形式的な犯罪論体系上の地位の問題については、これを責任要素（あるいはそれと同時に主観的構成要件要素）として、故意と並ぶ責任条件ないし責任形式と解している（責任要素説）。結果予見義務説は、行為者が犯罪事実を予見することができたにもかかわらず、意思の緊張を欠いたためにこれを予見せず、結果予見義務に違反して漫然と行為に出て結果を発生させたことが刑法上の非難に値する、というのである。そして、旧過失論の採る古典的な犯罪論体系は、違法と責任の区別を、それぞれの判断対象が客観的な行為か主観的な行為者かによって分けるものであるから、行為者の予見可能性を前提とする過失は、それが予見義務違反という当為にかかわるものであるとしても、違法ではなく責任の要素と考えられることになるのである。

(2)　結果回避義務説　新過失論は、結果回避義務（あるいはそれと同時に結果予見義務）を注意義務の内容と解し、犯罪論体系上の問題としては、過失を違法要素（それと同時に客観的・主観的構成要件要素）であると解している（違法要素説）。ここにいう結果回避義務は、注意義務の内容を結果の段階から行為の段階に繰り上げたものであって、行為の段階で結果回避のために必要な措置をとるべき義務を意味している。新過失論は、過失犯には故意犯とは異質な実行行為が存在すると説き、社会生活上の必要な注意を守らないで結果回避のための適切な措置をとらなかった行為、すなわち客観的な注意を守らない落ち度のある行為が過失犯の実行行為である、と解するのである。したがって、特定の結果を回避すべき適切な措置をとるべき外部的義務、すなわち客観的義務＝結果回避義務が注意義務の内容をなすことになる。しかも、新過失論の採る犯罪論体系は、違法と責任の区別のための基準を義務（当為）と可能、ないし一般人と行為者とに求めるものであるから、その意味でも、一般人の立場からする義務違反を内容とする過失は違法要素となりうるし、またそうでなければならないのである。

2　問題点

(1)　結果予見義務説の妥当性　結果予見義務説に対しては、新過失論の側から次のような批判が提起されている。まず、「認識ある過失」すなわち結果発生の可能性を認識しつつこれを否定するという形態の過失の場合、予見義務は尽くされているから、予見義務は認識ある過失を含む過失全体についての注意義務の内容としてはふさわしくない、との指摘がある（大塚仁・後掲❷二二五―六頁、西原・後掲❺一五頁）。しかし、認識ある過失の場合も、一旦は結果の発生を予見しながら（その点では、不注意により最初からおよそ結果発生の予見のない認識なき過失と区別される）、結局は不注意によりこれを打ち消しているのであって、必ずしも結果予見義務を尽くしているとは言い切れない。認識ある過失も、結果発生の可能性を認識してはいるが、当該状況における具体的な結果の発生それ自体を認識しなかったという点では、認識なき過失と異なるところはないのである（真鍋・後掲❼三二八頁以下参照）。

次に、結果予見義務説に立つ旧過失論が、過失犯について、行為の客観面を評価する構成要件該当性・違法性の段階では故意犯との間に本質的な違いはなく、因果関係が肯定されれば足りるとしていることに対しては、「法律上客観的に要求される注意を払ってもなおかつ結果の発生が回避しえないものであったとすれば、それによって生じた法益侵害の結果を違法と評価することは許されないはずである」との批判が提起されている（大谷・二一五頁）。しかし、旧過失論の前提とする結果無価値論の立場からすれば、法益を侵害する行為は、他に優越すべき利益が存在しない限り、無過失（偶然や不可抗力）であっても違法ではあるのである。むしろ、無過失であれば他人の正当な法益を侵害していても適法であり、これに対しては正当防衛が許されないとすることの方が問題であろう。

もっとも、結果予見義務が注意義務の内容であるとしても、予見義務違反が直ちに過失責任を基礎づけるものではないことに注意しなければならない。過失が故意と並んで責任非難の対象となるのは、注意義務（結果予見義務）を尽くせば結果を予見することができ、結果を予見すれば行為の違法性を意識することが可能となって反対動機を形成することができ、そうすることによって違法行為を思いとどまることが可能となるにもかかわらず、不注意によりそのような態度に出なかったからである。したがって、結果予見義務が刑法上意味を持つのは、それが反対動機形成のための第一ステップであることによるのであって、それ自体で独立した意味を持っているわけではない（山口・探求一六一頁参照）。

(2)　結果回避義務説の問題性　　結果回避義務説には根本的な疑問がある。客観的性格をもつ結果回避義務は、もともと結果の発生を予定するすべての犯罪（結果犯）、したがって故意犯、ことに不作為犯にも要求される一般的義務であって、過失犯固有の義務ではない。過失犯についても、不作為犯においては作為義務としての結果回避義務を問題にする余地があるが（その場合でも故意犯と区別して論ずる意義は疑わしい）、過失作為犯の場合は、不作為義務がすべての人に向けられた義務であることから、結果回避義務は故意犯の場合と同様独自の意味を有しないことになる。そこで、注意義務の内容としての結果回避義務を、純粋に外部的な結果回避措置をとるべき義務と解すると、不作為犯における作為義務との間に区別がなくなってしまい、本来、意思の緊張を意味する「注意」という主観的側面に関連する用語例から逸脱してしまうということから、新過失論の内部に、基本的には結果回避義務説に立ちつつ、義務の内容を「結果回避措置をとるよう配慮すべき義務」というように、結果回避義務を主観面における義務として構成する見解が現れることになった（西原・一七四頁。なお、過失犯の客観的側面は常に不作為犯であるとするものとして、野村・一七六頁）。ただし、その場合でも、結果予見義務説があくまでも予見の対象として「結果」を目指しているのとは異なり、注意義務が結果の段階ではなく行為の段階において、結果「回避措置」との関連で理解されていることに注意する必要がある。

ところで、過失犯において結果回避義務という言葉が用いられるとき、それは、当該行為が実質的な危険性をもった行為であることを示すためであるか、あるいは結果回避義務の違反が行為者の予見義務不履行の徴憑を意味しているにすぎない場合が多い（町野・後掲❽二〇〇一一頁）。例えば、時速四〇キロに減速すべきであるにもかかわらず、六〇キロで走行したため路地から飛び出してきた子供を轢いてしまったという場合、四〇キロに減速すべきであるという結果回避義務は、六〇キロで走行することが人を轢く危険のある行為であることを意味するか（平野・一九三―四頁）、あるいは四〇キロで走行していれば子供の飛び出しを事前に発見し、傷害・死の結果を予見することができたということを意味しているのである。過失犯における違法評価の対象を直接法益侵害に至る危険行為（前例で言えば六〇キロ走行）に限ることによって初めて、過失の内容も、そのような行為から生ずる結果の予見可能性を前提とする予見義務違反と解することが可能となるのである（前出一七四頁参照）。

四　予見可能性――注意義務の前提

1　予見可能性の程度・内容

結果予見義務説はもとより結果回避義務説も、結果予見可能性（以下、単に「予見可能性」という）が過失の要件であることはこれを認めている。結果の予見可能性がないところに、事実を「予見すべきであった」とか、「予見しえたところにしたがって結果を回避すべきであった」という非難の契機は生まれないからである。しかし、予見可能性の程度および内容に関しては、予見可能性の役割をどのように解するかに応じて見解の対立がみられる。

(1)　具体的予見可能性説　結果を違法要素と解し、結果に対する予見可能性を過失論の中心に据える結果予見義務説によれば、予見可能性⇩予見義務という図式が認められることから、予見可能性と過失との結び付きはきわめて緊密となる。したがって、予見可能性の内容は豊かに、その程度は高度のものとなり、過失の成立が認められるためには、因果系列の細部にわたって予見可能であることは必要でないとしても、発生した結果について相当程度具体的にこれを予見することが可能でなければならないことになる（詳細は、後出2）。そして、結果回避義務説に立脚する新過失論も、少なくとも従来は、予見可能性の程度として、行為から結果に至る具体的予見可能性を考えてきた。結果回避義務説にあっては、予見可能性は単に結果回避措置を選択・特定するための基準を提供するという機能をもつにすぎないとしても、結果の具体的予見可能性を前提としなければ、どのような結果回避措置をとればよいかを決定することができない、と考えられたからである。

もっとも、予見可能性の内容については、旧過失論と新過失論との間に考え方の違いがみられる。過失を故意と並ぶ責任の形式ないし種類（責任要素）と構成する旧過失論は、予見可能性についても、行為者自身が精神を緊張させれば結果の発生を予見することができたというように、これを主観的に理解しているのに対し（主観的予見可能性）、予見可能性を社会生活上必要な注意、すなわち外部的な結果回避措置を要求する場合の前提条件（違法要素）と解する新過失論は、当然のことながら一般人を基準とする客観的予見可能性を問題とすることになる。なお、上述のように（前出二(3)）、旧過失論の中からも、予見可能性の内容を客観化し、これを過失行為の危険性に結び付けて考える見解が現れるに至っている（修正旧過失論）。「この過失行為の危険性は、結果の客観的予見可能性といってもよい。危険性がある場合には、一般の人であれば、結果の発生を予見できたはずだからである」とするのがそれであるが（平野・I一九四頁）、新過失論が客観的予見可能性を結果回避義務の前提と解しているのに対し、この見解は結果予見義務の前提と解している点で、なお旧過失論に属するものといえよう。

(2)　危惧感説　新過失論の中から、さらに、公害・薬害等の未知の危険の問題と関連して、結果の予見可能性を問題にしながらも、その程度は結果防止措置の負担を命ずるのが合理的だと思われる程度の危惧感・不安感といったもので足りる、とする見解が登場するに至った(新・新過失論)。危惧感説は、「予見可能性というためには、結果発生にいたる具体的因果経過の予見までは必要でなく、一般人ならばすくなくともその種の結果の発生がありうるとして、具体的に危惧感をいだく程度のものであれば足りる」とする(藤木・二四〇頁)。そして、危惧感があれば、その危惧感を払拭するための結果回避措置をとるべき義務が生じ、その義務に違反した行為を過失行為とするのである。危惧感説を採用した、森永ドライミルク事件の差戻審判決(徳島地判昭和四八・一一・二八刑裁月報五巻一一号一四七三頁)は、「予見可能性は具体的な因果関係を見とおすことの可能性である必要はなく、何事かは特定できないが、ある程度の危険が絶無であるとして無視するわけにはいかないという程度の危惧感であれば足りる」と判示した。

しかし、この立場は、結果に対する具体的予見可能性を不要と解することによって、刑事過失の成立範囲を無限定にし、不当に拡大するものであって責任主義の見地からみて妥当でないであろう(札幌高判昭和五一・三・一八高刑集二九巻一号七八頁=北大電気メス事件)。判例の主流も具体的予見可能性説に立っている。もっとも、結果回避義務を軸として過失論を展開する新過失論においては、予見可能性が直ちに過失を基礎づけるということはなく、予見可能性と発生した結果との結び付きが希薄なものとならざるをえないことから、新過失論には予見可能性の程度についても危惧感で足りるとする可能性がその性質上内在していたといえる。結果回避義務は、発生した特定の法益侵害の「結果」という観点からではなく、落ち度のある「行為」、社会生活上必要な注意を怠った「行為」として行為無価値論的に構成され、規範的・政策的要請と直結しうるものであったのである(内藤・(下)I一一〇九頁、なお山口・探究一五九―一六〇頁参照)。

2 予見可能性の対象

過失結果犯について予見可能性があるといえるためには、結果自体の予見可能性と、行為と結果との間の因果経過の予見可能性が共に認められなければならない。

⑴　結果の予見可能性　故意犯において結果の認識（予見）が要求されるのと同様に、過失犯においては、結果の詳細な態様まで精確に予見可能であることは必要でないとしても、結果が具体的に発生すること自体については予見可能でなければならない。通説は、このように予見可能性の対象を発生した結果自体に求めるが、学説によっては、結果発生の「原因となった事実」（中間項）を予見可能性の対象とするものがある（西原・一九八頁以下。なお、前田・三七四頁以下）。例えば、子供の飛び出しによる自動車事故の場合には、子供の死傷という結果ではなく、その原因となった「飛び出し」が予見可能性の対象となる、とするのである。しかし、原因事実から結果が生ずる蓋然性が低い場合には、原因事実の予見可能性と発生した結果自体との結び付きはかなり緩やかなものとなるであろう。原因事実の予見可能性は、因果経過の予見可能性（後出⑵）に解消されるべきである。

問題となるのは、過失犯の成立を認めるために、行為当時、そのうえに結果が発生することになる当該客体の存在を認識していること、または認識可能であったことが必要か、ということである。最決平成元・三・一四（刑集四三巻三号二六二頁）は、普通貨物自動車を運転していた被告人が運転を誤り、後部荷台に同乗していたAおよびBを死亡するに至らせ、さらに助手席に同乗していたCに対して傷害を負わせたが、被告人は自車の後部荷台にAおよびBが乗車している事実を認識していなかったという事案に対し、「被告人において、右のような無謀ともいうべき自動車運転をすれば人の死傷を伴ういかなる事故を惹起するかもしれないことは、当然認識しえたものというべきであるから、たとえ被告人が自車の後部荷台に前記両名が乗車している事実を認識していなかったとしても、右両名に関する業務上過失致死傷罪の成立を妨げない」と判示した。

右決定は、AおよびBの存在を認識していなくても両名に対する過失犯が成立するとしたが、その趣旨が、認識の可能性がなくても結果の予見可能性を認めうるというものであれば問題である。もっとも、事実の錯誤論において法定的符合説を採る場合には、方法の錯誤において結果の発生した客体の存在について認識がない場合にも故意が認められるのであるから（本書15二）、過失犯についてもそれとパラレルに考えるならば、A・Bの存在について認識可能性がなかったとしても両名に対する関係で過失を認めうるということになるであろう。しかし、その帰結は、結論において危惧感説を採る場合と異なることはなく、具体的予見可能性説とは相容れないであろう（内藤・(下)Ⅰ一一一九頁）。過失論における具体的予見可能性説は、事実の錯誤論における具体的符合説によって初めてこれをよく理解することができる。過失犯の成立が認められるためには、結果の発生した当該客体の存在についての認識可能性、その意味で具体的結果の予見可能性が存在しなければならないのである（詳細は、曽根『実行・危険・錯誤』七五頁以下。なお、山口・探究一六九頁以下）。

(2)　因果経過の予見可能性　具体的予見可能性説を採る場合には、行為と結果との間の「因果関係の本質的部分」についても予見可能であることが必要である（これに対し、結果の予見可能性がありながら、現に生じた因果経過を予見しえなかったとして責任非難を否定することは不合理であるとするものとして、前田・三七四頁）。故意犯において、因果関係についての認識・予見を欠くために（因果関係の錯誤）、客観的に因果関係が存在していても未遂の限度でしか故意責任を問われない場合があるのと同様、過失犯においても、因果関係が存在しているにもかかわらず、その予見可能性が認められないために発生した結果について責任を問われないことがある。例えば、自転車を誤って歩行者に接触させこれを転倒させたが、行為者が認識しえない被害者の特異体質が原因となって死亡してしまったという場合、客観的相当因果関係説の立場からは被害者の死について因果関係が認められるが、行為者が被害者の特異体質を認識しえなかったときは、傷害の限度でしか過失責任を問いえないことになるのである。もとより、故意において因果関係の微細な部分についての予見が不必要であったのと同様、過失においてもその非本質的部分についての予見可能性は必要でない。

【参考文献】
❶井上祐司『行為無価値と過失犯論』（一九七三・成文堂）
❷大塚　仁「過失犯の構造」同『刑法論集(1)』（一九七六・有斐閣）所収
❸大塚裕史「過失犯における実行行為の構造」下村康正先生古稀祝賀『刑事法学の新動向　上巻』（一九九五・成文堂）
❹木村静子「過失犯における行為の危険性」成蹊法学一二号（一九七八）
❺西原春夫「過失犯の構造」現代刑法講座第三巻
❻平野龍一「過失についての二、三の問題」井上正治博士還暦祝賀『刑事法学の諸相(下)』（一九八三・有斐閣）
❼真鍋　毅『現代刑事責任論序説』（一九八三・法律文化社）
❽町野　朔「過失犯」町野＝堀内＝西田＝前田＝林（幹）＝林（美）＝山口『考える刑法』（一九八六・弘文堂）
❾松宮孝明『刑事過失論の研究』（一九八九・成文堂）
❿特　　集『過失犯論』現代刑事法一五号（二〇〇〇）

15 方法の錯誤

一 具体的事実の錯誤

⑴ 種 類 行為者が主観的に認識した事実と現に発生した客観的事実とが一致しない場合が「事実の錯誤」であるが、そのうち行為者が認識した構成要件該当事実と現に発生した構成要件該当事実とが一致しない場合を「構成要件的錯誤」という。構成要件的錯誤は、様々な観点からこれを分類することができるが（曽根・二〇三―五頁）、構成要件の範囲によってこれを分類すれば、㈠同一構成要件内の事実に誤認のある「具体的事実の錯誤」（同一構成要件内の錯誤）と、㈡別個の構成要件に属する事実の間に誤認のある「抽象的事実の錯誤」（異なった構成要件間の錯誤）となる。

具体的事実の錯誤は、さらに、構成要件要素を基準として、①客体の錯誤、②方法の錯誤、③因果関係の錯誤に分類することができる。「客体の錯誤」は、侵害行為は認識どおりの客体に向けられたが、その客体が違っていた場合をいい、一個の客体について錯誤が問題となる。これに対して、「方法の錯誤」は、狙った客体とは違った客体に結果の生じた場合をいい、複数の客体の間の錯誤が問題となる。さらに、「因果関係の錯誤」は、認識事実と発生事実は一致するが、行為者の予見しない因果経路をたどって発生事実が生じた場合をいう。

(2) 学　説　具体的事実の錯誤に関する学説には、①具体的符合説、②法定的符合説の二つがある。具体的符合説は、行為者の認識した事実と現に発生した事実とが具体的に一致しない限り故意を阻却するという学説であって、客体の錯誤については故意の阻却を認めないが、方法の錯誤については故意の阻却を認める。したがって、その錯誤が客体の錯誤であるか方法の錯誤であるかは、具体的符合説にとり重要な問題となる（後出三1）。これに対し、法定的符合説は、行為者の認識した事実と現に発生した事実とが法定的に罪質（構成要件）を同じくする限り故意を阻却しないが、罪質（構成要件）を異にするときは故意を阻却するという学説であって、抽象的事実の錯誤については原則として故意の阻却を認めるが、具体的事実の錯誤については、客体の錯誤はもとより方法の錯誤についても故意の阻却を認めない。かくして、具体的事実の錯誤における方法の錯誤について、故意の阻却を認める具体的符合説とこれを認めない法定的符合説とが対立することになるのである。

もっとも、具体的符合説も構成要件的評価を無視するわけではなく、故意の内容は構成要件該当事実の認識であり（構成要件的故意）、構成要件上重要な事実についての錯誤のみ故意を阻却する（構成要件的錯誤）、と解している（他に違法性を基礎づける事実の錯誤）。ただ、法定的符合説とは異なり、故意の存否は構成要件該当事実ごとに個別に問題とされなければならず、また、その結論は他の構成要件該当事実の如何によって影響を受けない（具体的法定符合説）、と解するところにその特色がある。あくまでも、「構成要件該当事実の認識」が存在するかが、構成要件該当事実ごとに問題とされなければならない、と解するのである（山口・探求一二〇頁以下）。

二 法定的符合説とその問題点

1 法定的符合説の考え方

法定的符合説には、一個の故意で数個の犯罪を実現した場合について、故意の個数を問わない数故意犯説と、故意の個数を問題にする一故意犯説とがある。

(1) 数故意犯説　第一に、方法の錯誤の典型的なケースの場合、例えばXがAを殺害しようとしてピストルを発射したが、弾丸は意外にも傍らにいたBに命中してこれを死に致したという場合〔設例一〕、数故意犯説は、Bに対する関係で殺人既遂を認めると同時に、Aに対する関係で殺人未遂を認める。Xは、A一人を殺すという一個の故意しかなかったにもかかわらず二個の故意犯の成立を認めるのであるが、責任主義の見地からは疑問が残るところである。

第二に、併発事実の場合、例えば設例一において、弾丸はAに命中するとともに傍らにいた意外のBにも命中し、A・B共に死亡したという場合〔設例二〕、数故意犯説は、当初の故意が実現したAに対する関係で殺人既遂を認めると同時に、意外のBに対する関係でも殺人既遂を認める。ここでも、一個の故意しかないにもかかわらず二個の故意犯の成立を認めるのであるが、学説はその根拠を、刑法が観念的競合を科刑上の一罪としているのは、一罪の意思をもってした場合にも数罪の成立を認める趣旨を含むものである、という点に求めている（団藤・三〇四―五頁。中野・後掲❺二一〇頁以下参照）。しかし、方法の錯誤論においてはそもそも成立する故意犯の個数（一個か二個か）が問われているのであるから、その際に、数個の犯罪が成立することを当然の前提にしてその科刑上の取扱いを問う観念的競合の趣旨を援用することは妥当でない。たしかに、Xが一発の弾丸でA・Bを共に殺害する意思をもっていた場合は、二個の殺人の観念的競合が認められるが、本件ではAのみを殺害する意思しかもっていなかったのである。本件のような確定的故意の場合（故意の個数も確定している）と概括的故意の場合（故意の個数も不確定である）とは、やはり故意の個数の点からも区別されなければならない。

第三に、未遂の場合、例えば前例において弾丸がAとBの中間を通り抜けた場合〔設例三〕、この立場では理論上二個の殺人未遂を認めざるをえなくなる。さらに、C・D・E……等にも弾丸が当たる可能性があったとすると、その数だけ殺人未遂を認めるというのが数故意犯説の論理的帰結となるはずである。しかし、それは余りにも行為者の認識と遊離した評価であって責任主義に反しよう。

(2)　一故意犯説　第一に、方法の錯誤の典型例である〔設例一〕において、一故意犯説は、Bに対する関係で殺人既遂を認めるが、Aに対する関係では、当初Aに向けられていた故意をBに転用した以上、すでに故意は存在しないから不可罰であるとする（残るのは過失であるが、過失未遂は処罰されない）。

第二に、併発事実のケースである〔設例二〕について、一故意犯説は、Aに対する関係で殺人既遂を認めるが、Bに対する関係では、当初のAに対する故意が実現した以上、錯誤論を適用する余地はなく、過失が存在することを前提として過失致死罪の成立を認め（大塚・二〇八頁）、結論的には具体的符合説と一致することになる。しかし、意外のBに結果が発生した以上、本件を錯誤の問題でないと言い切れるかは疑問である。

第三に、設例一において、弾丸がAの腕をかすめてAが負傷した場合については〔設例四〕、一故意犯説の内部でさらに見解が分かれている。①第一説は、Aを負傷させたという事実をBに対する殺人既遂の中に含めて理解し、Bに対する殺人既遂の罪責のみを認める（福田・一二一頁）。しかし、当初狙っていたAの負傷という事実を不問に付するのは、Aの身体という重大な法益の侵害を独立に評価していない点で疑問があるし、また、同じく一人を殺害し一人を負傷させた場合であるにもかかわらず、Aが死亡しBが負傷した場合に殺人と過失致傷になること（福田・後掲❾二二七頁）との間に不均衡が生ずる。

②第二説は、Bに対する関係で殺人既遂を認め、Aに対する関係では、Bに対して故意を転用してしまったことから故意を認めることができず、過失致傷罪が成立し、両罪は観念的競合となるとするものである（大塚・基本問題二四九頁）。しかし、Xが狙っていた客体であるAに対する関係で過失犯というのはいかにも不自然である。この見解が、Bに対する関係で認められたはずの行為者の過失を基礎としてAに対する過失犯を認定するのであれば（大塚・基本問題二五〇頁）、いわばBに対する過失をAに転用するものであって余りにも技巧的であり、またBに対する本来の過失の有無を問わないというのであれば過失責任主義の原則に反することになろう。さらに、前例においてAが重傷を負い、その後死亡した場合には、今度はAに対する殺人既遂とBに対する過失致死ということになって、故意の内容が変化してしまうという問題もある（前田・基礎二六三頁）。故意の有無は、行為のときの事実として判定できるものでなければならない（平野・後掲❽七三頁参照）。

③第三説は、弾丸がXの当初予定していた客体であるAに当たってこれを負傷させた以上、殺意がAにつき完全に燃焼し切っていて残るかけらはなく、そこに錯誤の存在する余地はないとして、具体的符合説と同一の結論（Aに対する殺人未遂、Bに対する過失致死）に達する（下村康正『刑法総論の現代的諸問題』一二九頁）。しかし、XはAに対する殺人既遂の故意を抱いていたのであって、未遂の段階では燃焼は不完全であり、もし、殺意の実行という点に故意の燃焼を求めるのであれば、殺人未遂の概念が無傷・負傷を問わないものである以上、Aが無傷の場合〔設例一〕にも殺人未遂を認めるべきであろう。

第四に、設例一において、Bのほか同じくAの傍らにいたCも死亡してしまった場合についても〔設例五〕、一故意犯説の内部で見解が分かれている。①第一説は、B・Cどちらに対する殺人既遂かを特定しないという立場であるが、殺人罪において客体を特定することは、訴因を特定するうえでも有罪判決の理由である罪となるべき事実を書くうえでも不可欠であって、この見解は実務における実際上の処理に窮する。そこで、②第二説は、B・Cのうち早く死んだ方に故意犯を認めるのであるが、どちらが先に死んだか分からない場合に問題が生じてこよう。

2　法定的符合説の問題点

(1)　故意の事実的基礎　　法定的符合説の最大の問題点は、故意を「転用」する理論的根拠が必ずしも明確ではなく、そこに政策的故意が認められているのではないかということにある。故意は、本来、行為者の心理的事実を基礎としており、XのAに対する殺人の故意はBに対する殺人の故意に転化しえないのではないかという疑問である。法定的符合説は、故意のもつ評価的（規範的）側面を過大視する一方で、その事実的側面を軽視しているきらいがある。しかし、その余の法概念と同様、故意にも事実的側面と評価的側面とがある。構成要件的故意についていえば、（主観的）構成要件該当性判断以前に、まずその実体が「行為意思」として存在していなければならない。客観面における実行行為が「行為」という事実的基礎をもつのと同様、主観面における故意も「行為意思」という事実的基礎をもたなければならないのである。

ところで、行為意思は、行為者の内心に何物にも媒介されることなく突如として確定的に生じてくるわけではなく、その存否・程度は客観的な行為客体によって規制されるから、行為意思の内容はきわめて具体的・個性的なものとなる。それは、単に「人を殺す」意思でないばかりか、抽象的に「人ひとりを殺す」意思でもなく、社会的実在として意味をもつのは、ほかならぬ「その人を殺す意思」なのである。行為意思が構成要件に該当するとの判断を経た後の構成要件的故意の概念も、行為意思のもつこのような特性から無縁ではありえない。故意は、たしかに評価的側面ももつが、それも評価の対象による事実的制約を免れず、故意の個数と呼ばれるものも、行為意思の内容によって決定されざるをえないのである。殺人の故意が一個であるというのも、「その人を殺す」意思があるから一個といえるのであって、およそ「人ひとりを殺す」意思があるからではない。狙った客体との関連で意味をもつ故意を、結果の発生した客体に振り向けることには無理がある。故意の一人歩きは認めるべきでないであろう。

もとより、故意のもつ事実的側面が重要であるとしても、構成要件的評価以前の前法的・自然的事実が直ちに重要性を獲得するわけではない（山口・探求一二三頁）。〔設例一〕において、故意の事実的基礎が重要な意味をもつのは、「Aの殺害を遂げなかった」という構成要件該当事実と、「Bの殺害」という構成要件該当事実とが別個に存在しており、この「二つの客体（被害法益）」の相違が構成要件的評価のうえで重要であるからである（山口・探求一一九頁）。故意の内容として「何を認識していなければならないか」という問題は、客観的な構成要件的評価との関連で決まってくるのである。したがって、殺人罪において「行為者は誰を殺そうとしていたか」、「被害者は誰か」ということ自体はそれぞれ構成要件上重要な事実ではないとしても、「発生した結果について行為者に故意責任を問いうるか」という点に関しては、「XがA・Bいずれを殺そうとしていたか」、「A・Bいずれの客体に結果が発生したか」は、刑法上重要な意味をもつのである。

(2) 故意の個数　右にみたように、法定的符合説には故意の個数を問題としない数故意犯説とこれを問題とする一故意犯説とがあるが、ここでは、結論的に一故意犯説を支持しうるとして、法定的符合説がそもそも理論上故意の個数を問題としうる見解かどうかを考えてみることにしよう。

例えば〔設例一〕において、法定的符合説がBに対する故意犯の成立を認める論拠として、次のような説明がなされている。すなわち、同じ構成要件（殺人）の範囲内で具体的な事実について錯誤があっても、同じ構成要件的評価を受ける事実（Aの殺害）を表象していたのであるから、行為者が発生した事実（Bの殺害）についての規範の問題（人を殺してよいか）を与えられていた点に変わりはなく、したがって発生した事実について故意の成立は阻却されないとし（団藤・二九八頁）、あるいは、規範的責任論からすれば、故意責任の中核は違法性の意識にあるのであって、（事実的）故意は、違法性の意識の発生源であるが故に（故意の提訴機能）、行為者が自己の行為によってAを死に致すことを予見していたとすれば、彼はその行為が違法であることを意識できる状態におかれたわけで、そこに故意責任を問う理由があるとする（中野・後掲❺二〇六頁）。ここでは、故意の評価的（規範的）側面が強調され、いずれの論者も違法性の意識についていわゆる故意説に立っていることが特徴的である（前田・基礎二七一頁参照）。

ところで、故意の個数というのは故意責任の「量」の問題であるが、右に述べた法定的符合説の論拠は故意責任の「質」を問うものであり、そのことからも、法定的符合説にとっては客体の数、したがって故意の個数は重要でなく、故意責任を認めるためには「人を殺す意思」で十分であることが明らかとなる。また、仮に故意の内容としてこれを「一人を殺すこと」の認識と考えた場合にも、法定的符合説の立場で故意を評価の問題と考える以上、行為者の行為が一個の故意構成要件にのみ該当するわけではない。法定的符合説が「その人を殺すこと」という客体の個性を捨象してしまった以上、事実の構成要件へのあてはめの段階では、故意犯の成否を個々の構成要件事実ごとに個別に判断すべきなのである。例えば併発事実に関する〔設例二〕の場合において、AもBもそれぞれ一人の人である以上、Aの殺害もBの殺害も一人の人を殺す意思で一人の人を殺した行為であって、二個の殺人（故意犯）を認めるべきである。法定的符合説の立場で、故意の個数を問題にすることは理論上不可能であると思われる。

三　具体的符合説とその問題点

1　客体の錯誤と方法の錯誤の区別

具体的符合説は、一(2)でみたように、客体の錯誤の場合と方法の錯誤の場合とで異なった取扱いをするのであるが、これに対しては、法定的符合説の側から、この二つの錯誤の区別は必ずしも明確ではなく錯誤論の実際の適用に当たって困難をきたす、という批判が提起されている。例えば、XがAを脅迫しようとしてA宅へ電話をかけたところ電話回線の故障で誤ってB宅の電話に接続してしまい、BをAだと思って脅迫した場合、客体の錯誤であるか方法の錯誤であるか明確でないというのである。しかし、この場合、電話をかけること自体は脅迫行為ではなく、電話口に出たBをAと誤信して脅迫したのであるから、客体の錯誤であって方法の錯誤ではない。

問題となるのは、例えばXがAを殺害しようとして、Aの車にエンジンをかければ爆発するような装置を仕掛けておいたところ、Aの妻Bがその車を運転しようとして爆発しBが死亡したという場合のように、行為時に行為者が攻撃客体を現認していない場合である。この場合、行為の開始時にXが認識していた客体（A）と実際に結果の発生した客体（B）とが食い違っているのであるから方法の錯誤のようにもみえるが、行為が客体に作用する時点を基準として考えると、車のエンジンをかけるのがAだと考えていたらBであった、ということで客体の錯誤とみることができよう（同旨、中山・概説Ⅰ一七七頁）。

2　客体が「人」以外の場合と方法の錯誤

(1)　客体が「物」の場合　具体的符合説を採った場合の第二の問題点は、行為者が意図した行為の未遂処罰規定がなく、また発生した結果の過失処罰規定がない場合に処罰の欠缺が生ずる、ということである。例えば、Xが甲物を損壊しようとして誤って乙物を損壊したような場合、具体的符合説によると、甲物に対しては器物損壊の未遂、乙物に対しては過失器物損壊となるが、刑法は器物損壊について未遂処罰も過失処罰も認めていないから、器物損壊の意思をもって現実に他人の器物を損壊しているにもかかわらず無罪とせざるをえないが、この点が不合理とされるのである（西原・二二四頁）。

この場合、器物損壊未遂も過失器物損壊も不可罰とするのが法の趣旨であるから、むしろ無罪とすべきであるとの反論も考えられないわけではないが、例えば甲物も乙物も同一人であるAが占有していたような場合に不可罰とするのはやはり妥当でないであろう。ところで、方法の錯誤について客体が「人」の場合に、具体的符合説が故意の阻却を認め、また故意の個数を問題としたのは、客体の個性に着目したからであった。とすれば、客体の個性があまり問題とならない「物」の場合は、故意を認めてもよいという可能性も出てくる。そこで、人の生命・身体のようにその価値が重大で個性が重視されるべき法益の場合には具体的符合説に立った解決により、反対に、器物のように価値がそれほど重大でなく個性もあまり問題とならない法益の場合には法定的符合説に立った解決を図る、「法益による二分説」が主張されることになる（能勢・後掲❼三二七頁以下）。しかし、客体の相違によって基準を変えることは理論的一貫性という点からみて好ましくないであろう。

「物」の場合、客体の個性がそれほど問題とならないとしても、それは占有者である被害者が同一の範囲内に限られるべきである。このことは、法益の一身専属性を故意阻却のメルクマールにかからせる思想とも一致する。例えば、Bの右脚を狙って発射した弾丸が意外にも左脚に当たった場合に故意の阻却を否定するのは、客体が右脚であるか左脚であるかということが法的にみて重要な意味をもたないからである。その人（B）の身体を狙ってその人

（B）に傷害を負わせた以上、傷害の故意を阻却する余地はない。同様に、先の例において、XがAの所持する甲物を狙って乙物を損壊した場合には、その人（A）の物を狙ってその人（A）の物を損壊したのであるから、器物損壊罪の成立を認めることができる。しかし、Xの狙いがはずれて付近にいたBの物を損壊した場合には、故意の阻却を認めるべきである。この場合、Aの物との関係では未遂であり、Bの物との関係ではせいぜい過失にすぎないからである。この場合にまで故意を認めるのは法定的符合説の論理であって、具体的符合説のそれではない。

(2) 社会的法益の場合　放火罪のような社会的法益に対する罪の場合、「被害者」（法益主体）は個人の集合体としての社会全体（不特定多数の個人）と考えられるから、例えばXがA宅を放火するつもりで火炎びんを投げつけたが誤って隣のB宅に投げ込まれ火災が発生したという場合、現住建造物等放火罪の既遂となる（西田・後掲❻一〇〇頁）。この場合、個人法益に対する罪のように、A宅に対する放火の未遂とB宅に対する失火とみるべきではない。公共の安全に対して共通の関心を抱く社会を単位として考える限り、客体の個性は重視されないので、行為の直接の客体がA宅であったかB宅であったかは本質的な事柄とはいえないからである。

3　具体的符合説と故意の個数

「故意の個数」は具体的符合説においても問題となることがある。例えば、Xが横に並んで立っているA・B二人のうちどちらかに命中させることを意図して、これに向け発砲する、といういわゆる択一的故意の場合がその典型である。この場合、XはA・Bいずれか一人を殺す意思しかなかったにもかかわらず、命中しなかった客体との関係でも殺人（未遂）を認めざるをえず、結局、殺人既遂と殺人未遂の二罪を認めることになるのではないか、という疑問である（山口・探求一二六―七頁参照）。

この場合に、「一人しか殺すつもりがない」ということから、故意犯の成立を一個に限定しようとすると、法定的符合説の一故意犯説が陥ったと同じ困難な問題に直面することになる。結論的には、択一的故意の場合も二個の故意犯の成立を認めるべきであるが、問題となるのは、この場合、故意も二個か、それとも故意は一個か、ということである。たしかに、行為者は「一人しか殺す意思がなかった」という点を重視すれば、故意は一個のように見えるが、択一的故意の場合、行為者は弾丸がいずれの客体に命中することをも容認しているのであって、むしろ故意は二個と解すべきであろう。ここで、「一人しか殺すつもりがない」というのは、いわば犯罪の動機・目的であって、Xは、択一的にせよ、Aに対する関係でもBに対する関係でも殺意（故意）を有しているのである。同様に、群集に向けて銃を発射するという概括的故意の事例において、銃弾が一人を殺傷する能力しかなく、行為者もそのことを認識していたとしても、故意は数個であって、死亡した客体との関係で殺人が成立するほか、弾丸が命中する可能性のあった客体との関係で複数の故意犯（未遂）が成立するのである。

四　共犯と方法の錯誤

(1)　ローゼ・ロザール事件　「共犯と錯誤」に関するドイツの判例に現れた有名な事件に、ローゼ・ロザール事件というのがある。それは、XがYにAの殺害を教唆したところ、YがAだと思って殺害した相手は、実はAによく似たBであった、というものである。この事件において、Yの立場からみると、その錯誤は客体の錯誤であるから、具体的符合説によってもYには殺人の既遂が成立する。問題は、教唆者であるXの罪責である。

㈠法定的符合説は、具体的事実の錯誤の場合、客体の錯誤と方法の錯誤とによって扱いを異にしないから、Xからみて錯誤がそのいずれであろうと、Bに対する殺人既遂の教唆犯が成立する。これに対し、㈡具体的符合説によった場合、Xの錯誤が客体の錯誤か方法の錯誤かが問題となる。この場合、①正犯者Yにとって客体の錯誤である以上、教唆者Xにとってもそれは客体の錯誤であるとする立場からすれば、Xには殺人教唆の既遂が成立することになる。しかし、②自らは直接攻撃を加えていないXにとっては方法の錯誤とみるべきであって、Xの罪責は教唆の未遂として不可罰であり(共犯従属性説)、ただ過失があれば過失致死罪の成立を認めるにとどめるべきであろう。なお、Xの罪責を未遂の教唆とみる見解もあるが、Xは未遂に終わらせる意思で教唆したわけではないから、この見解は採りえない。

(2) ローゼ・ロザール事件の修正事例　それでは、(1)において、Bを殺害した後、間違いに気づいたYがAを捜し出してこれを殺害した場合、Xの罪責はどうなるであろうか。まず、(一)具体的符合説によった場合は、Yの第一の行為に対する関係では、右にみたように教唆の未遂であり、第二の行為に対する関係で殺人教唆が成立して特に問題はないが、問題は(二)法定的符合説によった場合である。

①第一に、数故意犯説では、二個の殺人教唆が成立することになる。しかし、教唆の故意は、特定の犯罪を実行する決意を生じさせるものであって、Aの殺人だけを教唆したXに二個の殺人教唆を認めてよいかは疑問である。②第二に、一故意犯説に従った場合は、YがBを殺害した第一の行為について殺人教唆の成立が認められる以上、YのA殺害という第二の行為は過剰なことであって、Xは故意責任に問われないことになる(過失があれば過失致死罪)。しかし、XはあくまでもAの殺害を教唆しているのであって、はたしてYによるAの殺害の点について殺人教唆の責任を問わなくてもよいのかという疑問が残る。

【参考文献】

❶内田文昭「法定的符合説」同『犯罪構成要件該当性の理論』(一九九二・信山社) 所収
❷斎藤信治「事実の錯誤」『刑法理論の現代的展開　総論II』
❸斎藤誠二「錯誤論の周辺をめぐって」警察研究六〇巻八・一〇・一一号 (一九八九)
❹中　義勝「ローゼ・ロザール事件──被教唆者の客体の錯誤は教唆者にとっても客体の錯誤か──」同『刑法上の諸問題』(一九九一・関西大学出版会) 所収
❺中野次雄「方法の錯誤といわゆる故意の個数」団藤重光博士古稀祝賀論文集第二巻 (一九八四・有斐閣)
❻西田典之「共犯の錯誤について」団藤重光博士古稀祝賀論文集第三巻 (一九八四・有斐閣)
❼能勢弘之「事実の錯誤」現代刑法講座第二巻
❽平野龍一「具体的法定符合説について」同『犯罪論の諸問題(上)総論』刑事法研究第2巻I (一九八一・有斐閣) 所収
❾福田　平「方法の錯誤に関する覚書」井上正治博士還暦祝賀『刑事法学の諸相(上)』(一九八一・有斐閣)

16 抽象的事実の錯誤

一　学説

構成要件的錯誤のうち、別個の構成要件に属する事実の間に誤認のある場合が「抽象的事実の錯誤」（異なった構成要件間の錯誤）である。刑法三八条二項は、行為者が軽い罪を犯す意思で重い罪を犯した場合に、重い罪で処罰できないことを定めているが、それは重い罪が成立してただ軽い罪の刑の限度で処罰するという趣旨か、それとも初めから軽い罪のみが成立する趣旨なのか問題であり、また、重い罪を犯す意思で軽い罪を実現した場合や、認識した犯罪事実と実現した犯罪事実の法定刑が同一の場合について、刑法は語るところがない。そこで、これらの点をめぐって法定的符合説（および具体的符合説）と抽象的符合説とが対立することになる。

1　法定的符合説

法定的符合説は、行為者の認識した事実と現に発生した事実とが法定的に罪質を同じくする限り故意を阻却しないが、罪質を異にするときは故意を阻却する、という学説である。したがって、抽象的事実の錯誤の場合、それが罪質の異なる構成要件間の錯誤の場合は故意を阻却するが、構成要件は異なっていても罪質を同じくする場合には故意が認められることになる。もっとも、その場合、どの範囲で法定的符合を認めるかについては、法定的符合説内部でさらに見解が分かれている。現在、構成要件的符合説、罪質符合説、および不法・責任符合説の三つが主張されている。

(1)　構成要件的符合説　この見解は、故意を構成要件該当事実の認識と解する立場から、構成要件の故意規制機能（故意があるというために認識の対象として必要とする客観的事実を示す機能）、その意味で故意の構成要件関連性を認め、抽象的事実の錯誤については原則として故意の符合を否定するが、構成要件が重なり合う限度では故意犯の成立を認める。まず、①構成要件の重なり合いを厳格に捉える「形式説」は、例えば窃盗と強盗、傷害と殺人のように、異なる構成要件が基本類型と加重減軽類型の関係にあるとみられるため、刑罰法規が法条競合の関係に立つ場合にのみ構成要件の符合を認め、それ以外の場合は、例えば公文書の有形偽造と無形偽造のように罪質を同じくするときにも構成要件的符合を認めない。また、麻薬（コカイン）所持の意思で覚せい剤所持を実現したときは、前者の罪の未遂と後者の罪の過失（不可罰）を認める（松宮・一八二頁）。しかし、形式説を徹底すると、例えば同じく暴行・脅迫を手段とする奪取罪でありながら、被害者の意思に基づく恐喝と被害者の意思に基づかない強盗、また、共に暴行・脅迫など特定の手段が要求されない単純な領得罪（取得罪）でありながら、被害者の占有を侵害する窃盗と占有侵害を伴わない遺失物横領との間にも符合が認められないことになり、故意の認められる範囲が狭くなりすぎるという問題がある。

これに対し、②構成要件の定立を立法技術上の問題と捉え、かつ単なる故意論を超えて積極的に事実の錯誤論の必要性を強調する「実質説」は、構成要件が実質的に重なり合う範囲で符合を認め、その際、構成要件の実質的な重なり合いを認める基準として、罪質の同一性を考慮する。そして、構成要件が異質な法益侵害行為を類型化したものであることから、実質説は、その際の具体的基準として保護法益と法益侵害行為(および客体)の共通性を考慮し、例えば恐喝と強盗、窃盗と遺失物横領、公文書の有形偽造と無形偽造との間にも構成要件の符合を認めるのである(内藤・(下)I九八一頁以下)。最近の判例は、この実質説に立っているものと思われる(後出四)。本来形式的性格を有する構成要件概念をここまで実質化することが、はたして「構成要件的符合」の名に値するかどうかについては疑問の余地がないわけではないが、結論的には具体的な妥当性を示しているといえよう。

(2) 罪質符合説　この説は、構成要件の枠を超えて行為者の認識した事実と現に発生した事実とが罪質を同じくする限り故意を阻却しないが、罪質を異にするときは故意を阻却する、と考える。ここでは、故意が構成要件ごとに厳格に類型化されることなく、緩く罪質同一という限度で類型化されていればよい、と解されている。罪質符合説の論者は、例えば(単純)遺棄と死体遺棄との間にも「人を捨てる」という意味で符合を認めるが(西原・二二七頁)、両者は構成要件はもとより法益も異なっているのであって、行為の外形的な類似性のみを基にして罪質の符合を認めることは適当でないであろう。罪質符合説に対しては、法益の同質性も要求しないことから、罪質の概念が不明確であるという批判がなされている(内藤・(下)I九七九頁)。この説に立脚する場合にも、その前提としてやはり構成要件的観点を無視することはできないであろう。

(3) 不法・責任符合説　この説は、ヘロインを覚せい剤と誤認して輸入した、という後掲最決昭和五四・三・二七(判例①、後出二〇九頁)の事案について、ヘロインと覚せい剤とは物質が異なるにもかかわらず、構成要件的符合説がヘロイン輸入罪と覚せい剤輸入罪の構成要件の符合を認めるのは構成要件概念の自殺行為である、としてこれを批判する。そして、わが国の刑法はドイツ刑法とは異なり、故意の内容として構成要件該当事実の認識を要求していないとして、構成要件のもつ故意規制機能を否定し、構成要件該当事実の認識がなくても、行為を犯罪たらしめている事実、すなわち不法・責任事実の認識があれば故意が認められるという前提に立って、抽象的事実の錯誤の場合、各構成要件の不法・責任内容において符合が認められる範囲で故意犯の成立を肯定しようとする（町野・後掲❺警察研究五四巻五号三頁以下）。もっとも、不法・責任符合説は、故意概念に修正を加えることによって、構成要件的符合説、殊に判例の採る実質説と同様の結論に達している。この説に対しては、認識の内容が任意に設定可能な不明確なものにならないためには、構成要件該当事実の認識があって初めて不法・責任の認識が可能となる、という指摘がなされている（内藤・(下)I九八〇頁）。構成要件概念のもつ主な役割は、罪刑法定主義的機能であり、そのことは構成要件を厳格に捉える不法・責任符合説が特に強調するところであるが、この構成要件の果たすべき罪刑法定主義機能と表裏の関係にあるのが、責任論における故意規制機能（故意の構成要件的関連性）である。したがって、不法・責任符合説のように、構成要件該当事実の認識が故意の内容でないということになると、構成要件論における罪刑法定主義的機能が主観的な責任の面から掘り崩されてしまうおそれがある（山口・探求一四七頁参照）。

2　抽象的符合説

この説は、行為者が認識した事実と現に発生した事実とが罪質を同じくしない場合であっても必ずしも故意を阻却しない、とする学説である。抽象的符合説は、犯罪類型相互の間に質的な相違を認めず、構成要件的な重なり合いを超えて故意を抽象化する。もっとも、故意を抽象化する方法については、抽象的符合説内部で見解が分かれている。ここでは、次の二つの見解についてみてみることにしよう。

(1)　第一説（牧野説）　この見解は、故意一般、行為一般を抽象化して結び付け、認識事実と発生事実のうち、軽い方に故意を認める。まず、(一)軽い甲罪の故意をもって重い乙罪の事実を実現した場合には（第一類型）、軽い甲罪の既遂と重い乙罪の過失との観念的競合を認め、反対に、(二)重い乙罪の故意をもって軽い甲罪の事実を実現した場合には(第二類型)、重い乙罪の未遂と軽い甲罪の既遂とを合一し、いずれか重い方の刑でもって処断すべきものとする(牧野英一『刑法総論・下巻』(一九五九)五七三頁以下)。牧野説の特色は、抽象的事実の錯誤における刑の不均衡を是正するという見地から(後出二1⑴)、第一類型については、認識事実につき結果が発生しなくても既遂の成立を認め、第二類型については、発生事実につき認識がなくても故意犯の成立を認める点にある。しかし、結果が発生していなくても既遂犯として処罰するのは罪刑法定主義の原則と抵触するし(第一類型)、認識がない事実について故意犯の成立を認めるのは責任主義の原則に反する(第二類型)。発生事実につき故意犯の成立を認めるためには、少なくとも認識事実と発生事実との間に罪質の同一性が存在することが必要である。

⑵　第二説(合一的評価説)　この見解は、錯誤論の使命を刑の不均衡の是正に求める見地から、結果の抽象化を排除して故意の抽象化を推し進める一方、観念的競合を排除して合一的評価を取り入れ、一個の重い罪だけで処罰することとし、事案に適切な処断刑を算出して解釈上刑の不均衡を解決しようとする。例えば、器物損壊の意思で人を死亡させた場合には、器物損壊罪の既遂と殺人罪とを想定し、両者を合一して重い殺人罪の成立を認め、ただ三八条二項により器物損壊罪の法定刑の範囲内で処断するのである(植松・刑法概論Ⅰ総論二八〇頁以下、日高・後掲❹三六頁以下)。しかし、構成要件の故意規制機能を認め、かつ構成要件的故意の存在を肯定する立場からは、器物損壊の意思しかない者に殺人罪の成立を認めることは責任主義に反するといわざるをえない。「物」の認識しかない者に対しては、「人を殺すな」という規範は作用しえないのである。

なお、抽象的符合説の中にあって、いわゆる厳格故意説の立場から(本書17参照)、行為者はともかく違法な事実を認識し、自己の行為が許されないことを意識しているにもかかわらず違法な行為に出ているのであるから、その違法な行為をしないことの期待、したがってこれをしたことに対する責任非難はその類型においてまさしく故意責任のそれでなければならない、との主張もなされている（中野・刑法総論概要一二〇―一頁）。しかし、ここでは量的な差のみが問われる違法性の意識の問題に先立って、質的、類型的に異なる犯罪事実の認識（事実的故意）が問題とされていることに注意する必要があろう。

二　罪質を異にする場合――事例の検討・その一

意図した犯罪と発生した犯罪とが罪質を異にする場合は、前者の未遂犯と後者の過失犯の観念的競合となる。以下、軽い甲罪の故意をもって重い乙罪の事実を実現した場合を第一類型、反対に、重い乙罪の故意をもって軽い甲罪の事実を実現した場合を第二類型として、各種の事例を検討してみることにしよう。

1　器物損壊罪と殺人罪

(1)　第一類型　まず、(i)例えば、XがAの飼い犬を狙って発砲したが、犬を連れていたA自身に命中しAが死亡してしまった、という方法の錯誤の場合、器物損壊の未遂は不可罰であるから、結局Xには（重）過失致死罪のみが成立する。この場合、抽象的符合説の論者は、器物損壊の故意で器物損壊の事実を実現した場合にさえその刑は懲役三年に値するのに（二六一条）、それより重い人命を落とした場合にわずかに過失致死罪（二一〇条）として五〇万円以下の罰金に処せられるにすぎないのは均衡を失する、と批判する。しかし、方法の錯誤について具体的符合説を採るときは、仮に（占有者を異にする）別の器物（Bの犬）を損壊しても過失器物損壊罪として不可罰となるのであるから（本書15三2(1)参照）、別段刑の不均衡という問題は生じない。たしかに、別の器物が同一の占有に属するときは器物損壊罪が成立することになるが（例えばAが抱いていた猫を殺害してしまった場合）、Aが死亡したという右のケースでは、Xはいやしくも器物損壊の犯罪意思を有しているのであるから、Aの死との関係では通常重過失致死罪(二一一条後段により最高懲役五年)が成立すると考えられ、やはり刑の不均衡は生じない。

次に、(ii)例えば、Xが夜間Aの彫像を狙って発砲したが、XがAの彫像だと思ったのは実はAその人であった、という客体の錯誤の場合、器物損壊は不能未遂(不可罰)であり、結局この場合もXには(重)過失致死罪のみが成立する。この場合、まずXの認識した事実についてみると、客体(Aの彫像)が客観的には存在しなかったのであるから、不能犯論において客観的危険説を採る限り(本書21)、器物損壊に関してXの行為は当然に不可罰である(なお、具体的危険説ないし抽象的危険説を採って未遂の可能性を認めるとしても、器物損壊の未遂は不可罰なのであるから結論は同じである)。これに対し、牧野説は、器物損壊罪の成立を認めるが、器物損壊罪の構成要件該当性判断に際し、発生した重い犯罪結果(Aの死)を考慮すべきではないし、また、合一的評価説は殺人罪の成立を認めるが、Aの死を法的に評価するに当たって、当初Xの有していた犯罪意思(器物損壊の故意)を考慮すべきではないのである。

(2) 第二類型　まず、(i)例えばXがAを狙って銃を発射したら、意外にもAが連れていた犬に命中した、という方法の錯誤の場合、過失器物損壊は不可罰なので、結局Xには殺人未遂罪が成立する。この場合、抽象的符合説は、器物損壊罪の成立も認めるが、それは故意の擬制を認めるものであって不当であり、また器物損壊の認定に際し重い犯罪意思(A殺害の故意)を考慮すべきではないのである。

次に、(ii)XがAであると思い殺意をもって発砲したら実はAの彫像であった、という客体の錯誤の場合、殺人の点は不能未遂として不可罰であり、また器物損壊の点は過失によるものでやはり不可罰であって(Aの着衣の損壊の認識は別である)、結局Xは無罪となる。けだし、Xの認識事実との関係でいえば、不能犯論における客観的危険説による限り、客体(A)が存在しない以上殺人未遂の成立する余地はなく(ただし具体的危険説ないし抽象的危険説では殺人未遂の可能性がある）、また、発生事実（彫像の損壊）との関係でいえば、殺人の故意は器物損壊の結果に及んでいないから器物損壊罪も成立しないのである。これに対し、抽象的符合説はこの場合にも器物損壊罪の成立を認めるが、それはやはり故意を擬制するものであって、責任主義の原則に反することになろう。

2　死体遺棄罪と保護責任者遺棄罪

(1)　第一類型　Xは子供Aが死亡していると誤認し死体遺棄（一九〇条）の故意で遺棄したところ、Aはまだ生きており保護責任者遺棄（二一八条）の結果が発生したという場合、死体遺棄の点は不能未遂であり、また保護責任者遺棄の点も過失によるものであるから、過失犯処罰規定がない以上、結局Xは不可罰となる。この場合、まず死体遺棄については、客観的危険説による限り、客体（死体）が存在しないのであるから当然不可罰である。この結論に対し、抽象的符合説の論者は、死体遺棄の意思で保護責任者遺棄罪より軽い死体遺棄罪の事実を実現したときに処罰されるのと対比して不合理であると主張するが（植松・前掲二八七頁）、死体遺棄の未遂も過失保護責任者遺棄も処罰しないことに合理性が認められる以上、必ずしも不合理な結論とはいえないであろう。抽象的符合説は死体遺棄罪の成立を肯定するが、死体と生体との間に客体としての共通性を認めるべきではないし、また死体遺棄の故意は保護責任者遺棄の結果に及んでいないから、保護責任者遺棄罪の成立を認めることもできないのである。

(2)　第二類型　反対に、保護責任者遺棄の故意で死体遺棄の結果を発生させた場合も、保護責任者遺棄罪は不能未遂として不可罰であり、死体遺棄の点も過失によるものとしてやはり不可罰である。前者につき、不能犯論において具体的危険説ないし抽象的危険説を採っても、保護責任者遺棄罪は未遂を処罰しないからやはり不可罰である。また、保護責任者遺棄の故意は死体遺棄の結果に及んでいないから、死体遺棄罪も成立しないのである。もとより、XにAが死んでいるかもしれないという未必の認識があれば、話は別である。

三 罪質を同じくする場合――事例の検討・その二

認識事実と発生事実とが罪質を同じくする場合には、原則として構成要件の重なり合う範囲で故意犯の成立が認められる。

1 遺失物横領罪と窃盗罪

(1) 第一類型 遺失物横領の故意で窃盗の結果を生じさせた場合は、軽い遺失物横領罪が成立する。遺失物横領罪は、他人の占有侵害を伴わないで他人の所有権を侵害するという意味で財産犯の基本類型であり、遺失物横領の故意がその限度で窃盗の結果（所有権侵害）に及んでいるとみることができるのである。

(2) 第二類型 反対に、窃盗の故意で遺失物横領の結果を生じさせた場合にも軽い遺失物横領罪が成立する。この場合、遺失物横領の限度において窃盗（所有権侵害）の故意が実現されていると解されるからである。

2 承諾殺人罪と殺人罪

(1) 第一類型 例えば、XはAが承諾していると考えこれを殺害したところ、現実には承諾がなかったというように、承諾殺人の意思で殺人の結果を生じさせた場合は、軽い二〇二条後段の承諾殺人罪が成立する。両罪の保護法益は共通しており、故意による生命の侵害という点で構成要件が重なり合っていることから、罪質の同一性が肯定されるのである。そして、XにはAの承諾があると考えている分、故意（責任）の減少が認められるのである。

(2) 第二類型 反対に、XはAが承諾を与えていることを知らずにこれを殺害したというように、殺人の意思で承諾殺人の結果を生じさせた場合には、被害者の承諾の問題についてどのような立場に立つかによって結論が変わってくる。第一に、①被害者の承諾が有効であるためには、承諾が外部に表示されることを必要とする見解（意思表示説）を採れば、行為者に承諾（承諾殺人にあっては違法減軽要素）の認識が要求されるので、Aの承諾を認識していないXには殺人罪が成立することになる。しかし、承諾の法的効果は被害者の自己決定の自由に基礎をおいていると考えられるから（本書11三）、承諾が外部に表示されることは必ずしも必要でないと解すべきである。

したがって、②承諾は被害者の内心の意思として存在すれば足りるとする見解（意思方向説）が妥当であり、行為者が承諾を認識することは必要でないから、少なくともXに殺人既遂が成立することはない。ただ、その内部で見解の対立がみられる。まず、(i)承諾によって法益性が軽くなるから殺人の結果無価値は減少するが、行為時を基点として考えると殺意および殺人行為の一般的危険性という行為無価値は残るから、殺人未遂罪が成立するとする見解がある。しかし、行為時にすでに客観的には承諾が存在し、また承諾があることによって殺人罪としての危険が失われる以上、殺人未遂罪という帰結は、少なくとも違法論における結果無価値論、不能犯論における客観的危険説の立場とは調和しない。そこで、(ii)承諾の認識不要説に立ち、かつ承諾殺人を殺人の違法減軽類型と解する場合には、本件Xの行為は最初から承諾殺人罪の構成要件にしか該当しないことになるのである。

四　判例の動向

最近の判例は、実質的構成要件的符合説の見地から、構成要件の実質的な重なり合いの考え方を採っている。

1　法定刑が異なる場合

(1)　判　例　①最決昭和五四・三・二七（刑集三三巻二号一四〇頁）は、被告人がタイ国で購入した麻薬であるへロイン約九〇グラムを覚せい剤と誤認して日本国内に持ち込んだ際、通関手続として旅券検査を受けるに当たり、麻薬を所持していた事実を秘匿して虚偽の申告をし、もって税関長の許可を受けないで麻薬を輸入したという関税法違反事件に関し、覚せい剤を無許可で輸入する罪と輸入禁制品である麻薬を輸入する罪の構成要件の重なり合う限度で軽い前者の罪が成立する、と判示した。ここでは、覚せい剤の無許可輸入罪も禁制品である麻薬輸入罪も、共に通関手続を履行しない貨物の密輸入という点で共通していると考えられたのである。

②最決昭和六一・六・九（刑集四〇巻四号二六九頁）は、軽い麻薬所持罪の意思で重い覚せい剤所持の事実を実現した事案に関し、覚せい剤を麻薬と誤認して所持していた場合、成立する犯罪は麻薬所持罪であるが、処罰の対象とされているのは覚せい剤を所持した行為であるから、この場合の没収は覚せい剤取締法四一条の六によるべきであるとした。それは、没収が保安処分的性格をもつことから客観的基準によるべきであると解したことによる。

⑵　考　察　このように、最高裁は、軽い甲罪（覚せい剤無許可輸入罪〔①事件〕・麻薬所持罪〔②事件〕）を犯す意思で重い乙罪（麻薬輸入罪〔①事件〕・覚せい剤所持罪〔②事件〕）を実現した場合については、両罪の構成要件が重なり合う限度で軽い甲罪が成立するとしている。したがって、最高裁が、右の場合に重い乙罪の成立を認め、ただ科刑のみを軽い甲罪とする抽象的符合説の考え方を採っていないことは明らかである。なお、②事件において、最高裁は、犯罪として成立していない重い覚せい剤所持罪に関する法律（覚せい剤取締法）によって没収を行っているが、没収が付加刑であることを考慮するなら、少なくとも成立する犯罪である麻薬所持罪に関する麻薬取締法も合わせ適用すべきであろう（内藤・㊦Ⅰ一〇〇二―三頁）。

2　法定刑が同じ場合

⑴　判　例　③前掲最決昭和五四・三・二七は、①の事案において覚せい剤と誤認して麻薬を輸入したという

麻薬取締法違反事件に関し、被告人は覚せい剤輸入罪を犯す意思で麻薬輸入罪に当たる事実を実現したことになるが、この場合、両罪の構成要件は実質的に重なり合っているものとみるのが相当であるから、麻薬を覚せい剤と誤認した錯誤は、麻薬輸入罪の罪についての故意を阻却するものではない、とした。本件は、同一の法定刑を規定した二つの犯罪につき、法益・行為態様の共通性のほか、麻薬と覚せい剤の性質・作用、外観、および取締の目的・方式といった目的物の共通性を考慮して、構成要件の実質的な重なり合いを認めたものである。

(2)　考　察　このように、認識した甲罪と実現した乙罪の法定刑が同一の場合について、最高裁は、客観的に実現された乙罪(麻薬輸入罪)の成立を認めている。しかし、このような扱いは、行為者が認識していなかった麻薬輸入罪の成立を認める点で、抽象的符合説と同様、行為者の認識内容(覚せい剤輸入罪)から離れて故意を抽象化しすぎており、また法定刑に軽重のある1の場合に行為者の認識していた罪(覚せい剤)無許可輸入罪〔①事件〕・麻薬所持罪〔②事件〕)が成立することとの間に矛盾が生ずることになる。したがって、結論としては、行為者の認識内容に対応して甲罪(覚せい剤輸入罪)の成立を認めるべきであろう。

【参考文献】
❶川端　博「抽象的事実の錯誤と可罰的符合説の検討」阿部純二先生古稀祝賀『刑事法学の現代的課題』(二〇〇四・第一法規)
❷佐久間修『刑法における事実の錯誤』(一九八七・成文堂)
❸林　幹人「抽象的事実の錯誤」同『刑法の現代的課題』(一九九一・有斐閣)所収
❹日高義博「抽象的事実の錯誤と適条」同『刑法における錯誤論の新展開』(一九九一・成文堂)所収
❺町野　朔「法定的符合について(上・下)」警察研究五四巻四・五号(一九八三)

17 違法性の意識・違法性の錯誤

一 問題の所在

(1) 意　義　自己の行為が法的に許されないことを意識することが「違法性の意識」であり、犯罪事実の認識に欠けるところはないが、自己の行為が違法であるのに違法でないと誤信することが「違法性の錯誤」(法律の錯誤・禁止の錯誤)である。違法性の錯誤につき、刑法三八条三項本文は「法律を知らなかったとしても、そのことによって罪を犯す意思がなかったとすることはできない」と規定し、同ただし書は「ただし、情状によりその刑を減軽することができる」と規定している。

ところで、違法性の意識ないし違法性の錯誤でいう「違法性」の意義については、見解の対立がある。違法性の意識というのも、行為の違法性を意識することをいうのであるから、基本的には犯罪成立の一要件である「違法性」と同じであるが、違法性の意識の問題としては、当該違法行為を行ったことについて行為者を法的に非難することができるか、という観点から「違法性」の意味内容が明らかにされなければならない。学説は、意識の対象となる「違法性」を、行為が①「前法律的規範に違反すること」と解する立場、②「法律上または法的に許されないこと」

と解する立場（多数説）、③刑法によって処罰されるという「可罰的刑法違反」と解する立場（町野・後掲❼二一四頁以下）、の三つに分かれている。まず、①の見解については、違法性の意識が法的非難可能性という意味での法的責任を基礎づけるために要求されることからすると、その内容では不十分である。次に、②の見解であるが、違法性の意識が行為者に反対動機を形成させるためのものであることからすれば、この見解にも一理あるが、刑法上の責任が違法な行為に対する単なる規範的非難ではなく、行為者を刑罰という手段を用いて刑法的に非難できること（可罰的非難）を意味すると解し、したがって処罰に値する責任があるときに初めて刑法上の責任があるとする見地からは（可罰的責任論）、③の見解が妥当であろう（旧版においては②の見解を採用していたが、今回これを改める）。

(2)　論　点　違法性の意識ないしその錯誤をめぐる問題点は、次の三つに大別される。第一は、犯罪（故意犯）の成立に違法性の意識が必要かどうかという問題であり、ここでは判例の基調とする「違法性の意識不要説」と通説の採る「違法性の意識必要説」が対立する（後出二）。第二は、違法性の意識が必要であるとした場合、違法性を厳格に意識していることが必要か、それともその可能性で足りるかという問題であり、ここでは、故意の要件として違法性の意識そのものを要求する「厳格故意説」と、違法性の意識の可能性で足りるとする「可能性説」とが対立している（後出三）。第三は、違法性の意識の可能性で足りるとした場合、それが故意の要素か責任の要素かが問題となり、故意の要素と解する「制限故意説」と故意とは別個独立の責任の要素であると解する「責任説」が対立することになる（後出四）。

なお、責任説には、厳格責任説と制限責任説とがあるが、これは正当化事情の錯誤をめぐる対立であるので、本書18参照。

二　違法性の意識の要否

1　違法性の意識不要説とその問題点

判例が支持するとされてきた違法性の意識不要説の基調は、犯罪事実の認識があれば、行為者にそのような違法行為を避けることを期待できるから、そこに故意が認められ、したがって行為の違法性を意識していることは故意犯の要件ではなく、違法性の錯誤は故意犯の成否に影響しない、というものである。そして、三八条三項の解釈について、まず本文は、法令の不知・誤解により違法性の錯誤が生じた場合にも故意を阻却しない旨を規定したものであり、また、ただし書は、違法性の錯誤の結果、違法性の意識を欠如したことについて宥恕すべき事由がある場合（違法性の意識の可能性もない場合）には刑を減軽しうる旨を規定したものである、と解している。

しかし、違法性を意識しなかったことについて相当の理由がある場合、すなわち違法性の意識の可能性がない場合にも、故意犯の成立を認めることは責任主義に反するであろう。ちなみに、改正刑法草案二一条は、第一項に現行刑法三八条三項と同趣旨の規定をおいたほか、第二項において「自己の行為が法律上許されないものであることを知らないで犯した者は、そのことについて相当の理由があるときは、これを罰しない」と規定して、違法性を意識しなかったことについて相当の理由があれば故意犯は成立しない、とする「相当理由説」に立つことを明らかにしている。

2　近時の判例の動向

違法性の錯誤について、近年の最高裁判例には新たな動きがみられる。

(1)　羽田空港ビルデモ事件　最判昭和五三・六・二九（刑集三二巻四号九六七頁）は、原判決が本件被告人に違法性の意識が欠けていたことを前提としつつ、それが相当の理由に基づく違法性の錯誤であることを根拠に無罪を言い渡したのに対し、判例違反の点に触れることなく、被告人には違法性の意識があったのではないか、として事実誤認を理由にこれを破棄した。従来、判例が採ってきた違法性の意識不要説の立場からすれば、被告人に犯罪事実の認識が認められる以上ただちに有罪を認定しえたはずであり、それにもかかわらず違法性の意識の有無を問題にしたということは、将来、違法性の意識が認められない事案について、判例変更の可能性を留保したものとみることができる。

(2)　百円紙幣模造事件　Xが百円紙幣に紛らわしい外観を有する飲食店のサービス券を作成する際、事前に警察官から紙幣と紛らわしいものとならないような具体的な助言を受けたにもかかわらず、この助言を重大視せず、楽観して紙幣に紛らわしいサービス券を作成したが（第一の行為）、作成した券を警察署に持参したところ、格別の注意も受けず、かえって警察官が同僚らにこの券を配ってくれたためますます安心し、さらにほぼ同様のサービス券を作成した（第二の行為）という事案について、最決昭和六二・七・一六（刑集四一巻五号二三七頁）は、原判決が本件被告人Xが違法性の意識を欠いたことに相当の理由がないと判断して有罪を言い渡したのに対し、職権により「相当の理由」の有無について詳細に判断して原判決を維持した。本件においてもXには事実の認識が認められるから、従来の判例の立場からすれば原判決の有罪の結論だけを是認すれば足りたのに、そのようにしなかったということは、将来、違法性の錯誤に関し相当の理由が認められる事案（違法性の意識不要説と相当理由説とで結論が異なる場合）について、判例変更の可能性を留保したものといえる。

3 実質的故意概念を採る立場

学説はこれまでほぼ一致して、判例の採る違法性の意識不要説の立場を責任主義に反するとして批判してきた。ところが、近年に至り、事実的故意概念を実質化することにより、違法性の意識を独立の要件として掲げることに疑問を示す見解が主張されるようになった（前田・三〇一頁以下、同・基礎二四三頁以下）。すなわち、通説は事実的故意を形式的に構成要件該当事実の認識として捉えたうえ、これとは別に違法性の意識ないしその可能性を要求するが、この新しい見解は、事実的故意を実質的にみて「一般人ならば通常、違法性の意識を持ちうるだけの認識」と把握したうえで、故意犯の成立にはこのような意味での事実の認識があれば足り、あえてそれ以外に違法性の意識ないしその可能性を必要としない、と説くのである。そして、このような立場から、違法性の錯誤（法律の錯誤）に関して判例が採用してきた「法律の錯誤は故意の成否や責任の阻却に影響しない」という処理方式は原則として妥当である、とする。

たしかに、行為者が「その事実を認識すれば行為の違法性を意識しうる」ような事実を認識している場合には、自己の行為について違法性の意識をも備えているのが通常であろう。しかし、論者自身認めるように、例えば事実は完全に認識しているが、法律家の助言により「許される」と誤信し、しかも誤信したことが無理からぬ場合のように、違法性の意識の可能性がなかったとみるべきケースがあることも否定できない（前記百円紙幣模造事件におけるXの少なくとも第二の行為については、違法性の意識の可能性を否定する余地がある）。論者はこのようなケースを期待可能性論に解消しようとするもののようであるが（前田・基礎二四五頁以下）、固有の意味での期待可能性の思想は、違法性の意識の可能性が認められる場合についてもなお特殊な事情の存在のために行為者の責任を否定する場合があることを認める理論であって、違法性の意識の可能性がない場合を期待可能性論に包摂して考えるのは妥当でないであろう。

三　厳格な違法性の意識が必要か

1　厳格故意説とその問題点

厳格故意説の基本的な考え方は、行為者に違法性の現実の意識があることによって初めて、そのような行為に出ないことの反対動機を形成することが可能となるのであるから、それにもかかわらず違法行為を行った場合に重い故意責任が生ずる、と解するものである。したがって、行為者に単に違法性の意識の可能性があるにすぎない場合は、過失責任しか認められない、とするのである。

次に、違法性の錯誤につき、厳格故意説は違法性の意識がない以上故意の阻却を認めるが、その後の取り扱いについては、その内部でさらに見解が分かれている。第一説は、違法性を意識しなかったことについて行為者に過失（違法性の過失）がある場合に過失犯の成立を認める（過失説）。そして、三八条三項の解釈について、本文は、故意の成立に個々の法規を認識する必要がない趣旨の規定であるとし、ただし書は、違法性の意識があっても、刑罰法規を知らないために違法性の程度について認識が困難な場合の規定である、と解している。しかし、違法性の過失を事実の認識がない本来の過失と同等に扱うことは概念上の混乱をもたらすだけではなく、この説によると、違法性の過失があっても過失犯処罰規定がない場合には不可罰ということになるが、それは政策的欠陥ではないか、という指摘も可能であろう。また、三八条三項本文の解釈については余りにも当然すぎる、という疑問もある。

これに対し、第二説は、違法性の過失を故意に準じて取り扱おうとするものであって（準故意説）、三八条三項本文は、違法性の不知についての過失責任を明らかにする規定で、三八条一項ただし書にいう「法律に特別の規定がある場合」に当たり、なお「情状によりその刑を減軽することができる」としたものである、と解している。しかし、準故意説は、違法性に関する過失とはいえ、この立場で本来過失犯であるものが何故故意犯と同様に扱われるのか、その理論的根拠は必ずしも明らかではなく、また、違法性の意識のないものを故意犯として扱うということは、故意に違法性の意識を要求する厳格故意説の本来の主張と相容れないのではないか、という疑問もある（西原・四七六頁）。

厳格故意説に内在する実際上の問題として、次の点も指摘されている。まず、何度も同種の犯罪を繰り返す常習犯人の場合、規範意識が鈍磨しているために、厳格故意説の考え方を徹底すると責任を軽くしなければならなくなってしまう。また、かっとなりやすい気質をもった者が前後の見境もなく殺傷などの犯罪を犯す激情犯人の場合、違法性の意識をもちながらそれを押し切ってあえて行為に出たというような状況が存在しないため、この立場では故意が否定されてしまう（西原・四六六頁）。さらに、それ自体は倫理的に無色な行為であって、法律により定められることによって初めて犯罪とされる法定犯の場合、厳格に違法性の意識を要求すると、多くの場合に法の意図した行政取締目的を達成しえなくなるのではないか、という問題もある。

2 可能性説の考え方

故意犯が成立するために、行為者が違法性を現実に意識していることは必要でなく、その可能性があれば足りるとする見解（可能性説）の特色は、次の点にみられる。事実の認識については、それが認められる故意（事実的故意）と認識（予見）の可能性があるにすぎない過失との間に質的相違を認めるのに対し、違法性の意識については、それがあれば当然に故意犯が成立するが、現実に違法性を意識していなくてもその可能性があれば、事実の認識があることを条件としてやはり故意犯が成立するとして、その間に量的な相違しか認めないのである（福田『新版　刑法の基

礎知識⑴』一六六―七頁、同・後掲❺二〇四頁以下)。

可能性説を基礎づけている基本思想は、非難可能性を内容とする責任が認められるためには、行為者が自己の行おうとする行為が実質的に違法であると意識することが可能であり、これを意識すれば適法行為に出るように決意することが期待できた場合でなければならない、というものである。そこで、責任非難の観点から事実的故意と違法性の意識の違いについて考えてみると、まず、㈠事実的故意について、そこでは責任非難の最初の契機として行為のときに表現された行為者の心理的態度が問題となり、行為者が事実を認識している場合には直ちに規範の問題に直面することから重い故意責任を基礎づけうるのに対し、事実を認識する可能性があっても現実に認識していない場合には間接的に規範に違反しているにすぎず、軽い過失責任にしか問いえないのである。例えば、客体が人であることを認識して銃を発射しようとする者は、直接「人を殺すな」という規範の問題に直面するのに対し、人を野獣であると誤認して銃を発射しようとする者に対しては、まず「注意して客体が人であることを認識せよ」という命令が発せられ、その後において初めて「人を殺すな」という規範が向けられることになるのである。ここでは、実際に事実を認識している場合と、事実を認識する可能性があっても実際には認識していない場合とで質的な差が存在することになる。

これに対し、㈡違法性の意識は責任非難の直接の基盤となるものであって、そこでは単に違法性の意識という心理的事実そのものとしてではなく、犯罪的意思決定に抵抗する規範的な意識として、反対動機の形成が可能であったかどうかについて問題となるのである。したがって、違法性を現実に意識している場合はもとより、現実には違法性を意識していないが意識する可能性があった場合も同じように反対動機の形成可能性が認められるのであって、違法性について現実の意識がある場合とその可能性があるにすぎない場合との間には量的差異しか存在しないのである。反対動機の形成可能性という観点からすると、故意犯の成立に現実の違法性の意識は必要でなく、違法性の意識の可能性があれば足りるということになる（可能性説）。可能性説（制限故意説および責任説）に立った場合に問題となるのは、どのような事情が認められれば違法性の意識の可能性があったといえるのか、ということである。

3 違法性の意識の可能性の判断基準

(1) 一般的基準　一応の基準としては、具体的状況のもとで行為者に自己の行為の違法性を意識する契機が与えられており、行為者に違法性を意識することが期待できたか否か、ということが考えられる。ここでは、違法性の意識の可能性が、これを期待する国家の側の事情と期待される個人の側の事情との緊張関係の中で決定されることになる。すなわち、国家は法を国民に周知徹底させ、また法の解釈について正確な見解を国民に示す任務を有しているのであるから、かりに国家がこの任務を怠り、あるいは最初の見解を翻して処罰するようなことがあれば、それは許されないことである（内藤・(下)I一〇三六頁以下）。これは、行為者が違法性の意識を欠いたことについて相当の理由がある場合であって、このような場合には違法性の意識の可能性がなかったということになる。

(2) 個別的類型　行為者が違法性の意識を欠くに至った事情ごとに、違法性の意識の可能性をみてみることにしよう。まず、(一)自己の行為を禁止している法規そのものの存在を知らないために、自己の行為が法的に許されていると誤信した、いわゆる「法の不知」の場合は、法が国民一般に知りうる状態にあれば、違法性の意識の可能性があることになる。これに対し、行為者が刑罰法規の存在を知りえない特別な状況にある場合には、違法性の意識の可能性は否定される。その点で、大判大正一三・八・五（刑集三巻六一一頁）が関東大震災による交通の途絶という事情のもとで行為者が勅令（暴利取締令）の発布を知らなかったという事例を可罰的としたのは問題である。

次に、(二)自己の行為を刑法上禁止している法規の解釈を誤り、その結果、自己の行為が法的に許されていると誤信した「あてはめの錯誤」（包摂の錯誤）の場合については、さらにいくつかのケースが考えられる。第一に、判例を信頼して行動したところ、刑罰法規の解釈を誤り自己の行為が法的に許されていると誤信した場合は、原則として違法性の意識の可能性はない。第二に、例えば官公庁などの公的機関の見解を信頼して行動した場合は、通常それ以上に行為の適法・違法を検討する機会はないのであるから、違法性の意識の可能性は認められない。第三に、私人の意見を信頼して行動した場合は、原則として違法性の意識の可能性が認められ、ただ自己の行為が法律上許されていると誤信するのが無理もないと認められるような例外的な場合に限って、違法性の意識の可能性が否定されることになる。

四　違法性の意識の可能性と故意

故意犯の成立には違法性の意識の可能性があれば足りるとする可能性説にも、違法性の意識の可能性の構成方法をめぐって見解の対立がある。

1　制限故意説とその問題点

違法性の意識の可能性を故意の要素と解する制限故意説は、行為者に違法性の意識の可能性があれば現実には違法性を意識していなくても故意を認め、その可能性がなければ故意の阻却を認める。そして、三八条三項の解釈として、その本文については厳格故意説と同様、法の不知が故意の成立を妨げないことを規定したものであると解し、ただし書については、違法性の意識の可能性があっても違法性を意識することが困難であるために違法性の意識を欠如するに至った場合に非難可能性が減少することを明らかにしたものである、と解している。

制限故意説に対しては、次のような批判が可能であろう。第一は、この見解が違法性の意識の「可能性」という過失的要素を故意概念に導入することによって、故意と過失の混同という事態をもたらしたということである。第二に、違法性の意識の可能性は、それがなければ過失責任をも問いえないことから過失犯の成立にとっても不可欠な要素であるべきであって、これを故意概念から排除し過失犯にも共通の要素として再構成する必要がある。第三に、故意（および過失）は単に責任の条件であるにすぎず、責任の種類・形式ではないのであるから、あえて違法性の意識の可能性を故意概念に押し込める必要はないともいえる。最後に、制限故意説では同じく故意の要素でありながら、事実の過失は故意を阻却するのに対し、違法性の過失は故意を阻却しないということになり、両者を区別して取り扱う根拠が必ずしも明らかでない、という問題もある。

2 責任説の考え方

違法性の意識の可能性を故意とは別個独立の責任要素と解する責任説は、故意説（厳格故意説・制限故意説）が違法判断の「対象」（＝事実）の認識を意味する「事実の認識」（事実的故意）と、違法「判断」自体（＝違法性）の意識を意味する「違法性の意識」との間に質的区別を認めないことを問題とする。すなわち、（事実的）故意については、責任判断の客体（対象）として、犯罪構成事実を認識しているという心理的事実そのものが問題となるのに対し、違法性の意識にあっては、単なる心理的な違法の意識が問題となるのではなくて、犯罪的意思決定に抵抗する規範的意識が反対動機の形成可能性として問題となるのである。したがって、違法性の意識は（事実的）故意とはその把握の仕方を異にしており、これを心理的活動形式としての故意の要素と解するのは妥当でないのである（福田・前掲一六五―六頁、同・後掲❺一九三頁）。

責任説の立場で、三八条三項の解釈について、まず本文は違法性の錯誤が故意を阻却しないことを明らかにしたものであり、ただその錯誤が回避不能の場合には故意はあっても責任が阻却され、錯誤が回避可能な場合には故意責任が認められる、と解している。そして、ただし書については、錯誤が回避可能であっても違法性を意識することが困難であるために違法性を意識しなかった場合には、責任が減少するから刑の減軽が認められることになる、と解するのである。結局、①行為者に違法性の意識があった場合、および錯誤のため違法性を意識していなかったがその錯誤を容易に回避しえた場合(三八条三項本文)には通常の責任に問われ、②錯誤を回避することが不可能ではないが困難であるために違法性を意識しなかった場合(同ただし書)には責任の減少が認められ、③違法性の錯誤が回避不能であるために違法性を意識しなかった場合(違法性を意識しなかったことについて相当の理由がある場合)は不可罰となるのである。

【参考文献】
❶齋野彦弥『故意概念の再構成』(一九九五・有斐閣)
❷高山佳奈子『故意と違法性の意識』(一九九九・有斐閣)
❸長井長信『故意概念と錯誤論』(一九九八・成文堂)
❹日高義博『刑法における錯誤論の新展開』(一九九一・成文堂)
❺福田　平『違法性の錯誤』(一九六〇・有斐閣)
❻前田雅英「故意と違法性の意識の可能性」同『現代社会と実質的犯罪論』(一九九二・東京大学出版会)所収
❼町野　朔「『違法性』の認識について」上智法学論集二四巻三号(一九八一)
❽松原久利『違法性の意識の可能性』(一九九二・成文堂)

18 正当化事情の錯誤

一　問題の所在

正当化（違法阻却）の前提となる事実の誤認を意味する「正当化事情の錯誤」（例えば誤想防衛）は、正当化事由が存在しないのに存在すると誤認し、その結果自己の行為が許されると誤信した「正当化事由の錯誤」の一つである（他の一つは、正当化事由の要件に関する錯誤であって、これが違法性の錯誤であることについては争いがない）。正当化事情の錯誤を①事実の錯誤と解する立場（事実の錯誤説）は故意の阻却を認め、正当化事情を誤認しなかったことについて過失がある場合に過失犯が成立するにすぎないと説くのに対し、②違法性の錯誤と解する立場（違法性の錯誤説）は、通常故意の阻却を認めず、ただ情状により故意犯の刑が減軽されうるにすぎない（三八条三項参照）、と説いている。

正当化事情の錯誤は、正当化事由の前提「事実」に関する錯誤であるという点で、構成要件該当事実の錯誤（構成要件的錯誤＝例えば人を野獣と誤認して銃を発射する行為）に近似するが、犯罪論体系上「構成要件」ではなく「違法性」に関係する錯誤であるという点では、違法性の錯誤に接近する。すなわち、正当化事情の錯誤は、行為者の依拠した事態が現に存在するならば（例えば急迫不正の侵害が実際に存在する場合）、自己の行為の正・不正に関する行為者の認識が法秩序のそれと一致しているという点で構成要件的錯誤と同じであるが（野獣を撃つ行為も急迫不正の侵害者に反撃する行為も法の認めるところである）、他方、構成要件的錯誤の場合、行為者は構成要件該当事実を認識していないため事実上完全に無知であるのに対し、正当化事情の錯誤の場合は、自己の行為が構成要件を充足することを認識しているため、行為者に正当化事由の引き受けを確認すべき手掛かりが与えられているという違いが認められる。このように、正当化事情の錯誤は、構成要件的錯誤および違法性の錯誤の双方と類似点および相違点を有しているところにその特色がある。

二　違法性の錯誤と解する立場

違法性の錯誤説にも、(a)故意の阻却を認めない見解と、(b)これを認め、過失があれば過失犯として処罰すべしとする見解（過失説＝厳格故意説・その一）とがあり、また、前者には、①責任説の立場から違法性の錯誤が故意の成否と無関係であるとする見解（厳格責任説）と、②違法性の意識を故意の要件としながら、違法性の錯誤につき過失があった場合に故意に準じて取り扱うとする見解（準故意説＝厳格故意説・その二）があるが、ここでは現在有力に主張されている厳格責任説に立脚する違法性の錯誤説を取り上げることにする。

1　厳格責任説とその問題点

この見解は、故意を構成要件に該当する事実の認識（構成要件的故意）に限定する立場から、正当化事情の錯誤を違法性の錯誤（禁止の錯誤）に含めて考え、これは故意の成否と無関係である、と主張する。正当化事由の要件に関する錯誤と同一視するところに厳格責任説の特色がある。厳格責任説の論者は、構成要件該当性と違法性とが犯罪要素としてもつ機能の違いを強調し、犯罪論体系の構成要件と違法とに対応させて錯誤論を構築しようとするのである。しかし、この見解には疑問がある。なるほど、構成要件が類型的に行為が一定の型に当てはまるかどうかを判別する機能をもつのに対し、正当化事由が非類型的に全法秩序の観点から構成要件該当行為の許容性を判断する機能をもつという点において、構成要件と正当化事由とは機能を異にしているが(その点で後述の消極的構成要件要素の理論は採りえない)、行為者が未だ規範の問題に直面していない(故意の提訴機能が働かない)という点では、正当化事由の内容たる事実に誤認があった場合も、構成要件該当事実について誤認があった場合と同様であると考えられるのである。

たしかに、構成要件的故意は行為者の規範意識に違法性を徴憑すべき刑法的重要性を提訴するものではあるが、直接違法性の意識を喚起するに十分なものではない(中・後掲❸二六八—九頁)。真に不法の意識を直接的に喚起するための前提的表象は、正当化事情の不存在をも確定したそれ、すなわち行為者の全表象内容を前提にしたうえで(例えば急迫不正の侵害が存在しないとの認識を含めて)、もしそれが実現したならば客観的に評価して不法とされるような表象でなければならない(中・九〇—一頁参照)。したがって、構成要件該当事実を認識していても正当化事由の前提事実を誤認した場合は、責任非難の前提として、直接的に不法の意識を可能ならしめるような故意を認めることはできないことになる。この場合、行為者にはせいぜい正当化事由の事実的前提が現実に存在しているか否かを注意深く検討すべき機会が与えられているにすぎないのである。

右のような指摘に対し、厳格責任説は、正当化事情の錯誤の場合、行為者は構成要件該当の法益侵害を認識・予見してこれを実現したものであって、すでに自己の行為が禁じられているかどうかの問題に直面している、と応えている(福田・二一二頁)。積極的な禁止構成要件に該当する事実の認識さえあれば、行為者はそれによって直ちに違法評価の問題に直面し、これに正しい答えを与えて違法行為を思いとどまることができるから、構成要件的故意もそれだけで行為者に違法性の意識を喚起させる提訴機能をもちうる、とするわけである。

2　正当化事情の錯誤と違法性

厳格責任説が、構成要件該当事実の認識さえあれば行為者は規範の問題に直面するというのは、そのよって立つ理論的基盤である人的不法論と無関係ではない。人的不法論は、行為者の目標設定、心構え、義務等の行為者関係的な人的要素が、生じるかもしれない法益侵害と共に行為の不法を決定すると解する理論であって、違法の客観的要素としては法益「侵害」しか考慮されていない。そこには、違法性の確定に際して行為によって保全されるべき法益を考慮に入れ、侵害法益と保全法益との比較衡量を試みるという契機は存在しない。したがって、行為者としては違法性を基礎づける事実のうち、構成要件該当事実すなわち法益侵害事実さえ認識すれば、あとはすべて主観的ないし規範的要素として、当該法益侵害行為が社会的に相当であるかどうかという見地から違法判断の資料となるにすぎないから（社会的相当性説）、事実的故意の対象として法益侵害以外の事実を認識する必要はない、ということになるのである。

しかし、違法性を決定する客観的要素は法益侵害に尽きるものではなく、違法性は保全法益との比較衡量をまって初めて確定されるのであるから（優越的利益説）、法益侵害を基礎づける事実を認識するだけでは、行為者は未だ違法性の問題に直面しているとはいえない。自己の行為が侵害法益に優越する法益を保全すると考えている（誤認している）者には、違法性判断のための資料が十分に与えられているとはいえないのである。

自己の行為が構成要件に該当していることは認識しているが、同時に正当化事情も存在すると誤認している者は、法の注意要請に基づく注意の欠缺ないし過失の態度に対する非難にさらされること（過失責任）はあっても、積極的に法に敵対する心情についての非難にさらされること（故意責任）はない。というのは、その場合、行為者は行為に際して原理的に立法者が意図したのと同じ価値表象によって導かれているからである。このような状況においては、行為者の抱いた構成要件的故意は、法秩序の価値決定に対する反抗の表出とはいえないのである。

以上から明らかなように、構成要件該当性を基礎づける事実と正当化事由を基礎づける事実とは、行為が違法であるかどうかという問題の決定にとって同様の事実的意味をもつ限りで、両者の間にどのような質的区別も存在しないのである。構成要件について、構成要件に該当すべき事実と構成要件該当性それ自体とを区別し、前者に関する錯誤を事実の錯誤、後者に関する錯誤を違法性の錯誤（あてはめの錯誤）と解するのと同様、正当化事由についても、これを基礎づける前提事実に関する錯誤を事実の錯誤、正当化事由それ自体（要件＝評価）に関する錯誤を違法性の錯誤と解さなければならない。事実の錯誤と違法性の錯誤は、構成要件と正当化事由（違法性）という犯罪論体系に対応するものではなく、それぞれの犯罪概念要素がもつ事実面と評価面とに対応しているのである。

三 事実の錯誤と解する立場

1 事実の錯誤・法律の錯誤の分類に依拠する見解

正当化事情の錯誤を事実の錯誤と解する見解の第一は、それが事実に関する錯誤であることを根拠に直ちに故意の阻却を認めようとするものである。この立場は、故意があるといえるためには行為者が違法性を基礎づけるすべての事実についての認識を有したことが必要であるとしたうえで、正当化事情の錯誤の故意犯性を否定するのである。その特色は、ローマ法以来の伝統である事実の錯誤・法律の錯誤の名称を用い、その認識の対象となる事実を構成要件該当事実から違法性を基礎づけるその他の事実(正当化事情)にまで伸長することによって問題の解決を図ろうとした点にあるといえよう。事実の錯誤・法律の錯誤の分類を前提とする見解が戦後ドイツでその力を失ったのに対し、わが国で依然として多数説としての地位を占めている背景には、ドイツ刑法がその一七条で禁止の錯誤を規定し、一六条において構成要件該当事実に関する錯誤を明文化しているのに対し、わが刑法は三八条三項が法律の錯誤について規定し、同条二項が事実の錯誤の一部の場合について一般的に規定していることから、法律の錯誤に対する事実の錯誤を観念しやすいという事情があるのである。

たしかに、この見解は、正当化事情の錯誤の場合に故意犯の成立を認めるべきではない、という本質直観において優れたものがある。しかし、この見解に対しては、体系的考慮が不十分であって、形式論理的にはなお適確な理論づけを与えているとは称しがたい、という批判が妥当しよう(佐久間・後掲❷二四五頁)。すなわち、この立場では、正当化事情の錯誤が犯罪論体系上どのように位置づけられるべきかが十分考慮されているとはいえず、それが構成要件的錯誤に対してもつ独自の意義が等閑視されているのである。両者は共に事実の錯誤であるとしても、構成要件的錯誤が当該結果に対する(構成要件的)故意を阻却するのに対し、正当化事情の錯誤の場合は、およそ行為全般につき故意犯としての責任を排除するという違いが認められるのである(佐久間・後掲❷一三七頁)。犯罪論の体系として、構成要件・違法・責任という三分類(あるいは行為を含めて四分類)を維持しようとするなら、同じく事実に関する誤認(事実の錯誤)であっても、それが構成要件該当事実に関する誤認であるか違法事実(裏返しとしての正当化事情)に関する誤認であるかを区別することになお意義があるのである。正当化事情の錯誤が何ら構成要件的故意の存在を害するわけではなく、もっぱら責任要素としての故意を左右するという理論構成は(後出3参照)、このような考慮によって初めて可能になるであろう。

2 消極的構成要件要素の理論

(1) 考え方 正当化事由を消極的要素、つまりそれが存在することによって構成要件該当性を失わせる要素として構成要件に属させる「消極的構成要件要素の理論」は、正当化事情に錯誤があった場合に端的に構成要件的故意の阻却を認める。つまりこの理論は、一個の構成要件が積極的に違法性を基礎づける要素と消極的に違法性を否定する要素（の不存在）から成り立っていると解し、したがって構成要件的故意があるとするためには、積極的構成要件要素の認識と共に消極的構成要件要素の不存在の認識が必要である、と主張する。それゆえ、この立場では、正当化事情の錯誤も、すなわち消極的構成要件要素が存在すると誤認した場合も、誤って積極的構成要件要素の認識を欠いた場合と同様、構成要件の錯誤であって構成要件的故意を阻却することになるのである。

消極的構成要件要素の理論が登場した背景には、一方で、正当化事情の錯誤に故意の阻却を認めるべきであり、他方、故意犯と過失犯とはそれぞれ構成要件的故意・構成要件的過失によって導かれ、違法性・責任といった他の犯罪要素はこの下に系列化されなければならない、という思想がある。すなわち、積極的に違法性を基礎づける要素のみを構成要件要素と解する通説によると、行為者に構成要件的故意が備わっているため故意犯の構成要件該当性が認められるにもかかわらず、正当化事情の錯誤について過失がある場合に過失犯が成立することになるのは矛盾ではないか、という考慮がある。消極的構成要件要素の理論の提唱者によれば、責任非難の対象としての構成要件的故意は、その表示内容から少なくとも違法性の意識を直接可能にするという提訴機能を具備しなければならないが、例えば誤想防衛の場合、通説の理解する構成要件的故意の概念からは、真に正当防衛状況が存在しているか否かを注意深く確認すべしという提訴機能が導かれるとしても、直接自己の行為の違法性を意識すべき手掛かりは与えられていない、と批判するのである（中・九〇—一頁、同・後掲❸二八四—五頁）。

(2)　問題点

（積極的）構成要件該当事実と正当化事情の不存在を認識して初めて、行為者は自己の行為が法的に許されているかどうかを判断することが可能となるという意味で、消極的構成要件要素の理論が正当化事情の錯誤を事実の錯誤と解し、これに故意阻却の効果を認めたことは積極的に評価できるところである。しかし、この理論に対しては、次のような批判を提起することができる。第一に、この理論によれば消極的構成要件要素（の不存在）も故意の対象となるが、すべての正当化事情の不存在を認識することはおよそ不可能である。第二に、この理論によると、刑法上およそ意味をもたない行為（例えば蚊の殺害）と、刑法的に重視され、ただ正当化事由の介入によって許容されるに過ぎない行為（例えば正当防衛による殺人）とが共に（殺人の）構成要件に該当しないということで、同一視されることになってしまう。第三に、この理論によれば違法性が構成要件に埋没し、犯罪論体系が構成要件該当性（不法）―有責性（責任）の二段階のものとなってしまう。このうち特に重要なのは、第三の批判であり、構成要件該当性と違法性を一体視することは、やはり両者の質的差異を看過したものであって適当でないであろう。構成要件は犯罪行為を抽象的一般的に類型化した観念像であり、したがって構成要件該当性が、所与事実が一定の枠組みにあてはまるかどうかという類型的・形式的判断であるのに対し、違法性は、当該行為が具体的状況の下において許されるかどうかという全法秩序の見地からする個別的・実質的評価だからである。

また、消極的構成要件要素の理論が構成要件的故意に違法性の意識の提訴機能をもたせることにも疑問がある。私見によれば、構成要件的故意は本来犯罪個別化機能を指向するものであって、違法性の意識の提訴機能は責任要素としての故意（責任故意）がこれを引き受けるべきである。正当化事情に誤認がある場合には、犯罪の個別化機能を備える構成要件的故意が認められるとしても、違法性の意識の直接的喚起機能を備える責任故意は否定されるのである。そのような意味で、構成要件的故意を具備していたとしても、したがって行為が故意構成要件に該当するとしても、責任故意を欠くときは過失犯として扱われるという理論構成を模索してみることも必要であろう。そして、このような理論構成が可能であるとすれば、構成要件該当性の段階でいったん存在するとされた構成要件的故意が、正当化事情の錯誤によって事後的に否定された後、あらためて過失構成要件の成否を問題にするという過程をたどることも必要でなくなるのである（川端・後掲❶二四頁参照）。

3 独自の錯誤説

(1) 考え方　この見解は、正当化事情の錯誤が事実の錯誤の典型である構成要件的錯誤とも異なり、また違法性の錯誤であることが明らかな正当化事由の要件に関する錯誤とも異なるということから、構成要件的錯誤にも違法性の錯誤にも属さない第三の錯誤、その意味で独自の錯誤である、と説くものである。すなわち、独自の錯誤説は、正当化事情の錯誤の場合、行為者は構成要件に該当すべき事実を認識しているので構成要件的故意は阻却されないが、かといって事実認識に欠けるところのない違法性の錯誤でもなく、正当化事由の前提となるべき事実についての誤認があるので責任要素としての故意（責任故意）が阻却され、過失があれば過失犯としてのみ処罰されうる、と解する見解である。

独自の錯誤説は、故意および過失の概念が広狭二義を有しており、故意・過失は、狭い意味では単に構成要件の実現に関係し、広い意味では行為全体を覆う形で関係している、とする。そして、広義の故意・過失を責任の要素と解する立場から、正当化事情の錯誤においては故意責任の拒否に至る、とするのである。すなわち、構成要件を故意に実現したが、仮に存在すれば自己の行為を正当化するであろう事情を誤認した者は、問題とされている生活事態を過失により誤認したのであるから、この者に対しては単に過失の非難だけが許される。彼は、責任評価の点では、正当化事情を誤認することなく故意に構成要件を実現した者より、構成要件をただ過失により実現した行為者にはるかに接近している、と説かれている。その意味で、独自の錯誤説も、正当化事情の錯誤を違法性の錯誤ではなく、事実の錯誤の一種と解しているのである。

正当化事情に誤認がある場合、構成要件的故意の形成へと導いた行為者の動機は、法的心情の欠如ではなく、事態の不注意な検討に基づいている。正当化事情の錯誤の場合、少なくとも行為者の心理には行為の正当性判断のための事実的資料がすべて出揃ってはいないのであるから、法共同体の価値表象からの背反が欠けることになる。構成要件的故意が、故意責任の認められる通常の事例とは異なった独特の仕方で形成されたものである以上（例えば殺されると思ったからこそ先に相手を殺そうとした）、構成要件的故意の存在を根拠として故意犯の処罰を基礎づけることができないのである。

(2)　問題点　独自の錯誤説に対しては、次のような批判が寄せられている。すなわち、この説が構成要件的故意の存在を認め、かつ故意犯の構成要件該当性を肯定しながら、正当化事情に錯誤があるとはいえこれを過失犯として扱うのは擬制である、とするのである。しかし、故意と過失の究極的な区別の基準を、違法性の意識を喚起させるためのすべての事情を認識しているか否かに求める立場からすれば、責任要素としての故意・過失こそが本来の故意・過失概念であって、構成要件的故意・過失はその部分的要素でしかない。構成要件的過失のみを過失と解する立場を取らない限り、擬制という批判は当たらない。また、構成要件的故意が認められるにもかかわらず故意責任を否定するのは矛盾である、との批判も妥当しない。構成要件該当事実の認識があることによって構成要件の段階で形式的に推定された故意が、正当化事情の誤認を理由に責任の段階で実質的に否定されることも十分に考えられるのである。刑法三八条一項にいう「罪を犯す意思」とは、構成要件該当事実の認識にとどまらず、違法性を基礎づけるいっさいの事実の認識を意味すると解することができる。

(3) 過失犯の種別　故意犯が成立するためには、構成要件該当事実の認識と違法事実の認識が共に必要であって、いずれか一方の認識が欠けた場合、故意犯は成立しない。前者が構成要件的故意であり、これを含む全体が責任要素としての故意である。正当化事情の錯誤の場合、構成要件的故意は具備しているが、責任要素としての故意を欠くため故意犯として処罰することができないのである。

したがって、過失犯には二通りのものがあることになる。その一は、構成要件該当事実の認識を欠く結果として責任故意をも欠くに至る本来の過失犯であり、その二は、構成要件該当事実はこれを認識しているが、正当化事情に誤認があるため違法性を基礎づける事実の認識を欠く場合である。例えば、過失致死罪に関する刑法二一〇条の規定は、人の殺害について認識がない場合だけではなく、人を殺害することの認識はあるが、それは正当防衛のためであると誤認し、その誤認について過失がある場合をも合わせ規定していると解される。人を野獣と誤認して殺害する者も（過失構成要件）、誤想防衛により人を殺害する者も（故意構成要件）、「過失により人を死亡させた者」なのである。条文それ自体と抽象的な観念像である構成要件とは区別して考えなければならない。

【参考文献】
❶川端　博『正当化事情の錯誤』（一九八八・成文堂）
❷佐久間修『刑法における事実の錯誤』（一九八七・成文堂）
❸中　義勝『誤想防衛論』（一九七一・有斐閣）
❹日髙義博『刑法における錯誤論の新展開』（一九九一・成文堂）
❺福田　平「違法阻却事由についての錯誤」同『違法性の錯誤』（一九六〇・有斐閣）所収
❻藤木英雄「誤想防衛と違法性の阻却」法学協会雑誌八九巻七号（一九七二）

19 不真正不作為犯における作為義務

一 不真正不作為犯

不作為によって犯される犯罪が「不作為犯」であるが、このうち不作為によって命令に違反する場合が「真正不作為犯」であり、禁令に違反する場合が「不真正不作為犯」である。刑法規範には、「……するな」という禁令と、「……せよ」という命令とがあるが、不真正不作為犯は、例えば母親が殺意をもって乳児に授乳しないという不作為により「人を殺すな」という禁令に違反するような場合をいうのである（曽根・二二五頁）。

これに対し、学説の多くは、刑法が不作為の形式で規定している犯罪が真正不作為犯であり、作為の形式で規定されている犯罪を不作為で犯す場合（不作為による作為犯）が不真正不作為犯であると解している。しかし、真正不作為犯は必ずしも不作為の形式で規定されているとは限らないし、不真正不作為犯に至ってはむしろ作為・不作為を問わず一定の結果の惹起が禁止されているとみることができる。例えば、一般に真正不作為犯と解されている不保護罪の規定（二一八条後段）は、「保護されている」という、法の立場からみて望ましい状態の惹起を命じているのであり（したがって作為によって違反することも可能である＝不真正作為犯）、また、不真正不作為犯が問題となる殺人罪の規定

（一九九条）は、「人の死」という、法の否認する状態を故意に惹起することを禁止していると解されるのである。

不真正不作為犯は作為犯と同一の禁令に違反するのであるから、不真正不作為犯が成立するためには、その不作為が作為と同価値のものと認められなければならない。改正刑法草案一二条は、不真正不作為犯が成立する場合には、「作為によって罪となるべき事実を生ぜしめた者と同じである」として、同価値性が不真正不作為犯の問題の核心であることを明らかにしている。そして、同価値性の問題を考えるうえで、もっとも重要なメルクマールが作為義務（保障人的義務）なのである。

二 作為義務の発生根拠

不作為犯においては法益の侵害・危険をもたらすすべての不作為が犯罪となるわけではなく、作為義務違反の不作為のみが犯罪となることから明らかなように、作為義務の存在は不作為犯の成立にとって不可欠の前提である。このことは、真正不作為犯についても、不真正不作為犯についても同様である。もっとも、真正不作為犯の場合は、通常、実行行為が不作為の形式で規定されており（ただし、不保護罪）、例えば不退去罪（一三〇条後段）における退去義務のように、遵守すべき作為義務の内容も法文に明示されているから特に問題はないが、不真正不作為犯の場合は、結果の惹起のみを禁止している刑法規範が作為義務について何も語っていないところで、直接には命令から導かれる作為義務を問題としなければならないという難しさがある。不真正不作為犯の作為義務をめぐって議論が錯綜するのはそのためである。

学説は、従来、不真正不作為犯における作為義務の発生根拠として、①法令、②法律行為または事務管理、③条理・慣習などの一般規範を挙げてきたが、これらの根拠に基づく作為義務が直ちに刑法上の作為義務となるものでないことは、今日一般に承認されるに至っている。刑法上の作為義務は、特定の構成要件との関係でその結果の発生を防止すべき作為義務でなければならず、特に、一般規範に基づく作為義務は、例えば緊急救助義務のように、通常、道徳上の義務にとどまっており、それが刑法上の作為義務となるためには、さらに一定の強度が要求されることになるのである。

不真正不作為犯における作為義務が「結果」の発生を防止すべき義務でなければならないのは、不真正不作為犯が一定の「結果」を生じさせることを禁止する結果犯だからである。結果犯の行為態様は、通常、作為と不作為とを論理的には同等の資格で含んでいるのであるから、不真正不作為犯における作為義務は、当該作為義務に違反した不作為を作為による場合と同等に評価しうるものでなければならない。したがって、規範の内容が単に作為を命ずる挙動犯にとどまる場合、その義務は真正不作為犯における作為義務であって、不真正不作為犯におけるそれではないことになる。例えば、軽犯罪法一条八号の不援助罪（挙動犯）における援助義務は、真正不作為犯における作為義務であって、火事の際にその義務に違反したからといって直ちに結果犯である刑法上の放火罪を構成することにはならない。また、同様に、道路交通法七二条一項前段・同一一七条の救護義務違反罪も真正不作為犯であり、救護義務に違反した不救護が殺人罪ないし保護責任者遺棄罪に直結するということはないのである。

三　同価値性による限定

そこで問題となるのは、どのような場合に不真正不作為犯における作為義務の存在を認めることができるか、つまり作為義務違反の不作為を作為による遂行の場合と同視しうるかということである。この点については、基本的に二つの考え方が示されている。行為（不作為）の違法性を強調する立場と、結果の違法性を強調する立場との対立がこれである。

1　行為無価値論的アプローチ

これには、①行為者の主観（動機・目的）を重視する見解と、②客観的な先行行為を重視する見解とがある。

(1)　動機・目的を重視する立場　この見解は、作為義務違反の認定に当たって、行為者の主観的意思や人格態度、特に犯行動機（既発の危険を利用する意思）を重視するものである。戦前の大審院判例は、不作為による放火罪の成立を認めるに当たって、被告人に「既発の火力を利用する意思」が存在することを強調していた。例えば、大判大正七・一二・一八（刑録二四輯一五五八頁）は、自己の行為以外の原因で刑法一〇八条以下に記載する物件に発火した場合に、その物件の所有者＝占有者が「既発の火力を利用する意思」（罪責を隠滅する目的）で鎮火の手段を講じなかったときは、この不作為も法律にいう「火を放つ」行為に当たるとし、また、大判昭和一三・三・一一（刑集一七巻二三七頁）は、故意的でない原因によって自己の家屋に燃焼の恐れが生じた場合に、これを防止せず、「既発の危険を利用する意思」（保険金詐取の目的）で外出することは、作為による放火と同一であるとした。これらの判例に触発されて、学説には、不真正不作為犯の成立には「既発の状態を利用するか、すくなくとも意図的に放置したこと」が必要であるとする見解が現れるに至った（藤木・一三四頁以下）。この立場で、改正刑法草案一二条の「ことさらに」罪となるべき事実の発生を防止しないというのは、「法に敵対する意思力をもって」の意義に解されることになる。

作為との同価値性を考慮するに際して、行為者の主観面を重視することが不真正不作為犯の成立に限定的役割を果たす場合のあることは否定できない。しかし、他面、悪しき意図・動機を強調することが、作為犯に比した場合の客観面の不足分を主観面で補うという作用を営むことによって、反対に作為義務の範囲を拡大するおそれがないとはいえないと思われる。また、そもそも行為者の動機・内心にまで立ち入って違法判断をすることは、心情刑法となって妥当ではないであろう。

⑵　先行行為を重視する立場　　行為無価値論的アプローチの第二は先行行為を重視し、作為犯における作為には原因力があるが、不作為犯は既存の因果の流れを利用するにすぎないから、不作為犯が作為犯と構成要件的に等価値（同価値）であるためには、「不作為者が当該不作為をなす以前に、法益侵害に向かう因果の流れを自ら設定している場合でなければならない」とする（日高・後掲❷一四八頁以下）。そして、この立場では、作為義務の根拠として不作為者の故意・過失に基づく先行行為が必要であり、また、それがあれば十分である、と主張するのである。

先行行為を重視する見解に対しては、それは不真正不作為犯の成立範囲が一方で広がりすぎ、他方で狭くなりすぎるという批判が提起されている（西田・後掲❶八七頁以下）。すなわち、この見解によれば、自己の故意・過失行為によって結果に対する原因を設定したものはすべて作為義務を負うから、過失犯や結果的加重犯は、事後に結果防止の可能性と結果発生の認識が生ずれば、それだけで直ちに不作為による故意犯に転化してしまうことになるし、他方、例えば善意で病人の保護を引き受けた場合のように、結果発生への危険を生じさせる原因設定行為が存在しない場合には不作為犯の成立が否定されることになってしまう、とするのである。不作為は期待された作為をしないことなのであるから、その限りで、（不真正）不作為犯には作為犯とは異なった独自の論理が要求されるべきであろう。

2　**結果無価値論的アプローチ**

作為との同価値性を目指す第二の方向は、結果無価値論に立脚して結果の違法性を強調する立場である。すなわち、放置すれば侵害結果へと向かう法益の保護が事実上特定の不作為者（保障人）に委ねられている場合、つまり結果防止のための緊密な関係が不作為者との間に認められる場合にのみ、結果を防止しないという不作為が作為によって結果を発生させた場合と同視しうると解するのである。これを因果性の観点からみれば、「不作為者が結果へと向かう因果の流れを掌中に収めていたこと、すなわち、因果経過を具体的・現実的に支配していたこと」が必要だということになる（西田・後掲❶九〇頁）。

具体的には、まず、①例えば、傷病者の看護や病院への移送などを引き受けた場合のように、当該法益の保護（結果の不発生）が具体的に不作為者に依存しているという事実関係が認められる場合（具体的依存性）、すなわち不作為者が結果の発生を現実に防止しうるような作為を事実上「引き受け」ている場合が考えられる（堀内・後掲❹二四九頁以下）。母親が赤子に授乳しないという不作為により餓死させるという事例も、母親が授乳を引き受けていると解することにより、この類型に含ませることができよう。このように、事前に行為者の作為によって保護状態が維持されている状況における不作為は、比較的容易に作為との同価値性が認められる。しかし、保護の引受け行為による事実上の保護状態における不作為だけが作為と同価値になる、というわけではない（山口・探求四〇頁以下）。

そこで、②例えば、火の不始末のため自己の家から出火するおそれがある場合のように、家屋の所有者・占有者について自己の支配管理する場所に関し「支配領域性」が認められる場合にも、結果不防止の不作為に作為との同価値性が肯定されることになる。さらに、③例えば、自動車で轢いた被害者を車中に運び入れたときのように、当該客体との間に事実上の「排他的支配関係」を設定した場合も同様である。このように、自己の意思により排他的支配を設定した場合は、他者による救助の可能性を排除するという意味での危険の創出・維持という観点から、作為との同価値性が肯定されることになる（山口・探求四二頁参照）。

四　作為義務の体系的地位と錯誤

作為義務違反の犯罪論体系上の位置づけについては、不真正不作為犯における構成要件該当性と違法性との関係の問題に関連して、見解が分かれている。作為義務違反が構成要件の要素であるか、それとも違法性の要素であるかという問題がこれである。そしてまた、作為義務の体系的位置をめぐる争いは、その錯誤の取り扱いについて結論の相違をもたらすことになる。行為者に作為義務が発生しているにもかかわらず、発生していないと誤信して結果防止措置をとらなかった場合、その錯誤が事実の錯誤（構成要件的錯誤）であるか違法性の錯誤（禁止の錯誤）であるかが争われているのである。

⑴　違法性説　この見解は、不真正不作為犯の問題の要点は作為義務違反にあるが、不真正不作為犯の構成要件は作為義務を示していないから、作為義務を構成要件該当性の段階で論ずることはできず、違法論で初めて作為義務違反の不作為を違法な不作為として問題とすることができる、と解している。この立場では、結果との間に因果関係のあるすべての不作為が不真正不作為犯の構成要件に該当するため、構成要件該当性は違法性を徴憑せず、したがって不真正不作為犯の構成要件においては、作為犯（および真正不作為犯）の場合とは異なり、違法性の推定機能が論理的にはもちろん、事実的にも働かないことになる。違法性説において、自分には作為義務が発生していないと誤信して作為に出ないことは、法的に命令されている行為を命令されていないと考え、そのため自己の不作為の態度が許されていると誤信するものであって、違法性の錯誤と解せられることになる。

しかし、違法性説に対しては、不真正不作為犯の要点が類型的な構成要件該当性にあるという立場から、例えば溺れている子供を助けない隣人のように、はたして結果との間に因果関係のある不作為がすべて作為による実行行為と同視しうるか、という疑問が提示されることになる。違法性説は、また、作為義務の錯誤を常に違法性の錯誤であると解することになるが、作為義務の発生を基礎づけている前提事実に関する誤認は、やはり事実の錯誤と解すべきである。例えば、溺れている自分の子を他人の子と誤認して救助行為に出なかった者は、自己の不作為の法的評価に関する誤信に先立ってその事実的前提自体に既に錯誤が生じているのであって、行為者は未だ規範の問題に直面しているとはいえないであろう。

(2)　構成要件該当性説　この見解は、不真正不作為犯の問題の要点は構成要件該当性にあると解し、作為義務違反の不作為のみが構成要件に該当すると解するものである。もっとも、構成要件該当性説には、その理論構成をめぐって、さらに次の二つの考え方がある。

第一は、不真正不作為犯の問題性が構成要件該当性にあることを認めつつも、不真正不作為犯においては「開かれた構成要件」が問題となるということから、作為犯の場合とは異なり、構成要件該当性を判断するためには、その違法性が当の構成要件の予想する程度・態様のものであることを明らかにすることを要し、その限度において違法性が同時に問題とされなければならないとする見解である（団藤・一四七頁）。しかし、この立場では、結局、不真正不作為犯にあっては、違法性→構成要件該当性の順序で犯罪の認定がなされることになり、構成要件該当性→違法性という犯罪の統一的認定を破るという問題性を残している。

構成要件該当性説の第二は、いわゆる保障人説の採るところであって、不真正不作為犯における作為義務を、結果が発生しないように法的に保障すべき地位にある者（保障人）にのみ課せられる義務（保障人的義務）と捉えたうえ、結果を惹起したすべての不作為が構成要件に該当するのではなく、保障人的義務を負う者の不作為であって初めて構成要件に該当する、と説く。保障人説によれば、作為義務（保障人的義務）は構成要件要素と解せられるから、その錯誤は事実の錯誤（構成要件的錯誤）ということになる。

保障人説は、従来、不真正不作為犯がもっぱら違法性の問題と解されてきたのに対し、これがまず構成要件該当性の問題であることを明らかにすると共に、不真正不作為犯を作為犯と同様に取り扱う根拠を示した点に、その学説史的意義を認めることができる。しかし、従来の保障人説が、構成要件の中に保障人的義務違反という実質的違法判断を導入したことによって、構成要件の規範化、価値化をもたらし、その結果、構成要件の明確性が失われるに至ったことは批判されなければならない。また、構成要件該当性説は、作為義務の錯誤を常に事実の錯誤として扱うが、作為義務違反の評価面にのみかかわる誤信はやはり違法性の錯誤と解すべきであろう。例えば、海水浴で自分の子が溺れているのを認めたが、近くに監視人がいたので自分には救助義務がないと誤信したような場合は、作為義務の発生を根拠づける事情については誤認がなく、ただその法的評価を誤り、許されていない不作為を許されていると誤信したにすぎないから違法性の錯誤である。

(3)　二分説　保障人説の中にあって、近時、不真正不作為犯の構成要件該当性と違法性とを区別し、保障人的義務（作為義務）の発生を基礎づけている「保障人的地位」のみを構成要件要素と解し、保障人的義務（作為義務）違反自体は違法要素である、とする見解が有力に主張されるようになった。例えば、親が子供に食事を与えない行為は不保護罪の構成要件に該当するとしても、それが懲戒権の行使の範囲内であれば、保障人的義務違反（違法性）を認めることはできないとするのである。保障人的地位と保障人的義務とに分ける考え方は、作為義務の錯誤に関して、保障人的地位に関する誤認は事実の錯誤であるが、保障人的義務に関する錯誤は違法性の錯誤であると解することになる。したがって、例えば溺れている自分の子を他人の子と誤認した結果救助義務がないと誤信した場合は事実の錯誤、自分の子であることは認識したが近くに監視人がいたため救助義務がないと誤信した場合は違法性の錯誤となる。

二分説に対しては、構成要件要素説の立場から、保障人的地位と保障人的義務とを区別することは実際上困難であり、また、保障人的地位だけでは構成要件の違法推定機能が十分に働かないという批判が加えられている（大塚・一四七頁。なお、前田・基礎六八―九頁参照）。たしかに、保障人的地位と保障人的義務とを区別することが常に容易だとはいえないが、右にみたように、作為義務の発生を基礎づけている前提事実と作為義務の違反それ自体とを区別することがまったく不可能とはいえないであろう。また、構成要件該当性は価値に関係しているとはいえ、類型的な事実判断であるから（本書4三）、不真正不作為犯においても、構成要件該当性と違法性との関係は形式―実質の関係とみるべきであって、両者を区別するうえからも、むしろ構成要件に論理的な意味での違法性推定機能まで認めることは妥当でないと思われる。さらに、作為義務の錯誤に関する二分説の考え方は、保障人的地位を認識しながら良心・法感情が鈍いため自己の保障人的義務を意識しない者も故意犯として処罰しうるのであって、妥当な方向を示している。

五　義務の衝突――不作為犯における正当化事由

(1)　意　義　　不作為犯固有の正当化事由として、「義務の衝突」と呼ばれるものがある。義務の衝突とは、例えば親が同時に溺れている二人の子供の一方しか救助しえない場合のように、相容れない複数の義務の履行が同時に要求されているが、一方の義務を履行するためには他方の義務の履行を怠る以外に方法のない場合をいう。

ところで、(a)右の場合の義務はいずれも作為義務であるが（狭義の「義務の衝突」）、(b)広義では、作為義務と不作為義務が衝突する場合にも認められる。例えば、溺れている自分の子供Aを救助するためには第三者Bの法益を侵害せざるをえない場合のように、作為義務と不作為義務とが対立する「義務緊急避難」において、①Bの法益を作為により侵害することによってAを救助する行為は緊急避難であるが、②Bの法益を侵害すべきでないという不作為義務を履行したためにAを救助すべき作為義務に違反してAを見殺しにした場合には、「危難の転嫁」という事実が認められないから緊急避難ではなく、義務の衝突（広義）の一種として扱われることになる。通常の緊急避難においては、いかなる義務に違反することもなく法益に対する危難を忍受することによって法益衝突に決着をつけることができるが、義務緊急避難にあっては、危難を忍受する場合にも何らかの義務（前例でいえばAを救助すべき作為義務）に違反せざるをえないのである。

(2)　法的性質　義務の衝突の法的性質をどのようにみるかについては、見解が分かれている。まず、①緊急避難説は、義務の衝突は緊急状況における法益衝突の一場面であって、緊急避難の一種であると解している。しかし、緊急避難の場合は、危難に直面した者は法益に対する危難を忍受することによって法益衝突に決着をつけることもできるが、義務の衝突の場合はそのような可能性がなく、行為者は少なくともいずれか一方の義務に違反せざるをえないのである（内藤・(中)六四二頁）。次に、②法令行為説は、義務の衝突における行為が法律上の義務の履行として行われることから、義務の衝突を法令行為の一種と解している。しかし、義務の衝突における「義務」は必ずしも成文法規上の義務には限られないし、また、そこにおける行為は緊急性を帯びた行為であって、法令行為のような日常生活の常態における行為とはその性格を異にしている。

したがって、結局、③義務の衝突を不作為犯における独自の正当化事由と解する立場が妥当だということになる。

まず、(a)作為義務と作為義務とが衝突する場合については、これを他の既定の正当化事由に組み入れることは不可能であり、また、(b)義務緊急避難において作為義務と不作為義務の衝突が認められる場合も、行為者が作為義務に違反している場合には、「義務の衝突」の一場面として不作為犯独自の正当化事由とみることができるのである。

(3) 取り扱い　衝突する義務の価値に応じてその取り扱いは異なってくる。まず、㈠価値に差がある場合は、より高い価値をもった義務を履行した場合、より低い価値の義務に違反してなされた不作為は正当化され、逆の場合、責任阻却の余地はあるとしてもその不作為は違法となる。次に、㈡衝突する義務が同価値の場合、いずれか一方の義務を履行すれば不作為は正当化され、どちらの義務をも履行しなかった場合に初めて不作為は違法となる。けだし、法は、不可能なことを義務づけることができないからである。

【参考文献】
❶西田典之「不作為犯論」『刑法理論の現代的展開　総論Ⅰ』
❷日高義博『不真正不作為犯の理論』(第二版・一九八三・慶応通信)
❸同「不作為犯1～3」法学教室一一〇～一一二号(一九八九～一九九〇)
❹堀内捷三『不作為犯論』(一九七八・青林書院新社)
❺同「不作為犯論」現代刑法講座第一巻
❻内田文昭「保障人的地位の根拠」刑法基本講座第2巻
❼特　集『不作為犯論をめぐる諸問題』現代刑事法四一号(二〇〇二)

20 実行の着手

一　実行の着手に関する学説

1　考え方

未遂犯が成立するためには、行為者が犯罪の実行に着手しなければならないが（刑法四三条本文）、実行の着手に関する学説には、大別して、主観説、客観説および折衷説の三つがある。

(1)　主観説　未遂犯の処罰根拠を行為者の意思の危険性に求める主観説は（本書21一(1)）、犯意の成立がその遂行的行為によって確定的に認められること（牧野）、あるいは犯意の飛躍的表動（宮本）をもって実行の着手と解している。主観説も、実定法（四三条）の要請を入れて客観的行為の開始という側面を考慮しているが、そこには意思の危険性の徴憑としての意味しか認められていない（徴憑説）。

(2)　客観説　結果発生の客観的危険に未遂犯の処罰根拠を求める客観説は（本書21一(2)）、その内部でさらに形式的客観説と実質的客観説とに分かれている。①形式的客観説は構成要件を基準にして形式的に実行の着手時期を決定しようとし、犯罪の構成要件の一部を実現することが着手であるといい（小野）、あるいは全体としてみて定型的に構成要件の内容をなすと解される行為があれば着手を認めてよいとする（団藤・三五五頁）。もっとも、形式的客観説には、この説の基準を厳格に貫くと実行の着手時期が遅くなりすぎるということから、構成要件該当行為に直接密接する行為の開始にまで着手時期を広げて理解する見解もある（密接行為説）。判例が窃盗罪の実行の着手について、財物に対する事実上の支配を侵すについて「密接なる行為」をなせば着手が認められる（例えば大判昭和九・一〇・一九刑集一三巻一四七三頁）、としているのはこれと同趣旨である。

これに対し、②実質的客観説は法益侵害の現実的危険の発生を基準として実行の着手時期を決定しようとし、危険が切迫したか否かによって未遂と予備とを区別する（例えば平野・II三一三頁）。ただ、その内部において、後述のように、行為の危険性判断の資料として、行為者の意思内容を考慮すべきか否かでさらに見解が分かれ、これを肯定する立場と、外形的行為および外部的事情のみを危険判断の資料とする立場とがあり、また、法益侵害の危険を「行為の危険性」と解する立場と、「結果としての危険」と解する立場とがある。

(3) 折衷説　行為者の犯罪計画全体に照らし法益侵害の危険が切迫したことをもって実行の着手と解する折衷説にも、性格の異なる二つの考え方がある。①主観説から出発した主観的客観説は、行為者の全体的企図を基礎として、当該構成要件の保護客体に対して直接危殆化に至るところの行為の中に犯罪的意思が明確に表現されたときに実行の着手を認め（木村）、②客観的見地に立つ個別的客観説は、行為者の犯罪計画によれば、直接に犯罪構成要件の実現を開始することが実行の着手であるとする（ヴェルツェル）。なお、③近年主張されるに至った、実行の「着手」を「行為者の犯罪計画上構成要件行為の直前に位置する行為」の開始と把握する見解は（直前行為説。塩見・後掲❸法学論叢一二一巻六号一六頁）、形式的客観説を前提とする折衷説に位置づけることができよう。

2　各説の問題点

第一に、主観説は、社会防衛に重点をおくあまり、実行の着手時期が一般に早まる傾向にあり、個人の自由保障の見地からみてこれを採用することはできない。例えば、強盗罪の場合、強盗の手段である暴行または脅迫を開始することが実行の着手であるが、主観説によれば、強盗の目的で凶器を携えて住居に侵入した時点で既に、強盗の犯意がその遂行的行為によって確定的に認められるため、強盗の実行の着手が肯定されることになってしまう。

第二に、客観説のうち、まず①形式的客観説については、もともと実行の着手は構成要件該当性の問題であるから、その基準自体誤りとはいえないが、これは問いをもって問いに答えるに等しく、トートロジーであるとの批判が妥当しよう。また、全体的考察に立脚する定型説は、定型性判断の基準いかんによっては、実行の着手の認定をきわめて評価的、不明確なものとするおそれがある。さらに、密接行為説は、実行行為を構成要件該当行為以外に求めざるをえないという矛盾を生じることになる。これに対し、②実質的客観説は基本的に妥当な方向を示しているが、その内容は必ずしも一義的に明らかであるとはいえず、この説にとって不可欠な危険概念を明確にするためには、実行の着手の判断に当たって行為者の故意を考慮すべきか否か(後出二)、また法益侵害の危険を「行為の危険性」と解するか「結果としての危険」と解するか(後出三)、これらの問題をさらに検討してみる必要がある。

最後に、折衷説であるが、まず①主観的客観説は、法益侵害の危険性という形で行為の客観的危険も考慮に入れているが、犯罪意思の表現が評価の対象とされており、主観説の基本的観点が維持されている点で疑問がある。また、②個別的客観説も、故意を超えた所為計画という、法益侵害ないし危険に直接的には何物をも加えない主観的事情を違法判断の基礎においている点に疑問を残している。さらに、③直前行為説は、実行の着手時期を構成要件該当行為の直前行為の開始にまで遡らせることによって、密接行為説と同様の問題を抱え込むことになろう。

二　実行の着手と行為者の意思

1　違法判断の対象と資料

実行の着手時期の認定に際し、行為者の意思内容がどのような意味をもつかが問題となるが、これには大別して二つの考え方がある。その一つは、行為者の意思を違法判断の対象とする純主観説および主観的客観説の立場で、ここでは行為者の悪性が未遂犯の違法性の基礎におかれる。他の一つは、行為の客観的危険性を判断するための単なる資料として行為者の意思を援用するものであって、実質的客観説および個別的客観説の採るところである。

思うに、実行の着手の判断に際して客観的な行為を超えて行為者の内心をも判断対象とすることは、客観的な構成要件該当性判断の範囲を逸脱することになるから、かりに行為者の意思内容を問題にするとしても、それは判断資料の限度にとどめなければならない。そこで問題は、行為の危険性を判断する資料としてそもそも行為者の意思を援用すべきかどうか、援用すべきであるとしてその内容はどのようなものであるべきか、ということである。

2　危険判断の資料としての行為者の意思

行為の危険性判断に行為者の意思内容をどこまで考慮するかについては、三つの考え方がある。①行為者の故意にとどまらず所為計画をも考慮するもの、②行為者の故意だけを考慮するもの、③行為者の意思内容を一切考慮しないもの、の三説である。

①説は、折衷説(および実質的客観説の一部)から説かれるものであって、犯罪の具体的な形態での行為者の所為計画全体を考慮しなければ行為の危険性を判断することはできないとして、犯罪の故意のみならずその所為計画も主観

的違法要素である、と主張する（野村・後掲❼二九九頁）。この見解に対しては、実行の着手に当たるかどうかは（修正された）構成要件に該当するかどうかの類型的判断であるから、このような判断になじまない所為計画は、実行の着手の認定に際しての判断資料から除外しなくてはならない、とされている（大谷・三八九頁）。

また、①説が主観的計画までも考慮に入れて危険判断を行うことに対しては、危険判断を不明確に主観化するとともに、未遂処罰時期を早めすぎることになる、という批判も提起されている（内藤・(下)II一二二七頁）。この批判に対しては、行為者の計画によれば法益の危殆化に自己の行為が介在することが予定されているときは、法益の危殆化はなお間接的であって切迫性に欠け、実行の着手は否定されるとの反論がなされ、他所で強姦する目的で女性をダンプカーに引き込んだという、最決昭和四五・七・二八（刑集二四巻七号五八五頁）の事案について、その段階では強姦の実行の着手が否定されることになる、としている（野村・後掲❼三〇二頁）。しかし、その結論は支持しうるとしても、それは当該行為が客観的にみて未だ法益侵害の一般的危険性を有しているとは評価しえないからであって、行為の危険性の認定に当たって、行為者意思、特に犯罪計画を考慮した場合に、危険判断が不安定なものとなることは避けられないように思われる。現に、同じく行為意思を考慮する立場から、行為者が後の法益侵害行為を行おうとする意思を有している場合にはそうでない場合よりも法益侵害の危険性が高まるとし、右の事案についてダンプカーへ引き込んだ時点ですでに強姦の実行の着手が認められる、とも説かれているのである（山口・探求二〇八―九頁）。

②説は、実質的客観説（さらに形式的客観説）に立つ論者の多くが採る立場であって、未遂犯においては結果が発生していないのであるから、故意を考慮しなければ行為者が犯罪の実行に着手したのかどうか、またどの犯罪の実行に着手したのかを判別できない、と主張する。例えばピストルの銃口を相手方に向けた場合、外部的な行為だけでは、それが犯罪行為なのかそれとも単なる冗談なのか分からないし、また犯罪行為であるとして、それが殺人行為

か傷害行為か、それとも脅迫行為かを判断することはできない、とする（平野・Ⅱ三一四頁）。したがって、この立場は、既遂犯における故意はともかくとして、少なくとも未遂犯における故意は主観的違法要素でなければならない、と説くのである（本書6四2参照）。

たしかに、行為者の主観を顧慮することなしには、犯罪の有無・種類の判別が不可能な場合もないわけではないであろうが（例えば女性を殴打して失神させた場合、それが強盗の手段なのか強姦の手段なのかが直ちに明らかになるわけではない）、行為の危険性は、行為者の外部的態度、行為時における客観的状況、行為者がそのような行為に及んだいきさつ等から推して、行為者の内心を考慮することなく判別することが可能であろう。その意味で、未遂犯においても故意を主観的違法要素と解する必要はないと思われる。もっとも、だからといって、③説のように、このような場合に行為者の意思内容を犯罪類型の認定に際しても拒否する必要はないであろう。故意は、たしかに違法要素ではないが、犯罪の個別化・類型化に奉仕するものとして（責任類型としての）主観的構成要件要素としての地位を占めている。その限りで、犯罪行為と犯罪でない行為、ある犯罪行為と別の犯罪行為とを区別するための資料として故意を援用することはなお許されるであろう（前田・基礎九六―七頁参照）。

三　実行の着手と未遂犯の処罰

従来、実行の着手の問題と未遂犯の処罰（不能犯の不可罰性）の問題とは表裏の関係にあり、その実質は同一のものと解されてきた。すなわち、法益侵害の危険が発生して実行の着手が認められれば、直ちに未遂犯として処罰が可能となり、反対に、不能犯として不可罰であるのは、法益侵害の危険が発生しないために実行の着手が認められない場合である、と解されてきたのである。ただ、その内部で未遂犯の処罰根拠の問題に関連して、法益侵害の危険を「行為の危険性」と解する立場（以下「行為危険説」という）と、「結果としての危険」と解する立場（以下「結果危険説」という）とが対立している。

1　「行為の危険性」を問題とする立場

(1)　考え方　行為危険説は、「行為」について法益侵害の危険性が認められるときに実行の着手を肯定し（例えば大塚・一五六頁）、認められない場合を不能犯と解するのである。ここでは、未遂犯は「行為犯」（挙動犯）と捉えられ、既遂犯が「結果」を処罰するのに対し、未遂犯は「行為」を処罰するものと解せられている。

行為危険説は、「結果発生の確実性（自動性）」が認められた時点が実行の着手時期であると解している（確実性説。中・後掲❹二二二頁以下）。すなわち、実行の着手が認められるために、必ずしも法益侵害の危険が現実化して結果の発生が切迫することは必要でなく、その可能性が確実となったとみられる段階で既に実行の着手を認めてよい、とするのである。特に、離隔犯のように行為の開始時点と結果の発生時点とが時間的にも場所的にも隔たっている場合、例えば殺人目的で毒物を郵送する場合、この確実性説によれば、我が国の郵便事情を前提とする限り、託送行為時に既に結果の発生は確実となり実行の着手が認められることになる（発送主義）。また、行為者の行為後に第三者の行為が予定されている間接正犯の場合、行為者が道具（第三者）にはたらきかける利用行為の開始時点で既に実行の着手を認めてよいとする（利用者説）。確実性説は、実行の着手はあくまで行為者の行為の中に求められなければならないとする見地から、既遂結果発生の危険を、行為の属性としての行為の危険性に求めるのである。

(2)　問題点　実行の着手は実行行為がいつ開始されたかの問題であり、それが行為について論ぜられるべきものである以上、未遂犯の処罰から区別された実行の着手時期の問題に関する限り、確実性説は基本的に妥当な方向を示しているように思われる。しかし、この見解にも問題がないわけではない。

それは、確実性説が実行の着手によって直ちに未遂犯としての処罰も可能になると解した点である。たしかに、通常の犯罪の場合、当該行為について法益侵害が確実となった時点で同時に法益侵害の具体的危険も発生するから、実行の着手が認められたということは取りも直さず未遂犯としての処罰が可能になったことを意味するが、離隔犯のように、行為の開始時点と結果の発生時点とが時間的にも場所的にも隔たっている犯罪については、実行の着手によって直ちに未遂犯としての処罰が可能となる程度に危険が現実化したとはいえないのである。また、利用行為後に被利用者による直接の法益侵害行為が予定されている間接正犯の場合、結果の発生がいかに確実であろうとも、物理的観点からすれば利用行為が開始されただけでは未だ処罰を基礎づけるだけの法益侵害の具体的危険が発生したとはいえず、したがってこの場合には、被利用者の行為の開始をまって初めて利用行為は可罰性を獲得することになるのである。利用者説の問題性は、利用行為の開始に実行の着手を求めた点にあるのではなく、利用行為の開始によって直ちに未遂犯として処罰に値する可罰的違法性が生ずる、と解した点にあるといえる。

2 「結果としての危険」を問題とする立場

(1) 考え方　結果危険説は、結果無価値論の見地から、行為の「結果」として、当該法益についてその侵害の具体的危険が現実に発生した時点で実行の着手を認めると同時に(例えば前田・一四六頁)、そのような危険が発生しなかった場合を不能犯と解するのである。ここでは、未遂犯も一種の「結果犯」と捉えられており、既遂犯が「侵害」結果を処罰するのに対し、未遂犯は「危険」結果を処罰するものと解されている。

結果危険説は、実行の着手時期を既遂結果発生の切迫した時点に求めている(切迫性説。中山・後掲❺八一頁以下)。切迫性説は、危険の具体化を、被害者領域への危険の侵入という事実に着目して捉え、ここでいう危険を行為によって外界に生ぜしめられた「結果としての危険」と理解するのである。切迫性説に立てば、上述の離隔犯の場合、毒物が被害者宅に到達した時点で結果の発生が切迫し、その時点で初めて実行の着手を認めることになり（到達主義）、また間接正犯については、被利用者の行為について実行の着手が認められることになる（被利用者説）。しかし、毒物郵送事例において、行為者の行為は毒物を郵便に託するということに尽きているのであって、その後の事態は単なる因果の流れにすぎず、はたして行為者のあずかり知らぬところで犯罪行為（実行行為）の開始を意味する実行の着手を認めてよいか、という疑問が生ずる。そこで、この疑問を解消するために、切迫性説は実行の着手について次の二つの構成方法のいずれかを目指すことになるのである。

第一は、行為者が実際に開始した当初の行為（先行行為）を作為による予備行為と解すると共に、先行行為によって結果発生の危険を生ぜしめた以上、行為者にはその危険を取り除くための作為義務が発生するとし、結果発生の具体的危険が発生した後の「事態」を不作為による実行行為と構成するものである（不作為犯的構成。西原・三〇〇頁）。例えば、傷害の意思で落とし穴に被害者を落として負傷させたという場合、穴を掘るという作為は予備行為であり、その後、被害者が落とし穴に落ちて負傷するにまかせたという不作為が傷害の実行行為であると解するのである。この見解は、実行の着手以後の行為を実行行為と解する点では妥当であるが、実行行為を不作為に求める点に問題を残している。というのは、この場合の不作為は先行行為（作為）の単なる必然的結果にすぎないと考えられるし、そもそも故意をもって行為を開始した者に対し、その行為を行うべきでないという不作為義務を超えて、発生した危険を除去すべきであるという作為義務を課すことは、事態の推移からみてあまりに不自然だからである。

そこで、第二の方向は、実行の着手を単に行為の「段階を画する」概念と捉えたうえで、行為者の行為が開始された後、結果発生の危険が切迫した段階で初めて実行の着手を認めようとする（段階的構成。平野『犯罪論の諸問題㊤総論』一三〇頁）。この見解の特色は、未遂犯にとっては実行の着手のみが本質的であるとし、実行の着手を実行行為から切り離して構成する点にあるが、そうなると、この立場で実行行為がどのように理解されているかが問題となる。もし、実行行為開始後に具体的危険が発生した段階で実行の着手を認めるとすると、実行の着手以後の行為を実行行為と解する従来の用語例から大きく逸脱することになり、実行の着手が予備行為と実行行為とを分かつ機能を果たしえなくなる。そこで、実行行為概念は未遂犯にとって不要であるとし、これを未遂犯概念から放逐するということも考えられるが、そうなると、「犯罪は行為である」という行為主義の原則に抵触することになりかねず、また、実行行為が犯罪論における基本概念であるだけに、解釈論上の他の問題への影響が余りにも大きすぎる。

(2) 問題点　実行の着手は、実行行為がいつ開始されたかの問題であり、それはまた行為者自身の行為について考えられなければならないが、切迫性説は、自己の行為の終了後に実行の着手を求め（到達主義＝離隔犯の場合）、あるいは他人の行為に実行の着手を求めている点で（被利用者説＝間接正犯の場合）妥当でないと思われる。もっとも、切迫性説が未遂犯の処罰時期を既遂結果発生が切迫した時点（具体的危険が発生した時点）に求めたことは正しかった。法益の侵害が確実視される行為を行ったとしても、侵害の具体的な危険が切迫しない限り未遂犯としても処罰する必要性に乏しいからである。しかし、切迫性説は、結果の要素である「具体的危険の発生」の条文上の根拠を、行為の要素について規定した四三条本文の「犯罪の実行に着手して」に求めたため、そこに無理が生じたのである。そこで、未遂犯の処罰時期自体に関する切迫性説の帰結を実行の着手概念と結び付けることができないとすれば、問題の解決は、実行の着手時期と未遂犯の処罰時期とを切り離して考察する方向で図られることになる。

3　「行為の危険性」と「結果としての危険」を区別する立場

以上の論述から明らかなように、実行の着手時期の問題としては行為危険説の採る確実性説が妥当であるが、未遂犯の処罰時期の問題については、結果危険説の採る切迫性説が妥当である。しかし、法益侵害の確実性・自動性が問われる実行の着手の問題と、法益侵害の具体的危険の現実的発生が問題となる未遂犯の処罰時期の問題とが論理的にみて別個の問題だということになると、この両者を区別して論ずることが不可避となってくる。「行為の危険性」にかかわる実行の着手論と「結果としての危険」が問題となる未遂犯の処罰時期に関する議論とを対置させて論ずる立場（以下「区別説」という）がこれである（離隔犯につき、山口・探究二一一頁）。

ところで、区別説を採る場合の理論構成として考えられる第一のものは、行為の危険性を刑法四三条の「犯罪の実行に着手して」の基準と解し、結果としての危険を同条の「これを遂げなかった」の基準と解するものである。未遂犯の成立要件の一つとして、具体的危険の発生（結果としての危険）が問題となり、しかもそれが実行の着手の問題から区別すべきだということになると、その条文上の根拠を必要とする限り、その根拠は「これを遂げなかった」という文言に求めざるをえなくなる。すなわち、この考え方では、「これを遂げなかった」というのは、単に「既遂結果が発生しなかった」ということを意味するのではなく、「具体的危険は発生したが既遂結果は発生しなかった」、という意味に狭く解するのである。この方向が行為の危険性と結果としての危険とを区別し、後者についても条文上の基礎を与えようとしたことは特筆に値するが、結果としての危険を「これを遂げなかった」に含めて理解しようとすることには無理があると思われる。四三条は明示的には単に犯罪を遂げなかったこと、すなわち既遂結果が発生しなかったことを規定しているだけであって、実行には着手したが「具体的危険が発生しなかったために既遂結果が発生しなかった」場合を排除しているとは考えられないのである。

そこで、実行の着手に関する問題、したがって「行為の危険性」は未遂犯の構成要件該当性の問題であり、未遂犯の処罰時期に関する問題、したがって「結果としての危険」は未遂犯固有の違法性の問題であると解する方向が考えられてくる。すなわち、刑法四三条は、未遂犯の構成要件として実行の着手(行為の危険性)と既遂結果の不発生のみを規定し、第三の要件である具体的危険の発生(結果としての危険)は未遂犯独自の違法要素であると解するのである。不法を積極的に基礎づける構成要件要素は、罪刑法定主義の要請上、そのすべてが法文に明示的に規定されていることが望ましいが、これに対して違法要素は、超法規的違法阻却事由の存在からも明らかなように、違法性という評価が全法秩序の観点からする規範的評価であるために、そのすべてが常に法文化されているわけではない。未遂犯においても、不文の違法要素がありうるのではないかというのがここでの問題意識であり、法益侵害の具体的危険(結果としての危険)は、明文の規定こそないが、未遂犯固有の違法要素と解することができるのである。

危険概念は、実行の着手時期についても未遂犯の処罰時期(不能犯)についても問題とされるが、犯罪論体系上の違いを反映して、その性格は異なっている。①形式的な構成要件該当性が問題となる実行の着手論における危険は、実行行為を予備行為から分かつ基準として、実行行為のもつ法益侵害の「一般的」危険性を意味し、ここでの危険概念は「行為」の要素と解される。これに対し、②実質的な違法性が問題となる処罰時期の問題(不能犯論)においては、未遂犯として処罰に値する「具体的」危険が現実に発生したかどうかが問題となるのであって、ここでは危険は「結果」の要素と解されるのである。

【参考文献】

❶板倉　宏＝鈴木裕文「実行の着手」刑法基本講座第4巻
❷大越義久「実行の着手」『刑法理論の現代的展開　総論II』
❸塩見　淳「実行の着手について一〜三」法学論叢一二一巻二、四、六号(一九八七)
❹中　義勝「実行行為をめぐる若干の問題」、「間接正犯と不作為犯の実行の着手」同『刑法上の諸問題』(一九九九

一・関西大学出版部）所収
❺中山研一「間接正犯の実行の着手」同『刑法の論争問題』（一九九一・成文堂）所収
❻西原春夫『犯罪実行行為論』（一九九八・成文堂）
❼野村　稔『未遂犯の研究』（一九八四・成文堂）
❽名和鐵郎「未遂犯の論理構造」福田平＝大塚仁博士古稀祝賀『刑事法学の総合的検討㈦』（一九九三・有斐閣）

21 不能犯

一 未遂犯の処罰根拠

行為者としては犯罪の実行に着手したつもりであったが、結果の発生が不能であるためこれを遂げえない場合が不能犯である。不能犯の問題を論ずるに当たっては、その前提として未遂犯の処罰根拠について考えてみる必要がある。不能犯は未遂犯として処罰できない場合であるが、それではどのような場合であれば未遂犯としての処罰が可能であるかが当然問題となってくるからである。未遂犯においては（既遂）結果が発生していないにもかかわらず何故処罰されるのか、という未遂論の根幹にかかわる問題がこれである。犯罪論における主観主義と客観主義の対立を反映して、二つの考え方がある。

(1)　主観的未遂論　　犯罪意思が実行行為にまで表現されたものを未遂犯と解する主観的未遂論は、未遂犯の処罰根拠を行為者の反社会的性格に基づく犯罪反復の危険性、すなわち行為者の性格ないし意思、あるいは計画の危険性に求めている。主観的未遂論の特色は、外部に現れた客観的行為に単に行為者の主観的な意思の危険の徴憑としての意味しか認めない点にある（徴憑説）。主観的未遂論は、不能犯論において主観説（純主観説ないし抽象的危険説）

を採ることになる。

(2)　客観的未遂論　結果発生の客観的危険に未遂犯の処罰根拠を求める客観的未遂論は、その内部でさらに、違法の本質をめぐる見解の対立を反映して次の二つの考え方に分かれている。

第一は、行為無価値論(規範違反説)の立場であって、故意一般を主観的違法要素と解する見地から、違法を、行為の客観的危険と主観的意思の統合として二元的に把握する折衷主義的見解である(具体的危険説)。この見解の特色は、結果発生の危険を、法益侵害の一般的可能性を意味する「行為の危険性」と理解し、危険の有無は行為についての判断であって、結果発生の確実な行為(実行行為)が行われれば直ちに未遂犯としての処罰が可能となる、と解する点にある(行為危険説)。この見解が未遂犯の行為無価値性について意思の危険を強調する場合には、主観的未遂論に接近することにもなる。

これに対し、第二は、結果無価値論(法益侵害説)の立場であって、法益侵害の具体的(現実的)危険の発生を未遂犯の処罰根拠と解している(客観的危険説)。この見解の特色は、侵害結果発生の危険を「結果としての危険」と把握し、危険の有無は結果についての判断であって、侵害結果発生の切迫した時点で初めて未遂犯としての処罰が可能となる、と解する点にある(結果危険説)。

ところで、現行法上、既遂処罰が原則であるが(四四条)、未遂を処罰する場合には既遂と同様に処罰できること(四三条本文)を考えると、可罰未遂の成立範囲は、既遂に近似している場合に限定され、行為が客体に対する作用領域に入った場合に初めて処罰が可能となると解することができる。その意味で、既遂犯と同様、未遂犯もある種の結果を処罰するものであり、ただ既遂犯との差は、侵害犯の場合、侵害結果を処罰するのか(既遂犯)、危険結果を処罰するのか(未遂犯)、という結果の内容の違いに求められることになる。

二 主観説とその問題点

1 主観説の考え方

主観的未遂論は、不能犯論において主観説を採ることになる。主観説は、危険判断の基礎を行為者の認識した事情に求める点に特色があるが、主観説には、危険判断の基準をも行為者本人の立場に求める純主観説と、判断基準については一般人の立場に求める抽象的危険説とがある。

(1) 純主観説　未遂犯の処罰根拠を行為者の性格ないし意思の危険性に求める「純主観説」は、行為者に犯意があり、かつその犯意を実現しようとする行為がある以上、そこに未遂犯の成立を認めてよいとする。この立場では、迷信犯は別として、原則として不能犯の成立は認められない。危険判断の基準についても行為者本人の主観的見地とする純主観説にあっては、一般人の観点からみた客観的な結果発生の「危険」を問題にする余地がないからである。

(2) 抽象的危険説　この見解は、行為当時において行為者が認識していた主観的事情に照らし、一般人が抽象的に結果発生の危険を感ずる場合を未遂犯、そうでない場合を不能犯と解している。「抽象的危険説」は、行為の危険性を行為時の事前判断によって行い、しかもその際、もっぱら行為者の認識内容のみを判断基底におく点にその特色がある。「主観的危険説」とも呼ばれる所以である。純主観説との違いは、例えば砂糖で人が殺せると考えこれを人に飲ませたような場合に、純主観説では、犯意を実現しようとする行為がある以上未遂犯が成立するのに対し、危険判断の基準については一般人の立場とする抽象的危険説では不能犯にとどまるという点にあるが、その他の点ではほとんど差がないといってよい。

2　**主観説の問題点**

主観説の根底にあるのは、人的不法論を基礎として、故意を含む主観的違法要素を全面的に認める徹底した行為無価値論の考え方である。違法の本質について行為無価値一元論を採る場合には（本書6参照）、不能犯論において主観説を採ることが論理的に一貫した帰結といえるが、未遂犯の処罰根拠を法益侵害の具体的危険の発生に求め（客観的未遂論）、その危険を結果としての危険と解する立場からは、主観的未遂論を基礎におく主観説は採りえないということになる。

三　具体的危険説（折衷説）とその問題点

1　**具体的危険説の考え方**

未遂犯の処罰根拠に関する客観的未遂論のうち、「行為の危険性」を問題にする「具体的危険説」は、行為当時において一般人が認識しえた事情および行為者が特に認識していた事情を基礎として、一般人の見地に立って具体的に結果発生の危険を感ずる場合を未遂犯、そうでない場合を不能犯と解している。行為時の事前判断に依拠する点は先の抽象的危険説と同じであるが、例えば、行為者は毒薬と誤信して殺意をもって砂糖を投与したが、一般人であればそれが砂糖と認識しえた場合に、砂糖の投与という事実を判断基底におくというように、一般人の認識しえた事情をも考慮する点に抽象的危険説との違いが見受けられる。

具体的危険説は事前判断に依拠するから、後述の客観的危険説が絶対不能として不能犯とする事例についても、未遂犯の成立を認めることがある。例えば、客体の絶対不能の例である《死体に対する殺人》において、行為当時行為者はもとより一般人も当該客体が生きていると考えていた場合は、その事実が行為の危険性判断の基礎におかれるから、「人」に対する殺人行為として殺人未遂となるのである。また、手段の絶対不能とされている《空ピストルによる殺人》の例においても、行為当時ピストルに弾丸が装塡されていると考えられていた場合には、たとえ空のピストルの引き金を引いた場合であっても殺人未遂となるのである。

ところで、「具体的危険」説という名称は、具体的な事案に即して行為の危険性判断を行うとするところから付けられたものであるが、実際には危険判断に際して「事実の抽象化」がかなり広範囲にわたって行われている。それは、事前の一般人の認識しえた事情を基礎として危険判断を行っているからであって、前例でいえば、《死体に対する殺人》については、行為時に客体が生体でありえた可能性を問題とし、《空ピストルによる殺人》の例では、ピストルに弾丸が入っていた可能性を問い、それらが肯定された場合には、生体に対する殺人、弾丸が装塡されたピストルによる殺人にまで事実が抽象化されて危険判断が行われるのである。その意味で、「具体的危険」説という名称には問題があるといえよう（内藤・㊦Ⅱ一二五八―九頁）。

2 具体的危険説の問題点

(1) 批　判　具体的危険説に対する疑問の最たるものは、危険の判断方法としての事前判断にある。行為時の事前判断による限り、一般人にも認識しえなかった事情については危険性判断にとっていかに本質的な事実であってもすべて判断基底から排除されてしまう結果、結論において抽象的危険説との間にそれほどの違いが認められないことになる。すなわち、行為当時客観的に実在した事実を一般人も認識しえなかった場合は、行為者の認識したところに従って行為の危険性を判断せざるをえないが、そうなると結論的には抽象的危険説と同じになって、結局は行為者の意思の危険性、計画の危険性を処罰することになってしまうのではないか、という疑問が生じてくるのである。例えば、夜間誰もが人間と見間違うほどに精巧にできた人形に向かって銃を発射する行為を殺人未遂とするのは、人を殺害しようとする行為者の意思の危険性を処罰するものといわざるをえないであろう。

また、反対に、事前判断によると、本来危険であるはずの行為を不能犯の中に取り込んでしまう可能性もある。例えばXが砂糖で人を殺そうと思い、大量の砂糖を重症糖尿病患者Aに摂取させたが辛くも一命を取り留めたという事例において、行為当時一般人はもとより行為者XもAの病気を知りえなかったときは、具体的危険説によると健康人への砂糖の投与の危険性が問題となり、結局不能犯として不可罰ということになる。しかし、仮に故意の観点から不可罰という結論を支持するとしても、本件Xの行為はやはり法益侵害の具体的危険のある行為といわざるをえず、これを危険の認められない不能犯と解することはできない。もとより、XがAの病気の事実を知っていれば、具体的危険説によっても未遂犯ということになるが、行為者の認識の有無によって危険が発生したり発生しなかったりすることになるのは妥当でないであろう（山口・探究二一五頁）。具体的危険説において、行為者が特に認識していた事情を考慮する趣旨が、一般人の事実誤認を排除して行為者の認識していた客観的実在を要求することにあるのであれば、最初から事後判断により得られた客観的事実を判断基底におけば足りるのである。

(2)　修正具体的危険説　　具体的危険説は、自説の抱える結論上の不備を補うために、さまざまな修正を試みている。部分的に事後判断を取り入れることによって事前判断による結論を修正したり（平野・法学セミナー一三九号（一九六七）四九頁）、事前判断によりつつも行為者の主観を排除して行為およびその外部的事情により行為の危険性を判断するのがそれである（大沼・後掲❶一一一頁以下）。このうち、前者の修正説は客観的危険説に向かって一歩を踏み出すものであるが、事前判断による場合と事後判断による場合との限界が問題となろう。また、後説については、行為者の主観を排除すると、一般人が行為時において客観的実在を認識しえなかった場合に不当な結論に至る。例えば、一般人は被害者が重度の糖尿病患者であることを知りえなかったが、行為者がその事実を知ってこれに大量の砂糖を飲ませた場合、具体的危険説の基準からは不能犯となってしまうからである（前田・基礎七九頁参照）。次に、その他の修正説として、不能犯論においていわゆる事実の欠缺の理論を併用する見解、および違法論の中に法益の侵害・危険に還元しえない義務違反的要素を持ち込む見解をみてみることにしよう。

事実の欠缺論（構成要件欠缺の理論）は、犯罪の主体・客体・手段・行為状況など、構成要件要素のうちそれを欠けばその構成要件的定型性が失われるような本質的要素を欠く場合には構成要件該当性が認められないとする理論であって、これを不能犯論に適用した場合には、結果の不発生が構成要件に該当する事実の欠缺に由来する場合を不能犯、そうでなく因果関係に属する要素が欠けた場合を未遂犯とすることになる（法律的不能説）。本来の具体的危険説に従った場合、例えば自己の所有物に対する《窃取》行為についても、行為当時その物が一般人の目からも他人の所有物とみられていた場合には、窃盗罪の未遂が成立することになるが（野村・後掲❹一五頁）、事実の欠缺論による場合は、客体の欠缺として不可罰ということになる。論者は、この場合には、本来的に犯罪を実現する危険性が含まれていないことを理由として挙げるが、それは事後判断によるからであって、事前判断による具体的危険説からは導きえない帰結である。また、同じ客体の欠缺でありながら、空ポケットへのスリの例においては窃盗未遂を認め、本問の場合に不能未遂とするのは論理が一貫しないというべきであろう。

さらに、主体の欠缺について、基本的に具体的危険説の立場に立ちつつ事実の欠缺論を併用してこれを不可罰とする見解（例えば団藤・一六五頁）にも問題がある。けだし、法益侵害の危険性という観点からは、主体の欠缺と客体の欠缺とを区別する理由がないからである。事実の欠缺論には、客観的な事後判断の契機が存在しており、事前判断を特徴とする具体的危険説の発想および方式とは本来異質なものであって（中山・四二五頁）、両者を併用することにはそもそも無理があるのである。

そこで、身分犯については、法益侵害性のほかに義務違反性を問題にする見解が現れることになる。この見解は、身分犯の違法要素は法益侵害の危険性と義務違反性の両者に求めるべきであり、主体の欠缺の場合には、法益侵害の危険性は肯定されるが、義務違反性が否定されることにより未遂犯は成立しない、と解するのである（野村・後掲❹一五頁）。具体的危険説の立場から主体の欠缺の場合を不可罰とするためには、このような理論構成を採らざるをえないであろうが、そこには違法ひいては犯罪の本質を義務侵害とみる義務違反説の残滓を認めることができよう。

四　客観的危険説（客観説）とその問題点

1　客観的危険説の考え方

未遂犯の処罰根拠について「結果としての危険」を問題にする「客観的危険説」は、行為当時に存在したすべての客観的事情を判断基底において、（科学的）一般人の立場から結果発生の危険を感ずる場合を未遂犯、感じない場合を不能犯と解している。この見解の特色は、危険判断に際し、行為当時に行為者はもとより一般人も認識しえなかった事情についても、事後判断によりその事情の存在が行為後に判明した以上、そのすべてを考慮する点にある（ただし、行為時に一旦結果発生の危険が生じた以上、その後の事情によって危険が消滅したとしても未遂犯の成立は妨げられない）。客観的危険説は、結果の発生が不能な場合を絶対不能と相対不能とに二分し、前者を不能犯、後者を未遂犯とする「絶対不能・相対不能説」と基本的に同じ考え方である。違法の本質について法益侵害説に立ち、違法論における危険判断は、事後的に純客観的になされるべきであるとする見地からは、妥当な見解である。

客観的危険説と他説とのもっとも大きな違いは、危険の判断方法としての事後判断にある。したがって、行為後に判明した事情であっても、行為時に存在した事情がすべて危険判断の基礎におかれる結果、危険性の判断基底は、具体的危険説の説くように、行為時に一般人が認識しえた事情および行為者が特に認識していた事情に限られないことになる。例えば、《死体に対する殺人》においては、行為当時、行為者および一般人が客体を生体であると考えていたとしても、危険判断の基礎におかれる客体は死体であるし、《空ピストルによる殺人》の事例では、行為時に弾丸が装填されていた可能性がどれほど高くても、判断基底におかれる手段は弾丸の装填されていないピストルなのである。

2　客観的危険説の問題点

(1)　批　判　客観的危険説、特に絶対不能・相対不能の基準に向けられる批判は、その区別が不明確であるというものである。例えば、致死量に達しない毒物で人を殺そうとして果たせなかった場合、およそ毒物で人を殺すことが可能かどうかを問題とすれば相対不能となるし(未遂犯)、致死量に達しない毒物で人を殺すことが可能かどうかを問題とすれば絶対不能になる(不能犯)、というのである(その他、一個の弾丸しか装塡されていない六連発銃の引き金を一回引く行為もこの類型に当たろう)。たしかに、危険性の量・程度が問題となる事例においては、未遂犯と不能犯との限界が一義的に明らかになるというわけにはいかないが、それは危険概念が程度を付しうる段階的概念であることに伴う必然的な帰結であって、必ずしも客観的危険説固有の問題とはいえないであろう。反対に、危険の質・存否が問題となる事例においては、客観的危険説の基準はきわめて明瞭であると思われる。例えば、《死体に対する殺人》が客体の絶対不能のケースであることは争いえないところであるし、《空ピストルによる殺人》が手段の絶対不能のケースであることも明らかである。むしろ、危険判断の基礎を最終的に一般人の認識内容に求めざるをえない具体的危険説の方が区別基準の不明確性ははるかに大きいのである。

次に、客観的危険説に対する常套的批判は、事後判断によりすべての客観的事情を基礎として科学的法則により危険判断を行う場合にはおよそ未遂犯はありえず、既遂結果が発生しない以上はすべて不能犯となる、というものである。例えば、前述の致死量に達しない毒物の投与の場合、被害者の健康状態、用いられた毒の成分・分量などすべての事情を考慮し、しかもこれに科学的な物理法則を適用して判断すれば、そこに危険性が存在する余地はない、というのである。この批判に応える道は二つあるように思われる。一つは、危険判断の基礎におかれる事実を抽象化する方向であり、他の一つは、危険性の判断基準を純粋に科学的な物理法則に求める代わりに、これを（科学的）一般人の危険判断にまで緩和する方向である。

(2)　修正客観的危険説　第一の方向は、現実には存在しなかった（仮定的）事実が存在することがどの程度ありえたかを問題とし、相当程度の可能性が認められる場合（そのような事実が十分ありえたと考えられる場合）に、このような事実を判断基底において危険性を判断しようとするものである（山口・探究一一六―七頁、同・後掲❽一六五頁以下）。そして、具体的危険説との違いは、「仮定的事実の存在可能性」の判断を「事前的」ではなく「事後的」に行い、科学的判断の枠内に収める点に求められている。もっとも、この立場でも、客体の不能については、存在することのありえた客体に対する危険にまで具体的危険の範囲は拡大されるべきではないということから、具体的被害法益に対する「現実的な」危殆化を要求するという限定的基準を併用する必要があるとし、もっぱら手段の不能の事例についてのみ事実の抽象化を認めて、ありえた仮定的手段を前提として危険判断を試みている。例えば、空ピストル事例において、そのピストルが警察官から奪取したものであるときは、実弾が込められていることが十分にありえたとして具体的危険の発生が肯定されている。しかし、この修正は客観的危険説にとってはあまりにも重大であって、「ありえた手段」を問題にすることは、結果的に事前判断に依拠する具体的危険説に接近することになる（中山・後掲❸一六二頁）。そこで、事後判断に徹底するというのであれば、方法の不能についても客体の不能の場合と同様、行為者が現に採用した具体的手段による現実的な危殆化を問題とすべきであろう。

ところで、例えばピストルの銃口がほんのわずかずれていたために命中しなかった場合、これを不能犯ではなく未遂犯とするためには、危険の判断基準について一定の配慮が必要ではないかと思われる。そもそも客観的危険説に立つ以上、危険判断は事後的に判明した客観的事実を判断の基礎におくべきであって、あくまでも法益侵害の事実的可能性を内容とする判断でなければならないが、危険概念が本来的にある種の価値的・評価的要素を含んでいることも否定できないところであって（これに対し「実在的危険概念」を採るものとして、宗岡・後掲❻一八頁以下）、危険判断の基準としては、純粋に科学的な物理法則ではなく、（科学的）一般人の危険感を問題とせざるをえないであろう（なお、空ピストルであると分かっていても本物のピストルの引き金を引くことに伴うある種の不安感・気味悪さがここでいう危険感でないことはいうまでもない）。図式的にいえば、危険判断の基底には純粋に物理的な事実がおかれるのに対し、危険判断自体（判断基準）は評価的性格を帯びざるをえないのである。

結局、行為時における行為者および一般人の誤信（例えば弾丸の装填されたピストル）がなければ、したがって客観的に物理的な事態（空ピストル）を前提とすれば、社会経験上一般に危険を感じない場合が不能犯、反対に、誤信（例えば致死量の毒薬）がなくても、したがって客観的・物理的な事態（致死量に達していない毒薬）を前提としても危険を感ずる場合が未遂犯ということになる。

【参考文献】

❶大沼邦弘「未遂犯の実質的処罰根拠」上智法学論集一八巻一号（一九七四）
❷曽根威彦「未遂犯における不法」同『刑事違法論の研究』（一九九八・成文堂）所収
❸中山研一「不能犯論の反省」、「不能犯の論争問題」同『刑法の論争問題』（一九九一・成文堂）所収
❹野村　稔「不能犯と事実の欠缺」刑法基本講座第4巻
❺林　陽一「不能犯について」松尾浩也先生古稀祝賀論文集　上巻（一九九八・有斐閣）
❻宗岡嗣郎『客観的未遂論の基本構造』（一九九〇・成文堂）
❼村井敏邦「不能犯」『刑法理論の現代的展開　総論II』
❽山口　厚『危険犯の研究』（一九八二・東京大学出版会）
❾特　　集『未遂・不能犯論』現代刑事法一七号（二〇〇〇）

22 中止犯の法的性格

一 中止犯の意義と構造

犯罪の実行に着手したが、自己の意思によってこれを中止することが「中止犯」(中止未遂・任意未遂)であるが(刑法四三条ただし書)、中止犯の構造上の特色は、未遂犯(障害未遂)との対比においてこれをよく理解することができる。

まず、未遂犯と中止犯の共通点は、犯罪の実行に着手し、かつ客観的にみて法益侵害の具体的危険を生じさせたことによって違法となるが(その点で、危険が発生せず、したがって適法行為である不能犯(不能未遂)と異なる)、侵害結果が発生しなかった点で既遂犯と対比して違法性の減少が認められる、ということである。次に、両者の相違点は、結果不発生の原因が未遂犯の場合には意外の障害によるのに対し、中止犯の場合には自己の意思によっている(中止の任意性)、ということに求められる。すなわち、未遂犯と対比した場合の中止犯の特異性は、結果不発生の原因が自己の意思によったものであるという一点に集約されているのである。

したがって、中止犯において違法性の減少が認められるとしても、それは既遂犯との対比においていえることであって、未遂犯の違法性がさらに減少するものではないことに注意する必要がある。物的違法論に立脚する限り、法益侵害の現実的危険が生じた以上、違法性の程度に関して中止犯を未遂犯から区別する理由はないのである。これに対し、責任の面は、中止犯における結果不発生の原因が自己の意思による点で、意外の障害による未遂犯よりも減少しているとみることができる（責任減少説＝後出二1⑵②）。

二　中止犯の法的性格

1　刑の必要的減免の根拠

刑法四三条ただし書は、中止犯について「その刑を減軽し、又は免除する」と規定し、中止犯が認められた場合には必ず刑が減軽または免除されなければならないことを明らかにしている（刑の必要的減免）。これに対し、未遂犯の場合は刑の任意的（裁量的）な減軽が認められているにすぎない（四三条本文）。そこで、結果不発生の原因が自己の意思によるか意外の障害によるかによって、何故取り扱いを異にするのかが問題となるのである。学説には、大別して、中止犯の法的性格（本質）を、⑴刑事政策的理由に求めるもの（刑事政策説）、⑵犯罪論上の法的評価に求めるものとがある（法律説）。

⑴　刑事政策説　「後戻りのための黄金の橋」というリストの有名な言葉に示されるように、この見解は、刑の必要的減免の根拠を、犯罪の実行に着手した者についても最後の瞬間まで中止を期待し奨励するという政策的理由に求めている。すなわち、刑事政策説は、犯罪の実行を任意に中止した場合には、褒賞として刑の必要的減免という恩典を与えることによって、犯罪が完成することを未然に阻止しようとするのが法の趣旨だと解するのである。

そして、次の法律説が採れない理由として、中止犯も未遂犯の成立要件(違法・責任など)をすべて具備することによって、一旦成立した未遂犯を事後の中止行為によって覆滅させることはできない、ということを指摘している。

(2) 法律説　この見解は、刑の必要的減免の根拠を中止行為自体のもつ法律的性質に求め、中止犯の法的性格を犯罪の成立要件に還元して論じようとする。法律説は、さらに違法減少説と責任減少説とに分かれる。

① 違法減少説　この見解は、主観的違法要素を強調する論者によって主張され、行為者が反規範的意思(故意)を放棄し、規範的意思を中止行為として外界に表動させた点(違法減少)に中止犯の法的性格を求める。違法減少説は、(未遂犯における)故意を主観的違法要素と解し、したがって故意の放棄を意味する任意な中止があれば未遂犯の違法性が減少する、と説くのである。もっとも、違法減少説にも二つの立場があり、一つは、未遂犯の故意はもとより既遂犯における故意も主観的違法要素と解する行為無価値論からのアプローチであって、中止犯の本質を必ずしも法益侵害の客観的危険性の減少に直結させないものであり(西原・三三三頁)、他の一つは、未遂犯の故意のみが主観的違法要素であると解する結果無価値論からのアプローチであって、任意の中止による結果発生の客観的危険の減少を中止犯の特徴と解するものである(平野・II三三三頁)。前者の立場は、任意な中止行為によって人的不法を減少させ(故意の放棄)、後者の立場は物的不法(危険)を減少させる、と説くのである。

② 責任減少説　この見解は、「自己の意思により」(=任意に)犯罪を完了させなかった(=未遂犯の違法性にとどめた)結果として、責任が未遂犯よりも減少することになる、と主張する。すなわち、犯行の決意(故意)の事後的な撤回が行為者の規範意識の覚醒として働くことによって、非難可能性(責任)が減少することに中止犯の法的性格を求めている。責任減少説は、従来、道義的責任論・人格責任論の立場から主張されてきたが(例えば団藤・三六二頁、香川・後掲❷一〇七頁)、近年では結果無価値論を徹底する立場からも有力に主張され(例えば内田・二七一頁、中山・四三

三頁）、さらに最近では、刑事政策目的をも考慮に入れ、任意の中止によって可罰的責任（処罰に値する責任）が減少する、とみる見解も主張されている（可罰的責任減少説＝山中・後掲❽三六九―三七〇頁）。責任減少説は、中止犯の構造を分析することによって得られた見解であり（前出一参照）、故意を責任要素と解する結果無価値論の立場から、故意の放棄を意味する任意の中止によって責任が減少する、と説くのである。この見解はまた、特に「共犯と中止」において問題となる中止犯の一身専属的効果を説明するのに適する、と自負している。

(3)　併用説　最近では、基本的に法律説に立ちつつ、中止犯規定が刑事政策的考慮に基づくことも否定できないということから、刑事政策説と法律説を併用する見解が次第にその数を増している。また、法律説内部で違法減少説と責任減少説を併用する見解も有力になりつつある。そこで、現在では、①違法減少説と責任減少説の併用説（川端・四六六頁以下）、②違法減少説と刑事政策説の併用説（福田・二一五頁。その他、違法減少説の論者（前掲(2)①）の大半は刑事政策説との併用を認めている）、③責任減少説と刑事政策説の併用説（木村・後掲❹二六頁、内藤・(下)Ⅱ一二八九頁）、および④違法・責任減少説と刑事政策説の併用説（総合説）が唱えられるに至っている（大塚・二四二頁、板倉・後掲❶四二頁以下）。

2　各説の検討

(1)　刑事政策説の問題性　刑の減軽・免除が有罪判決の一種であることから、中止犯の規定を刑罰減軽・免除事由と解する刑事政策説は、実定法の建前と調和するといえるし、中止犯に特別の恩典（刑の必要的減免）が与えられていることの根拠を説明するものとして、必ずしも誤りとはいえない。また、中止犯の法効果を一身上の刑罰減免事由と解することによって、その一身専属的性格を無理なく説明できる、という利点ももっている。少なくとも、立法者が中止犯規定の定立に際して政策的考慮を働かせたということは否定できないであろう。しかし、刑事政策説には、次にみるようないくつかの疑問点がある。

まず、当然のことながら、政策的考慮だけでは中止犯の法的効果を理論的に十分説明しえないという憾みがある（内田・I二五六頁以下参照）。中止犯の規定が行為者に結果発生の阻止を要請することによって、法益の保全を図ろうとする趣旨のものであることは否定できないが、それは一般の刑罰規定において、行為者および国民一般に対し、結果の発生に至る行為を禁圧することによって法益の保護を図ろうとするのと同じである（山口・探求二二四―五頁参照）。そして、通常の犯罪については、そのような政策目的が犯罪の実質（違法・責任）に照らして説明されているのであるから、中止犯における刑事政策的根拠も、違法または責任のいずれかの犯罪要素に還元して論ずべきであろう。もっとも、刑事政策的考慮は、結果発生阻止に向けての行為者に対する事前の要請をその本質としているから、これを違法要素に還元する場合は、行為時を基準とした事前的な義務違反を内容とする行為無価値論的なものとならざるをえない（中止犯の刑の必要的減免の根拠を犯罪中止義務ないし結果発生防止義務の履行に求めるものとして、野村・三五八頁、同『未遂犯の研究』四五三頁）。

また、中止犯に関する刑法の規定を知らない一般国民に対しては、その効果を期待しえないという問題もある。刑事政策説にとっては、犯罪者を含め国民が中止犯の法効果を知っているということが不可欠の前提であるため、そこに擬制的要素が入り込まざるをえないという難点があるのである（これに対し、板倉・後掲❶三七頁）。さらに、例えばドイツ刑法が、中止犯は（未遂犯としては）不可罰であるとしているのとは異なり、わが刑法が必要的とはいえ刑の減軽または免除にとどめていることから、これによってはたして十分な犯罪防止効果を上げることができるか、ということも問題となる。最後に、刑事政策説に従った場合、犯罪論的評価と科刑とが切り離されることになるため、刑の減軽と免除の区別の理論的基準をどこにおくのかということも疑問として残る。違法・責任評価を離れて刑の減軽と免除を区別することはできないのである。

(2)　違法減少説の問題性　　中止犯においても未遂犯と同様、侵害結果が発生しないことから、この見解にいう「違法の減少」が結果の発生を伴う既遂犯との区別を意味するのであればその限りで妥当ということになるが、この点は未遂犯（障害未遂）においてもまったく同様であって、中止犯の本質として違法の減少を特に取り上げて独立に論ずる意味はない。結果無価値論に立脚する違法減少説は、自己の意思により結果発生の危険を消滅させることによって違法性を減少させた点に中止犯の本質的特徴を求めているが、外部的障害によっても同じように客観的危険を消滅させることはできるのである。

また、違法減少説によると、正犯の中止行為による違法減少の効果が共犯にも及ぶことになってしまい（違法の連帯性）、中止犯の一身専属的効果を説明することができないという難点もある（前出1(2)②参照）。この点、違法減少説の側から「中止者の行為は中止によって減少されてもやはり違法であるから、他の共犯の成否には影響を及ぼさない」との説明がなされている（板倉・後出❶四四頁）。たしかに、共犯の違法性が完全に否定されることはありえないが、違法の従属性（連帯性）を認める限り、正犯の違法性が減少すればそれに伴って共犯の違法性も減少するはずである。そこで、違法減少説に立って中止犯の一身専属的効果を説明しようとするなら、違法の従属性を否定して「人による違法の相対性」を認めることが不可避となる。すなわち、違法の本質につきいわゆる人的不法論に立脚して、刑法における違法性を行為者関係的な人的不法と解さざるをえなくなるのである。その意味でも、物的不法論（結果無価値論）の見地から違法減少説を採ることは不可能と思われる。

さらに、後述のように（後出三(4)）、中止行為と結果の不発生とが因果関係に立たない場合に、行為者自身の行為で結果の発生を防止していないことから、違法減少を認めることが困難になるという問題もある。

(3)　責任減少説の妥当性　以上により、責任減少説が基本的に妥当だと思われるが、この見解に対しては、責任減少説によるならば、任意性の内容として規範的意識の覚醒(広義の悔悟)を要求するのが自然であるが、そうした場合、中止犯の成立範囲が狭くなりすぎる、という批判が提起されている(平野・II三三三頁以下)。たしかに、刑法における責任概念を道義的(倫理的)責任と解する場合には右の批判が妥当するが、この問題は、刑法上の責任を法的に理解することによっておのずから解決されることになる。「自己の意思による」＝自発的意思の内容としては、一旦抱いた結果実現意思(故意)を法の呼び掛けに応じて放棄する意思があれば責任減少を認めるのに十分と考えられる(内藤・(下)II一二八七頁)。

また、責任減少説によると、中止行為があったにもかかわらず結果が発生してしまった場合についても(後出三(3)参照)、中止犯と同じ取り扱いになってしまうという指摘があるが(山口・探究二二三頁)、責任減少説も中止犯が結果の発生しない未遂犯の一種であることを当然の前提としているのであって、右の批判は妥当しない。中止犯の法効果である「刑の必要的減免」の根拠の中には、中止行為による危険の減少に伴う違法の減少も含まれているが、それは既遂と比較した場合の障害未遂(未遂犯)でも同様であって(ただし障害未遂は違法減少のみ)、中止犯の場合に、未遂犯の法効果である「任意的減軽」を超えて、さらに寛大な扱いを受けることができる根拠は、未遂犯と異なり、まさに「自己の意思により」結果発生の危険を減少させ既遂に至らせなかったこと、すなわち責任の減少に求められるのである(前出一参照)。

(4)　併用説の問題性　違法・責任減少説には、常に違法と責任の減少を認める立場と、場合によってはどちらか一方のみを認める立場とがある。①前者の立場は、例えば「結果発生防止行為(ないし結果発生を防止すべき行為)の側面が違法性判断の対象となり、そのような行為の『決意』が責任判断の対象となる」(川端・25講二八〇頁)、と説明する。しかし、中止行為の「決意」は任意性の問題として、併用説の立場ではすでに違法性を減少させているはずであり、しかも違法判断は責任判断に先行するのであるから、違法減少を認める見地に立つ以上、中止犯の法的説明に際してあえて責任評価を持ち出すまでもないと思われる（板倉・後掲❶四五頁）。また、違法減少と責任減少のどちらか一方が認められれば必ず他方も認められるというのであれば、両者を併用する意味が失われてしまうから、違法減少と責任減少の併用を認める意義は、本来、一方が認められても他方が認められない場合があるということに基づいていたはずである。

そこで、②違法・責任減少説の第二の立場は、「たとえば悔悟にもとづいて真剣な中止行為（結果発生防止行為）をしたが、中止行為と結果不発生との間の因果関係が認められない場合、客観的な違法性が減少するというより、行為者に対する非難可能性が減少する」（板倉・後掲❶四五頁）、と説明する。しかし、併用説は任意の中止により、責任と並んで違法性が障害未遂に比べて減少すると解するのであるから、右の場合に違法性の減少を否定するのは背理といわざるをえないであろう。また、「悔悟（広義）にもとづかない功利的な打算にもとづいた中止行為の場合などは、責任の減少というより違法性が減少する」というが（板倉・後掲❶四五頁）、違法減少を認めるのであればあえて責任減少を論ずるまでもないと思われる。

三　中止犯の法的性格が成立要件に及ぼす影響

中止犯の法的性格についての見解の対立が、中止犯の成立要件の解釈にどのような影響を及ぼすかを考えてみることにする。もっとも、刑事政策説は、もともと理論的性格をもつものではないので、その考え方が直ちに中止犯の解釈に一定の方向性を与えるものではない。したがって、ここでは主として違法減少説と責任減少説との解釈論上の帰結の違いを問題にすることにしよう。

(1) 中止の任意性　中止犯が成立するためには、「自己の意思により」犯罪を中止することが必要であるが、中止の任意性の判断基準については、見解が分かれている。①客観説は、犯罪を遂げない原因が社会一般の通念に照らし通常障害と考えるべき性質のものでない場合に任意性が認められるとし、②（心理的）主観説は、外部的障害による場合、および外部的障害を認識してやめる場合以外が自己の意思による場合であるとし、③限定主観説（規範的主観説）は、「自己の意思により」ということを広義の後悔に出た場合と解している。判例は、任意性を否定したものについては主観説（例えば大判昭和一二・三・六刑集一六巻二七二頁）から客観説（例えば最決昭和三二・九・一〇刑集一一巻九号二二〇二頁）への流れが看取され、肯定したもの（下級審判例）は限定主観説（例えば福岡高判昭和六一・三・六高刑集三九巻一号一頁）に依拠しているという傾向がみられる。

中止犯の法的性格に関する違法減少説は、たとえ悔悟によらなくても、本人ができると思ったのにやめたときは中止犯であるとし（平野・II三三四頁）、中止犯の成立範囲を広く認めようとする傾向にある。違法減少説によって任意性を説明する場合、少なくとも限定主観説が採りえないことは明らかであり、他方で、客観説が違法減少説によりよく適合する見解とみることができる。特に「客観的違法」を、判断対象ではなく判断基準の客観性の意味に解する場合には（修正された客観的違法論）、違法減少説は任意性の判断について客観的基準を掲げる客観説に赴くことになる（西原・二三五頁。ただし折衷説と呼ぶ）。しかし、違法減少説と客観説との結び付きは必然的なものではなく、故意を主観的違法要素と解する見地から、違法減少説を採りつつ、任意性の判断基準について（心理的）主観説に至ることも論理的には十分可能である（福田・二三四頁）。

これに対して、責任減少説は、行為者の主観面を重視することから、(心理的)主観説ないし限定主観説を採るのが自然である。「違法は客観的に、責任は主観的に」と考える伝統的な客観的違法論の立場からすれば、責任減少説は「自己の意思による」かどうかを行為者の主観面から出発して考える主観説に結び付くことになる(内田・二七二頁以下、中山・四三五頁)。もっとも、責任減少説と主観説の結び付きも必然的なものではない。一般人を標準にして行為者の責任を論ずる場合には、責任減少説に立ちつつ客観説を採ることになる(例えば香川・二七五―六頁)。殊に、責任の内容を「行為者の反社会性」に求める主観主義犯罪論(近代学派)の立場にあっては、責任減少説の見地から客観説を採ることになる。すなわち、この立場の論者は、中止犯の刑の必要的減免の根拠を「行為者の反社会性」の減少・消滅に求め(その意味での責任減少)、その結果、任意性の判断基準を「経験上通常」、「一般の経験上」という社会的・客観的なものに見い出そうとしたのである。これは、主観主義が本人の意思内容を問題とすべきところでは、客観的基準を用いる点に由来しているといえよう(中山・概説Ⅰ二四八頁)。

ところで、責任減少説を採ると、自己の意思は「悔悟その他の倫理的に是認すべき動機によった場合に限るのが自然」であるとの指摘がある(平野・Ⅱ三三三頁)。たしかに、道義的責任論を基礎とする責任減少説には右の指摘が妥当するが、刑法上の責任を法の見地からする規範的な非難可能性と捉える法的責任論を採れば、責任減少説の立場でも任意性の内容として倫理的悔悟を要求することにはならない。この場合、どちらの主観説を採るかは、論者のよって立つ責任観(法的責任論か道義的責任論か)によって決まることになる。思うに、倫理的悔悟は法律上の責任としては過大の要求である。例えば、目的物の価値が僅少なため財物奪取を思いとどまった場合にも故意の放棄が認められ、責任減少説においても中止の任意性を認めることができるのである。法的責任論に立脚する責任減少説の立場からは、中止の任意性の判断基準に関し、(心理的)主観説が採られることになる。

(2)　中止行為の真摯性　判例は、実行行為終了後の実行中止の要件として、真面目でひたむきな動機・心情を意味する「真摯な努力」を要求している。特に、結果発生防止行為を他人に依頼する場合には、自らが結果防止に当たった場合と同視しうる程度の努力を要求している（放火罪における中止行為につき、大判昭和一二・六・二五刑集一六巻九九八頁）。そして、中止犯の法的性格についてこれを道義的責任の減少に求める場合には、判例と同様、中止行為の真摯性を要求することになろう。

しかし、中止行為は本来中止犯の客観的要件として位置づけられるものであり、仮に主観面を考慮するとしても、法的責任と倫理的責任とは区別されるべきであるから、中止行為の要件として真摯な努力までは必要でなく、客観的にみて結果を防止するにふさわしい積極的な行為があれば足りる、と解すべきであろう。真摯性の要件は、それ自体に意味があるというものではなく、実際には、後述の中止行為と結果不発生との間の因果関係を補充し、さらにこれを代替する機能を果たすものと理解されてきたのである（香川・二七八頁）。

(3)　中止行為と結果の発生　実行中止において結果の発生を防止すべき積極的な中止行為を行ったが、結果が発生してしまった場合にも中止犯の成立が認められるかどうかが問題となる。これを肯定する見解もあるが（積極説＝準中止犯）、中止犯も結果の発生しない広義の未遂犯の一種なのであるから、右の場合には中止犯の成立を認めるべきではない（消極説）。この場合、徹底した人的不法論の立場は別として、違法減少説の見地から消極説の結論を導くことは容易であるが、責任減少説の立場からすれば結果が発生しても中止犯が成立可能とすべきはずだ、という指摘がなされている（平野・後掲❼一六四頁以下）。しかし、責任減少説も、広義の未遂犯の一種である中止犯の成立要件として結果の不発生を当然の前提としており、その原因が任意の中止にあることに責任減少の根拠を求めているにすぎないのであるから、右の批判は当たらないと思われる。

(4)　中止行為と結果不発生との因果関係　最後に、積極的な中止行為が行われたが、①他人の行為によって結果が防止された場合や、②例えば致死量に達しない毒薬の投与後に解毒剤を与えた場合のように、最初から結果が発生しえない場合にも中止犯の成立が認められるかが問題となる。中止行為と結果不発生とが因果関係に立たない場合にも中止犯が認められるか、という問題である。この点、判例は被告人の行為による防止効果がないとして中止犯の成立を否定しているが（消極説＝例えば大判昭和四・九・一七刑集八巻四四六頁）、因果関係がなくても積極的な努力による責任の減少が認められ（責任減少説）、また、特に②のケースの場合、消極説によると、例えば毒薬が致死量に達していれば解毒剤を与えるなどして中止犯の成立する可能性があり、あるいは毒薬が致死量に達していなくても実行行為を途中で取りやめた着手中止の場合には中止犯が認められることとの間に不均衡が生ずることになるので、右の場合にも中止犯の成立を認める積極説が妥当である。

ただし、この場合、自らの行為により結果発生を防止したわけではないので、違法減少説に立った場合に、はたして積極説を採りうるかには疑問が残る。もっとも、人的不法論の見地からは、中止行為に上述の真摯性を要求する限り、そこに行為無価値の減少を認める途が十分に可能であり、結果不発生との間の因果関係は必須のものではなくなるであろうが、物的不法論の見地からは、結果発生の危険を実際に減少させなければ中止犯とはいえないことになるから、この立場で、違法減少説に立ちつつ、中止行為と結果不発生とが因果関係に立たない場合にも真摯性を拠り所として中止犯の成立を認めるのは困難であろう。

【参考文献】

❶板倉　宏「中止犯」刑法基本講座第4巻

❷岡本　勝「中止未遂における減免根拠に関する一考察」齊藤誠二先生古稀記念『刑事法学の現実と展開』（二〇〇三・信山社）
❸香川達夫『中止未遂の法的性格』（日本刑法学会選書7）（一九六三・有斐閣）
❹木村静子「中止犯」刑法講座4
❺塩見　淳「中止行為の構造」中山研一先生古稀祝賀論文集　第三巻『刑法の理論』（成文堂・一九九七）
❻曽根威彦「中止犯における違法と責任」同『刑事違法論の研究』（一九九八・成文堂）所収
❼平野龍一「中止犯」、「中止未遂の法的性格」同『犯罪論の諸問題(上)総論』（一九八一・有斐閣）所収
❽山中敬一「中止犯――その法的性格および任意性の概念について――」現代刑法講座第五巻
❾特　集『中止犯の現在』現代刑事法四五号（二〇〇三）

23 間接正犯と教唆犯

一 間接正犯と教唆犯の概念

犯罪を実行する者、すなわち（基本的）構成要件に該当する行為（実行行為）を行う者が正犯（広義）であり、実行行為以外のその他の行為を行う者が共犯（狭義）である。広義の正犯概念には、単独正犯（被加担犯・同時犯を含む）のほか共同正犯が含まれ、これに対応する狭義の共犯（加担犯）には、教唆犯および従犯が含まれる。これとは異なり、各自が実行行為のすべてを行う場合が狭義の正犯であり、二人以上の者が意思疎通のうえ犯罪を行う場合が広義の共犯である（この意味では、共同正犯は共犯であって正犯ではない（本書27参照））。

（狭義の）正犯には、自己の手によって直接に構成要件に該当する事実を実現する直接正犯と、他人を自己の犯罪の実現に利用する間接正犯とがある。犯罪の実現に寄与した者は本来すべて正犯であるとする拡張的正犯概念によれば、間接正犯はもとより正犯であるが（共犯規定は刑罰縮小原因となる）、正犯を自ら犯罪を実現する者に限定する制限的（限縮的）正犯概念によっても、他人を利用して自ら犯罪を実現する場合を間接正犯と解すれば、やはりこれを正犯に含ませることができる（共犯規定は刑罰拡張原因となる）。間接正犯は、学説史的には、厳格な制限的正犯概念と、共犯は正犯が構成要件に該当して違法で有責な行為を行った場合にのみ成立するという極端従属形式から生ずる処罰の間隙を埋めるものとして登場したが（これに対し、川端・25講三二八頁）、共犯の従属性の程度を緩和して認めるようになった今日においても（制限従属形式）、通説は間接正犯を共犯（教唆犯）概念に解消することなく、規範的観点から一定の範囲でその正犯性を認めている。現行刑法は間接正犯の規定をもたないが、改正刑法草案二六条は、一項に正犯の定義規定をおくと共に、二項において「正犯でない他人を利用して犯罪を実行した者も、正犯とする」として、「正犯でない他人」の意味に曖昧さを残しつつも、間接正犯についての規定を設ける至っている。

一方、教唆犯は、人を教唆して犯罪を実行させることをいうが（六一条一項）、被教唆者と意思疎通のうえ犯罪を行う点において広義の共犯であるばかりでなく、教唆行為が（基本的）構成要件該当行為（実行行為）以外の行為である点で狭義の共犯（加担犯）でもある（これに対し、教唆犯を広義の正犯と解するものとして、野村・三七七頁）。

間接正犯と教唆犯とは、共に他人の行為を媒介として法益を侵害・危殆化する点で、外見的には類似の形態をとっている。そこで、正犯である間接正犯と共犯である教唆犯との関係および区別が問題となるが、この問題を考察する前に、まず正犯と共犯の一般的区別についてみておくことにしよう。

二 正犯と共犯の区別

1 学説の検討

正犯と共犯を区別する基準に関しては、大別して主観説と客観説とがある。

(1) 主観説　この見解は、学説史的には、因果関係論において条件説を採り、行為の客観面では正犯と共犯とを区別することができないということから、行為者の主観面において正犯と共犯とを区別しようとし、自己の犯罪をなす意思で行う者が正犯、他人の犯罪に加功する意思で行う者が共犯であると解するものである。したがって、故意はあるが自分のためにする意思がない者を利用する場合、すなわち「故意ある幇助道具」の利用の場合、主観説によれば背後の利用者は（間接）正犯、現実の法益侵害行為を行った者は共犯（従犯）ということになる。

しかし、例えば財産犯におけるいわゆる二項犯罪（利得罪）の場合、法は他人に財産上不法の利益を得させる行為も処罰しているが、構成要件を実現する行為をしているにもかかわらず、他人のためにする意思で行ったということでこれを共犯とすることは、現行法の規定とは相容れない結論になる。

(2)　客観説　正犯と共犯の区別に関して、行為の客観的意義を基準とする見解である。まず、①形式的客観説は、正犯と共犯の概念規定をそのまま両者の区別基準とし、（基本的）構成要件に該当する行為（実行行為）を行った者を正犯、それ以外の行為により構成要件の実現を容易ならしめた者を共犯と解する。この見解は、基本的に妥当な方向を目指しているが、基準の実際の適用に当たっては、さらにいったい何が実行行為であって何がその他の行為であるかを具体的に示す必要がある。また、実行行為を行わなかった者は正犯でないとしても（本書27参照）、反対に一部でも実行行為を行った者がすべて正犯としての当罰性を有しているといえるかという問題があり、さらに、形式的客観説の立場を徹底すると、見張り行為は原則として常に共犯（従犯）とならざるをえないが、はたしてそれでよいかという疑問も提起されている。

次に、②実質的客観説であるが、これにはその理論構成の仕方によりいくつかの考え方がある。第一は、因果関係論における原因説の見地から、結果に対し原因を与えた者が正犯であり、条件を与えたにすぎない者が共犯であるとする見解であるが、原因と条件との区別が困難であるということから、この説は過去のものとなった。第二は、行為支配説であって、結果の発生に対し(目的的)行為支配を有する者が正犯(間接正犯)、行為支配をもたない者が共犯(教唆犯)であると解するものである。もっとも、共犯に関しても共犯者が共犯行為についての支配はもたなければならないから、ここでいう行為支配の対象は(基本的)構成要件該当事実に限られるということになろう(団藤・三七三頁)。行為支配説は、本来、目的的行為論の立場から説かれたものであったが、今日ではそれ以外の論者によっても主張され、有力な見解となっている。問題は、行為支配説を採った場合、共犯者は何故に結果に対し行為支配を有していないといえるのか、ということである。

(3) 私　見　正犯と共犯の区別に際しては、両者の概念内容を問題とせざるをえない以上、基本的には形式的客観説の見地から出発しなければならない。ただ、この説の基準(実行行為の有無)を実際に適用するに当たっては、形式的な実行行為概念をある程度実質化して考える必要がある。具体的には、当該行為が通常法益を侵害する適性を有する危険な行為(法益侵害の一般的危険性のある行為)といえるかどうかということであるが、複数の人間が法益侵害に関与した場合についてみると、実行行為性の有無は、結局、相手方の存在が規範的障害(規範意識による抵抗力)として自己の行為の実行行為としての危険性を減殺することになるものであるかどうかに依拠しているといえよう。相手方が規範的障害とみられない場合にこれに働きかける行為は、実行行為(正犯行為)としての危険性をもつことになるのである。

2　不作為犯における正犯と共犯の区別

例えば、息子Aの父親Xは、YとA意思疎通のうえ、YがAを殺害するのを黙ってみていたという場合(事例二)、Aの生命の安全につき保障人的地位に立つXの不作為は、正犯となるのであろうか、それとも共犯にすぎないのであろうか。学説は区々に分かれている。

第一に、作為義務のある者の不作為はすべて正犯であって、不作為による共犯は存在しないとする見解がある。この見解によれば、Xには、Yとの間に正犯の一種としての共同正犯が成立することになる。しかし、一口に保障人の作為義務違反といってもその無価値内容には様々な種類・程度のものがあり、やはり不作為犯においても正犯と共犯の区別は必要である。そこで、作為義務の質と内容を重視する立場から、右の〔事例一〕のように、直接にその保護法益に対して保障人的地位に立つ者の不作為は正犯であるが、例えば息子YがAを殺害しようとするのを意思疎通のうえ黙認した父親Xの場合のように〔事例二〕、一定の人間（Y）の犯罪（A殺害）を阻止すべき義務をもつ者（X）の不作為は共犯（従犯）であるとする見解が生ずることになる（中義勝『刑法上の諸問題』三三二頁以下）。

第二に、主観説は、不作為犯においては、客観的基準により正犯と共犯を区別することができないということから、不作為者の意思を考慮して正犯と共犯を区別しようとする。しかし、不作為による関与においては、不作為者は行為の実行をすべて作為者に委ねているのであるから、不作為者には自己の行為をなす意思（正犯者意思）を認めえず、主観説によると、不作為による関与はすべて従犯となってしまうのではないか、という疑問が生ずる。

第三に、我が国の通説・判例は、正犯の行為を防止すべき作為義務違反は不作為による従犯であって、作為の正犯に対し不作為で関与する者は常に従犯である、としている。この見解は、基本的に妥当であるが、①作為者がまだ行為の過程を支配している場合は、作為者の行為を阻止しなかった不作為者（保障人）は従犯であるとしても、②例えば〔事例一〕において、Yが立ち去ったにもかかわらず、Xが殺されそうになったAを救助せず死ぬにまかせたという場合のように、作為者（Y）がもはや行為の過程を支配していないときには、不作為者（X＝保障人）は正犯となる、と解すべきであろう（その意味では二分説。なお、斎藤・後掲❸七〇―一頁参照）。

三 共犯の従属性

1 共犯従属性説と共犯独立性説

間接正犯と教唆犯の区別を共犯の側から考察する場合、間接正犯に対する教唆犯の限界(教唆犯の成立範囲)が問題となる。共犯が正犯から区別される理由は、正犯が規範的障害として存在するために、これに関与する共犯の危険性が正犯の危険性ほどは強くないということにある。ここに、共犯の(実行)従属性の問題が生ずる。学説上は、周知のように、この共犯の従属性を肯定し、共犯が成立するためには、正犯者が少なくとも犯罪の実行に着手することを要するとする共犯従属性説と、共犯の可罰性は共犯行為それ自体において備わっているということから共犯の従属性を否定する共犯独立性説とが対立してきた(なお、判例は一貫して共犯従属性説を採用してきている)。例えば、教唆の未遂は、前説によれば不可罰であるが、後説によれば可罰的となるのである。

共犯独立性説は、近代学派の主観主義の思想と結び付いて説かれてきた。すなわち、この見解は、共犯処罰の基礎を共犯行為に現れた行為者の反社会的性格の徴憑の中に求め、刑法四三条にいう「実行」の中には基本的構成要件に該当する本来の実行行為(正犯行為)だけではなく、修正された構成要件の実行行為である共犯行為をも含み、したがって教唆の未遂は可罰的となるというのである。共犯行為をも実行行為の一種と解する共犯独立性説の立場では、正犯と共犯の概念的区別も失われ、結局、間接正犯の概念も不要ということになる。しかし、以下のような理由により共犯独立性説はすでに過去の学説となった。すなわち、まず理論的にみると、共犯行為自体に完全な可罰性が備わっているとみることは、法秩序が一方において正犯者に適法行為を期待していることと矛盾し、したがってこの見解は、正犯の実行の着手以前の、法益侵害の危険性が規範的障害の存在のため可罰的程度に達していない段階で共犯の犯罪性を認めるものであって、妥当でないのである。また、実際問題としても、共犯の従属性という考え方は現行法がこれを採用しており、一般刑法が教唆犯・従犯の成立に正犯の存在を前提としているほか（六一条・六二条）、特別刑法において、例えば破壊活動防止法（三八条―四〇条）が教唆の未遂を特に軽く処罰しているということは、教唆の未遂が本来は不可罰であることを物語っているのである。

2　共犯従属性の理論的基礎

共犯の従属性の理論的根拠は、正犯が実行に着手して初めて共犯の危険性は可罰的程度にまで高まるということに求められる。もっとも、共犯の従属性といっても、それは共犯の犯罪性ないし可罰性を正犯から借用するということ（共犯借用犯説）を意味しない。共犯行為も、それ自体に内含される犯罪性があるからこそ、正犯の実行行為に従属して共犯となり可罰性を帯びるのである。問題は、それ自体において犯罪性をもつ共犯がことさらに正犯の存在を必要とするのはなぜか、ということである。

共犯従属性説の立場から、修正された構成要件の教唆・幇助行為は、基本的構成要件そのものの実行行為より犯罪性が低く、両者は犯罪としての定型を異にしているから、共犯の未遂に未遂犯規定の適用はない、と説かれることがある（団藤・三七七頁以下）。しかし、共犯独立性説も、共犯行為は共犯という拡張された構成要件の実行行為だとするにすぎず、共犯行為が直ちに正犯の実行行為だとしているわけではない。そして、刑法四三条の「実行」は基本的構成要件の実行だけではなく、拡張された構成要件の実行をも含むと解釈することにより、教唆の未遂を可罰的としているのである。したがって、共犯従属性説を採る場合に問題となるのは、実質的にみて、なぜ共犯行為の犯罪性ないし違法性が正犯行為のそれよりも低く、四三条の「実行」に共犯行為の実行が含まれないのか、ということである。

法秩序は、責任能力者である正犯者に対して、教唆を受けたにもかかわらず違法行為に出ないことを期待するのであって（規範的責任論）、正犯者の存在は、教唆者が犯罪を実現することについての規範的障害となっている（西原・三七七頁以下）。たしかに、潜在的には共犯行為自体にも法益侵害へ向けての一般的・抽象的危険性が含まれているが（だからこそ正犯の実行に従属して共犯となり可罰性を帯びるのである）、それが共犯行為にとどまっている限りでは、そこに未だ未遂犯として処罰されるに値するだけの危険の顕在化・現実化を認めることができないのである。共犯の違法性は、実質的には、共犯行為があっただけでは未だ法益侵害の具体的危険が発生せず、正犯が実行に着手して初めて処罰に値する結果発生の具体的危険が生ずる、という点にその特色を有している（平野・II三四九頁参照）。教唆犯についても、その違法性が教唆行為それ自体に完備しているとはいえず、教唆犯の（可罰的）違法性は、その教唆行為によって現に正犯者に犯罪を実行させたという点に求められなければならないのである。正犯者による犯罪実行の開始は、教唆行為（共犯行為）にとっての犯罪（未遂）結果であり、その意味で、教唆犯（共犯）も一種の結果犯であって、教唆行為（共犯行為）だけでは教唆犯（共犯）としても可罰的程度に至っていないのである。

3 従属性の程度と間接正犯

共犯の従属形式（要素従属性）について、共犯は正犯が構成要件に該当して違法な行為を行えば成立するという意味で制限従属性説に立ち、しかも制限的正犯概念を徹底する立場から、間接正犯を共犯（教唆犯）に解消しようとする見解（拡張的共犯論）が有力に主張されている（例えば、中山・四四六頁、四七四頁）。すなわち、間接正犯における被利用者の行為も構成要件に該当して違法ではあるのだから、制限従属性説に立って共犯（教唆犯）の成立にとり正犯の責任性が必要でないとすれば、間接正犯をあえて共犯（教唆犯）から区別しておく意味はないというわけである。殊に、故意・過失を責任要素と解する場合には、正犯の故意・過失は共犯（教唆犯）の成立に無関係ということになり、過失犯ないし無過失行為に対する共犯（教唆犯）も成立可能ということになるのである。この立場で、犯罪意思の惹起を意味する教唆概念は、「他人に違法行為を行う動機を喚起すること」というところまで緩和されることになる（佐伯・三五四頁）。

しかし、被利用者（正犯）に故意が認められない場合には規範的障害が存在せず、これを利用する行為は、法益侵害にとり共犯行為以上の危険性、すなわち実行行為としての危険性を有するといわざるをえないであろう。また、制限従属性と呼ばれるものは、共犯が成立するためには正犯行為が少なくとも構成要件に該当して違法でなければならないという消極的意味をもつにすぎず、正犯が違法に構成要件該当行為を行えば、これに関与した者に直ちに共犯が成立する、という積極的意味をもつものではないことに注意する必要がある（斎藤・後掲❸六七―八頁参照）。

四　間接正犯の態様

間接正犯と教唆犯の区別の問題を正犯の側から考察する場合、教唆犯に対する間接正犯の限界が問題となるが（どこまでが間接正犯か）、この点は、従来、間接正犯の態様とされてきたものを被利用者の性質に応じて検討することによって明らかにされる。その際に考慮すべき実質的観点は、上述のように、間接正犯の場合、相手が規範的にみて犯罪実現の障害（規範的障害）となっていないことが、ひるがえって自己の行為の実行行為としての危険性を基礎づけている、という事情である。

⑴　故意のない者の利用　　これには、被利用者に過失もない場合（無過失行為の利用）と、故意はないが過失のあ

る場合(過失行為の利用)とがある。前者の例としては、情を知らない第三者を窃盗に利用する場合があり、後者の例としては、医師が看護師の過失を利用して患者に毒薬を注射させる場合がある。過失行為を利用する場合について、過失犯に対する共犯の成立を認める立場からは教唆犯の成立が考えられるが、被利用者は、過失があるとはいえ事実の認識がない結果として行為の違法性を意識していない以上、背後の利用者にとりその者はやはり規範的障害となっていないといわざるをえない。

なお、例えばXが屛風の背後にいるAを殺す目的で、それを知らないYに屛風を撃つことを命じた場合のように、被利用者(Y)が利用者(X)の実現しようとした当の構成要件(殺人)についての故意はないが、他の構成要件(器物損壊)については故意を有する場合についても、Yは器物損壊の限度で規範的障害であるにとどまり、殺人に関してはやはりXに間接正犯の成立を認めるべきであろう(団藤・一五九頁)。

(2) 故意ある道具の利用　これには、「目的のない故意ある道具の利用」の場合と、「身分のない故意ある道具の利用」の場合とが考えられている。前者の例としては、通貨偽造に際して学校の教材用と偽って紙幣を印刷させる場合(通貨偽造罪において行使の目的がない場合)があり、後者の例としては、公務員Xが妻Yに事情を明かして自己の職務に関し業者から金品を収受させる場合(収賄罪において公務員の身分がない場合)が考えられている。たしかに、目的のない道具の利用の場合は、被利用者に目的がない以上規範的障害の存在が否定されるが、身分のない道具を利用する場合は、例えば公務員でないYも公務員であるXとの関係で金品を収受すれば行為が違法となることは十分弁えているのであって、非身分者であるYも規範的障害となり、したがってこれにかかわるXは共犯と解すべきである。多数説は、Xを間接正犯、Yを従犯としているが、むしろXには共同正犯(六五条一項の「共犯」には共同正犯が含まれるという解釈を前提とする)、または教唆犯(正犯を予定しない共犯を前提とする〔Yは公務員という身分がないから正犯とはなりえない〕）が成立するとみるべきであろう。

なお、故意ある幇助道具の利用については、故意ある者を一方的に利用するということは不可能であり、正犯と共犯の区別に関する主観説に立たない限り、間接正犯の成立を認めることはできない（前出二1(1)参照）。共同正犯または教唆犯の成立を認めるべきである。最判昭和二五・七・六（刑集四巻七号一一七八頁）は、会社の代表取締役Xが事情を知っている従業員Yに命じて闇米を自動車で運搬させた場合は、Yを自己の手足とし、自ら正犯として闇米を運搬したものである、と判示したが（ただしYは従犯として処罰されてはいない）、Yは責任能力者でありしかも事情を知って米の輸送を行ったのであるから、Xを間接正犯とみることは困難であろう。

(3)　適法行為の利用　他人を適法行為の可能な状態に陥れ、第三者の法益を侵害させる場合がこれである。この場合も、およそ間接正犯を認めない立場からは、教唆犯の成立が認められることになる（違法の相対性の見地から、利用者の側からは違法行為の利用であるとするものとして、中山・四七七頁以下）。しかし、《正犯》が適法行為を行っているにもかかわらず、これに関与する《共犯》の行為を違法とみる（正犯のない共犯）のは妥当でない（本書24三2参照）。直接行為者が適法に行為する場合には、一定の条件の下でこれを利用する行為を間接正犯と解すべきであろう（林・後掲❻一〇二頁以下）。例えば、大判大正一〇・五・七（刑録二七輯二五七頁）は、自ら行った堕胎行為により妊婦の生命に対する危険を発生させ、そのため医師をして緊急避難として堕胎を完成させた者を堕胎罪の間接正犯とした。もっとも、本件被告人は、当初直接正犯として堕胎の実行に着手しており、本件が全体として適法行為を利用した間接正犯であるとみることはできない（植田・後掲❶八六頁参照）。なお、例えばXがAを使嗾してYに向けて不法な攻撃をさせ、正当防衛状況に陥ったYの正当防衛行為を利用してAを侵害する行為は、余りに偶然に左右される側面が強くて法益侵害の確実性に欠け、Xの行為に実行行為としての危険性は存在しない。XにYを道具とする間接正犯の成立を認めることは困難であろう（さらにX・Y間には意思疎通もないので教唆犯の成立も認められない。もとよりXのAに対する教唆犯の成否は別問題である）。

(4)　責任無能力者の利用　被利用者が違法性の弁識能力を欠くとき、例えば高度の精神病者や幼児を利用する場合は間接正犯となる（これに対し、間接正犯を否定する立場では、人間の物理的利用（死せる道具）と心理的利用とに分けて、前者を直接正犯、後者を教唆犯に位置づける（中山・四七七頁））。もっとも、例えば一二、三歳の少年に窃盗をさせる場合、その年令の少年には窃盗について違法性の弁識能力および行動の制御能力が備わっているのが通常であるから、この者は規範的障害であって、窃盗を使嗾するものには共犯（教唆犯）が成立すると解すべきである。判例（最決平成一三・一〇・二五刑集五五巻六号五一九頁）も、Xが一二歳の長男Yに強盗を指示命令して犯行道具を与えたところ、Yが是非弁別能力をもって自らの意思により強盗の実行を決意し、臨機応変に対処して強盗を完遂した場合には、Xに強盗の間接正犯ではなく共同正犯が成立する、としている。なお、最決昭和五八・九・二一（刑集三七巻七号一〇七〇頁）は、一二歳の刑事未成年者を利用した場合について間接正犯の成立を認めているが、それは行為者がその者を畏怖させ、その意思を抑圧していたからであって、被利用者に是非弁別能力があることはこれを認めていたのである。さらに、土地不案内な者に追い越し禁止違反行為をさせる例などのように、責任能力はあるが違法性の意識（の可能性）のない者を利用する場合も、責任のない者の利用という意味で、責任無能力者の利用の場合に準じて考えることができよう。

【参考文献】
❶植田　博「間接正犯」刑法基本講座第4巻

❷大野平吉「正犯と共犯」現代刑法講座第三巻
❸斎藤信治「正犯と共犯」刑法基本講座第４巻
❹佐伯仁志「教唆の未遂」刑法基本講座第４巻
❺西原春夫「教唆と間接正犯」刑法講座４
❻林　幹人「適法行為を利用する違法行為」同『刑法の現代的課題』（一九九一・有斐閣）所収
❼　同　「間接正犯について」板倉宏博士古稀祝賀『現代社会型犯罪の諸問題』（二〇〇四・勁草書房）
❽特　集『正犯と共犯』現代刑事法二号（一九九九）

24 共犯の処罰根拠

一　正犯の違法性と共犯の違法性

共犯は、自ら犯罪を実行していないにもかかわらず何故処罰されるのか、という共犯の処罰根拠の問題については、以下に見るように見解が分かれているが、それは正犯と共犯との間に違法性（犯罪性）についての本質的な違いがあるのか、それとも単に違法性の量的な相違があるにすぎないのか、という点をめぐって理解の対立がみられるからである。結論的にいえば、後出⑴の責任共犯論と⑵の違法共犯論は正犯と共犯との間に犯罪としての本質的な違いを認め、⑶の因果的共犯論は両者の間に違法性の量的相違しか認めないのである。

⑴　責任共犯論　共犯は正犯を誘惑して堕落させ、罪責と刑罰に陥れたが故に処罰される、と説く責任共犯論は、共犯（特に教唆犯）の処罰根拠を正犯者との関係の中に求め、正犯は刑法各則の保護法益を侵害したことを理由として処罰され、共犯（教唆犯）は正犯を侵害したことを理由として処罰される、と主張する。例えば「正犯者は殺人を行い、教唆犯は殺人者をつくる」といわれるように、正犯と共犯とでは犯罪としての性格がまったく異なっていると解されているので、違法の実体も正犯と共犯とで完全に相違することになるのである。この立場で、正犯結果

は、共犯の成立要件ではなく単なる処罰条件ということになろう。責任共犯論は、教唆犯の刑について従犯と異なり「正犯の刑を科する」とされている根拠を、一方で他人の行為を利用して犯罪を行わせ、他方で他人を犯罪者に仕立てあげたという「教唆犯における二面性」に求めている。

責任共犯論は、刑法上の保護法益とは直接関係のない正犯の「堕落」・「誘惑」という心情的、倫理的要素によって共犯の処罰根拠を基礎づけようとするものであって、刑法の任務が法益の保護にあると解する立場からすると、このように法と倫理の一体性を志向する責任共犯論には根本的な疑問がある。責任共犯論は、共犯現象における責任の側面を強調する考え方ともいえるが、共犯も犯罪の一態様である以上、法益の侵害・危険を内容とする違法の側面を軽視することは許されない。また、責任共犯論は、責任がない者は「罪責と刑罰」に陥れられることがないということから、共犯が成立するためには、正犯に構成要件該当性・違法性のほか責任が具備されていなければならない、とする極端従属性説を採ることになるが、共犯の責任は正犯の責任とは別個独立に評価されなければならないことに注意する必要がある。

(2)　違法共犯論　　共犯は正犯を反社会的な状態に陥れ、社会の平和を乱したから処罰される、と解する違法共犯論は、正犯者を違法「行為」に陥れた点に共犯の処罰根拠を求める。この立場の論者は、正犯と共犯とで向けられる規範が別個のものであるとし、例えば正犯は「人を殺すな」という規範に、共犯は「他人を人殺しへと唆すな」という規範に違反する、と説く。違法共犯論は、もともと違法の実体を「行為者関係的な人的行為不法」と解する人的不法論（行為無価値論）から主張された見解である（高橋・後掲❺一六五頁）。行為者の目標設定、心構え、義務、これらすべてが生じるかもしれない法益侵害と共に行為の不法を決定するという人的不法概念を前提とするならば、正犯と共犯の違法内容も、当然、本来的に異なることになる。すなわち、自ら犯罪を実行する正犯者と、正犯者に犯罪を実行させる者との違法性の観点における人的立場は決して同一ではないと解し、共犯者の処罰はただ正犯による法益侵害の結果に因果関係をもつからだけではなく、教唆・幇助という方法で正犯による法益侵害に寄与したこと（行為無価値）にある、と主張するのである（福田平＝大塚仁『対談／刑法総論（下）』一八三頁以下）。

違法共犯論は、共犯行為自体の違法性を強調する反面で、正犯行為を共犯からみて処罰条件的なものと解する立場といえるが、正犯行為を「行わしめた」（行為無価値）だけでは共犯の違法性としても十分ではなく、違法性における法益侵害・危険（結果無価値）の側面が脱落してしまっているところにこの見解の問題性がある。また、仮に「社会の平和」（社会的完全性）の侵害に法益侵害の側面をみるとしても、このような法益概念はあまりに漠然とした内容空疎なものであって、実体を伴った固有の意味での法益（生命・身体・自由・名誉・財産など）とはその性格を異にしている。したがって、この立場で、正犯とはおよそ別種の法益を侵害するとされる教唆犯が何故正犯の刑を科せられることになるのか（六一条）、その理由は必ずしも明らかでないし、さらに教唆犯を念頭において構築された違法共犯論からは幇助犯の処罰根拠の説明に窮する、という問題も出てこよう。

(3)　因果的共犯論（惹起説）　共犯は正犯を介して違法な結果（法益侵害）を惹起したので処罰される、と説く因果的共犯論（惹起説）は、正犯は直接的に、共犯は間接的に法益を侵害すると解するところから、両者の間に違法性の量的相違は認めるものの、因果的な法益侵害の惹起という点では正犯と共犯との間に本質的違いはない、と主張する。因果的共犯論は、共犯の処罰根拠を犯罪結果（法益侵害）との関係で理解する点で、犯罪（違法）の本質を法益侵害・危険に求める違法観ともっともよく調和するものといえよう。

二　共犯の処罰根拠と共犯の因果性

1　問題の所在

共犯は正犯を堕落させ罪責と刑罰に陥れたが故に処罰されると説く責任共犯論、共犯は正犯に違法な行為を行わせたが故に処罰されると説く違法共犯論は、共犯行為と正犯行為ないし正犯結果との間の因果関係を特に要求するということはしない。これに対し、共犯者が正犯者と共に犯罪結果を惹起した点に共犯の処罰根拠を求める因果的共犯論では、共犯が成立するためには当然に共犯行為と犯罪結果との間の因果関係の存在を要求することになる。以下、共犯の因果性の問題を改めて考えてみることにしよう。

共犯、特に正犯と並列的関係にある幇助犯において、因果関係ないし不可欠的条件関係が必要かどうか、必要であるとしてどのような場合に因果関係が認められるかが争われている。例えば、Xは、YがA宅に侵入して窃盗を行うのを幇助する意思でA宅の玄関の合鍵を手渡したが、Aが鍵をかけ忘れて外出していたのでYは合鍵を使用することなく侵入窃盗を行ったという場合(事例一)、Xの罪責がどのようになるかが問題となる。共犯については正犯と異なり結果との因果関係が不要であると解すれば、Xに容易に幇助犯の成立が認められるのに対し、共犯においても因果関係が必要であると解した場合には、次に、はたして本件においてXの幇助行為と犯罪結果との間に因果関係が認められるかどうかが問われることになる。

2　因果関係不要説

幇助犯を、法益侵害の危険(正犯行為)を生じさせる危険犯であると解する立場(危険犯説)は、幇助犯の成立について違法性の観点から客観的に帰属範囲を限定すれば足りるとして、幇助行為と正犯結果との間の因果関係を要求しない（わが国の学説として、野村・四一七頁）。すなわち、正犯は正犯結果を惹起する侵害犯であるが、幇助犯は法益侵害の危険を生じさせることを根拠に処罰される危険犯と解するのである。危険犯説のうち、①抽象的危険犯説は、「援助」という結果を惹起するのが幇助犯の内容であり、幇助行為があればそれだけで危険が擬制されるとして、事後的には危険が発生しなかった場合にも可罰的幇助を認める。合鍵事例〔事例一〕についていえば、XがYに合鍵を手渡した時点で既に合鍵を使用する可能性が存在する以上、その行為は直ちに可罰性を帯びることになるが、これは、結局、抽象的危険犯説が従犯規定を独立の構成要件と解し、結局は幇助の未遂を認めることによって共犯独立性説に至らざるをえないことを意味している。これに対し、②いわゆる危険増加説に立脚する具体的危険犯説は、幇助行為によって正犯が法益侵害を行う危険を増加させた（正犯行為により結果に対するチャンスが増加した）とみられる場合に幇助犯の成立が肯認されるとするものであって、そこに一応の限定をみることができる。

しかし、危険犯説は、いずれにしても共犯の処罰根拠としての因果的共犯論の前提を放棄するものといわざるをえず、理論的には、侵害犯について危険が発生すれば侵害結果が発生しなくても幇助犯としては既遂ということになって、侵害犯の危険犯化を招くという問題を残している。幇助犯においても、何らかの意味で犯罪結果との間に因果関係が存在することが必要である。

3　因果関係必要説

幇助犯にも因果関係が必要であると解する立場には、幇助行為と正犯行為との間に因果関係があれば足りるとするもの（正犯行為説）と、幇助行為と正犯結果との間にも因果関係が必要であるとするもの（正犯結果説）とがある。

(1)　正犯行為説　　違法共犯論の立場から幇助の因果関係を要求する場合、幇助犯の因果関係は正犯行為との間に存在すれば足りる、とする正犯行為説（実行行為惹起説）に至るが、因果的共犯論の立場からも、正犯行為説が主張されることがある。すなわち、共犯は「間接的な法益侵害行為」にすぎないから、幇助行為の射程は正犯行為を促進することに尽きているとし、したがって正犯結果の惹起という事態は、共犯従属性の原則によって幇助行為に間接的に影響を与えればよい、とするのである（日高・論争Ｉ二三二頁以下）。この見解は、幇助犯のもつ法益侵害の間接性を重視するものといえよう。しかし、正犯行為説は、共犯の処罰根拠を実行行為の促進と、共犯の（可罰）従属性に求めるものであって、厳密な意味での因果的共犯論とみることは困難である。この立場では、理論上、既遂の幇助と未遂の幇助とを区別しえないことから、これを区別するためには既遂の罪責を正犯の罪責から借用せざるをえず、既遂結果との関係では、因果関係不要説に至らざるをえないであろう。

(2)　正犯結果説　　共犯の処罰根拠が正犯を介して違法な結果を惹起した点に求められる以上、幇助行為は正犯行為によって実現された法益侵害（正犯結果）と因果関係を有していることが必要である。ただ、ここでいう因果関係が①幇助犯に独自のもので足りるのか、それとも②正犯と同一のものでなければならないのか、という点に関して見解が分かれている。

幇助犯においては独自の因果関係が認められれば足りるとする立場の第一は、幇助行為によって構成要件要素にとり重要でない事情の修正が認められる場合にも因果関係があるとするものであって（具体化的結果観）、例えばＸはＹがＡの右脚を狙って発砲しようとしているのを見てＡの身体を少し押してＡの左脚に当たるようにした場合にも〔事例二〕、Ｘの行為は傷害の幇助になると解する。しかし、具体化的結果観の立場は、犯罪を限界づける機能を果たすための帰責原理としての因果関係を放棄するものといわざるをえないであろう。

第二は、仮定的因果経過を考慮する立場であって、例えばＸが正犯者Ｙの侵入窃盗を助けるために梯子を運んでやったという場合〔事例三〕、Xが梯子を運ばなければYが自ら運ぶことによって同じように結果が生じたであろうから、Xの行為には因果関係が認められない、とする見解がある。しかし、この立場を一貫させると、例えばXとYはZがAの殺害を計画していることを知り、それぞれ日本刀をZに提供したところ、ZがXの日本刀を使ってAを殺害した場合〔事例四〕、Xが日本刀を提供しなくてもZはYの提供した日本刀によってAを殺害したであろうから、Xの行為とA死亡の結果との間に因果関係がないということにもなりかねない。幇助の因果関係においても仮定的事態を考慮する合理的根拠は認められない。

結論として、幇助犯の因果関係についても基本的に正犯の場合と同様の因果関係が要求されるべきである。ただ、並列的な因果関係が問題となる場合、因果関係の存否の判断は結果をどのように定義するかに依拠していることから、結果に対する法的評価に着目し問題を解決することが要請される（法的結果説）。実際には、幇助行為により、それがなかった場合と対比して、法的にみて重要な結果の変更があったとみられる場合に初めて、幇助行為と犯罪結果との間の因果関係が認められることになる。したがって、〔事例二〕のXの行為は、Aの右脚の傷害を左脚の傷害に変えたというだけのことであるから法的に重要な変更とはいえず、傷害の幇助とはならないのである。その反面で、因果連鎖が並列的に接続している場合は付加的に作用する共同惹起が問題なのであるから、幇助の因果関係においては、幇助により正犯の結果惹起が早められたり強化されたりしているという付加的因果関係で足りると解することができよう（流入あるいは強化の因果関係）。例えば〔事例三〕において、Xの行為がYの侵入窃盗を容易にするものである以上、結果の発生に対して因果性があるのである。学説が、幇助の場合、幇助行為により正犯による結果惹起を促進することが必要であり、そして現実に促進したことが幇助の因果関係の内容である（山口・探求二五三頁）、とするのも同趣旨と思われる。

三　惹起説（因果的共犯論）と共犯の従属性

1　問題の所在

二人以上の者が意思疎通のうえ犯罪を行うのが広義の共犯（複数犯）であるが、その二人以上の者の中に違法に行為する者と適法に行為する者とが共に含まれることがありうるか、ということが今日「（人による）違法の相対性」の問題として議論されている。例えば、XがAの依頼に基づきA自身の生命に危険を及ぼすような重大な傷害を負わせた場合に〔事例一〕、正犯者Xの行為が違法であっても共犯者Aの教唆行為は適法であるということができるか（共犯のない正犯）、反対に、BがYを慫慂してYに自傷行為をさせた場合に〔事例二〕、Yの自傷行為が自損行為として適法であるとしつつ、Bについて傷害の教唆を認めることができるか（正犯のない共犯）、という問題がそれである。

共犯と違法性の関係については、従来、共犯（違法）の従属性の観点から議論がなされてきており、違法の従属性（連帯性）を是認する立場は人による違法の相対性を否定し、違法の独立性（個別性）を是認する立場は人による違法の相対性を肯定してきた。ところで、共犯の処罰根拠に関する因果的共犯論は、共犯は正犯の実現した結果を共に惹起したが故に処罰されると解することから「惹起説」とも呼ばれるが、その内部でさらに、共犯（違法）の従属性（独立性）をどの程度認めるか、すなわち共犯独自の違法性の有無・程度をどのように考えるかによって、①純粋惹起説（独立性志向惹起説）、②修正惹起説（従属性志向惹起説）、③混合惹起説（従属的法益侵害説）の三つの見解が主張されている。

2 惹起説内部の対立

(1) 純粋惹起説　共犯は正犯行為を介しているとはいえ、共犯者自身が自ら刑法各則で保護されている法益を侵害しているとみる純粋惹起説は、共犯の違法性は共犯行為自体の違法性に基づいており、正犯の違法性から完全に独立していると解することによって（違法の独立性）、違法の個別性という意味での人による違法の相対性を全面的に肯定する立場である。したがって、この見解は、「共犯のない正犯」を認めるだけではなく、「正犯のない共犯」をも認めることになる。前例でいえば、正犯者Xの傷害行為が違法であっても共犯者Aの教唆行為は適法であるとするだけではなく〔事例一〕、Yの自傷行為が自損行為として適法であってもBについて傷害の教唆を認めるのである〔事例二〕。

しかし、後者につき正犯行為が適法であるのにこれに加担した共犯行為を違法であるとして処罰するのは、共犯の可罰性の不当な拡張といわざるをえないであろう（高橋・後掲❺一四四頁）。正犯者Yの行為が適法であるならば、これを慫慂したBの行為も適法と解すべきである。また、人による違法の相対性を全面的に認める場合には、刑法六五条一項が真正身分犯に関し、非身分者が身分者に加功した場合に、非身分者も身分犯の共犯として処罰されると規定している趣旨を合理的に説明することが困難となろう。純粋惹起説は、各自が実行行為を分担する共同正犯の処罰根拠を説明しうるとしても、実行行為を担当する正犯を介して初めて犯罪結果に影響を与えうる教唆・幇助の処罰根拠を説明するものとしては不十分である。所詮、純粋惹起説は、違法性を行為者関係的に捉える人的不法論の帰結であり、したがってこの見解は違法の本質を命令違反に求める主観的違法論に限りなく接近することになると思われる（大越・後掲❶二二一頁、二五八頁。なお、本書29三2参照）。

また、純粋惹起説を一貫させると、正犯に当る者の行為が構成要件に該当しない場合についても、共犯の成立を認める可能性が生じてくる。例えば、証拠隠滅罪（一〇四条）において、他人Xが事件の犯人Yに証拠隠滅を教唆した場合、「自己の刑事事件」に関する証拠の隠滅のため、正犯（Y）に構成要件該当性が否定されるにもかかわらず、法益侵害の惹起を理由に、他人（X）に証拠隠滅教唆が成立することになる。また、「共犯と身分」に関し、真正身分犯において身分者が非身分者の行為に加功した場合、例えば秘密漏示罪（一三四条）において医師が看護師に秘密漏示を教唆した場合、直接行為者である非身分者について構成要件該当性が認められないにもかかわらず、身分者による法益侵害の惹起を捉えて、共犯の成立を肯定することにもなる。しかし、「正犯のない共犯」を肯定することは、現行法の予定する教唆・幇助の概念を著しく逸脱することになろう（山口・探求二三九―二四〇頁）。

⑵　修正惹起説　共犯は正犯が法益を侵害するのに関与し、正犯の結果不法を共に惹起しているとみることから、共犯の違法性は正犯行為の違法性に基づくと考える修正惹起説は、共犯（違法）従属性の理論に全面的に依拠し、共犯の独立した違法要素をおよそ認めない立場である。共犯の違法性が正犯の違法性に依存するという修正惹起説の理論的根拠は、客観的違法論に由来する違法の連帯性に求められる。客観的違法論の説く「名宛人なき規範」の思想は、人によって違法評価が異なることを拒否し、一方が違法であれば他方も違法となるという考え方であって、正犯が違法であれば共犯もこれに連帯して違法となる、と考えるのである（高橋・後掲❺一五〇頁）。人による違法の相対性を原則的に否定し、違法の連帯性を貫徹させようとする修正惹起説は、「正犯のない共犯」を否定するだけではなく、「共犯のない正犯」をも否定することになる。この立場を徹底すると、右の〔事例二〕でYの自傷行為が適法であればBの教唆行為も適法となるだけではなく、〔事例一〕におけるXの傷害行為が違法であれば自己の身体への傷害を依頼したAの教唆行為も違法となるのである。

修正惹起説に対しては、正犯行為が違法であれば共犯行為もすべて違法であるとするのは、違法の連帯性の過度の強調であり、その結果として必要的共犯やアジャン・プロヴォカトゥールの不可罰性を基礎づけることが困難になる、という批判が向けられている（高橋・後掲❺一五〇―一頁）。〔事例一〕でいえば、修正惹起説によるとAの教唆行為もXの違法な傷害行為に連動して違法となるが、これでは共犯者であると同時に被害者でもあるAを処罰することになって不当だというのである。たしかに、被害者でもあるAの行為の可罰性を認めることは妥当でないが、この点はどのように考えるべきであろうか。

まず、Aの依頼によるとはいえ、Aの（重）傷害という構成要件的結果（法益侵害）を因果的に惹起したという点では、直接・間接の違いこそあれ、Xの正犯行為とAの教唆行為との間に本質的な違いはない。被害法益の観点からすれば、因果的共犯論の立場に立つ限り、Xの行為を違法行為、Aの行為を適法行為として、そこに違法性の質的相違を認めることはできない。しかし、行為者側の事情を加味して考えると事態は異なり、正犯行為と共犯行為の間に違法の量的相違を認めることが可能となる。Xの行為は、Aの生命に重大な危険を及ぼす性質のものであるから、嘱託殺人（二〇二条後段）を類推するまでもなく（可罰的）違法行為であり、またXの側に特に汲むべき事情も認められない。これに対し、教唆者であると同時に被害者でもあるAは、そこに自己の身体的な法益の自由な処分（自己決定の自由）という利益が不完全ながら実現していると解せられるのであって（自損行為の場合には自由の完全な実現が認められる）、Aについては少なくとも可罰的違法性が否定されなければならないと思われる。この帰結は、嘱託殺人罪の被害者に同罪の教唆犯が成立しないことからも明らかである。被害者であるために正犯たりえない者（自殺（未遂）者・自傷行為者）は、法益侵害にとってより間接的な共犯としては、なおさらその可罰性を欠くのである。

(3) 混合惹起説　共犯は正犯を通して間接的に法益を侵害しているとみる混合惹起説は、共犯の違法性は共犯行為自体の違法性と正犯行為の違法性の双方に基づくと考える。この見解は、違法の連帯性を一部認めて「正犯のない共犯」は否定するが、人による違法の相対性を部分的に認めて「共犯のない正犯」については肯定するのである。したがって、〔事例二〕のYの自傷行為が自損行為として違法でないのであれば、これを慫慂したBの教唆行為も違法でないが、〔事例一〕のXの傷害行為が違法であっても、Aの教唆行為が違法でないことを認めるのである。

しかし、正犯者（X）の行為が可罰性を帯びた違法行為であるにもかかわらず、被害者としての身分を有するとはいえ、それに原因を与えた共犯者（A）の行為がまったくの適法行為であると解することは困難であろう。また、その反面において、混合惹起説は、正犯による法益侵害から区別された共犯固有の法益侵害性を認めるが（高橋・後掲❺二八一―二頁）、法益侵害の点では正犯と共犯との間に質的な区別を設けることはできないと思われる。正犯と共犯との間で違法性の有無・程度に違いが認められるとしても、それは侵害法益と他の行為事情、特に保全法益との比較衡量によるのであって、共犯行為自体に独自の法益侵害性が認められるからではない。法益侵害性の点に限っていえば、共犯の違法性といっても、結局は正犯行為を介しての法益侵害に尽きていると考えられ、それとは独立に共犯行為独自の違法性を想定することは困難であろう。

【参考文献】
❶大越義久『共犯の処罰根拠』（一九八一・青林書院新社）
❷同『共犯論再考』（一九八九・成文堂）
❸香川達夫『共犯処罰の根拠』（一九八八・成文堂）
❹共同研究「共犯処罰の根拠」刑法雑誌二七巻一号（一九八六）
❺高橋則夫『共犯体系と共犯理論』（一九八八・成文堂）
❻同「共犯の処罰根拠論の新様相」現代刑事法五三号（二〇〇三）
❼平野龍一「責任共犯論と因果共犯論」同『犯罪論の諸問題(上)総論』（一九八一・有斐閣）所収

❽堀内捷三「共犯の処罰根拠（一～三）」法学教室一二四～一二六号（一九九一）
❾町野　朔「惹起説の整備・点検」内藤謙先生古稀祝賀『刑事法学の現代的状況』（一九九四・有斐閣）
❿山中敬一「因果的共犯論と責任共犯論」刑法基本講座第4巻

25 共犯の本質

一 問題の所在

共犯の本質、すなわち「共犯は一体何を共同（共働）にするのか」という点をめぐって、従来、学説が対立してきた。共犯学説（共犯理論）における行為共同説、犯罪共同説、および共同意思主体説の対立がこれである。

なお、共犯学説の理解について、本書は、それが共犯一般の問題であると解しているが、これとは異なり、共犯学説は共同正犯固有の問題であると解する見方も有力である（例えば福田・二六六頁）。しかし、共犯学説と呼ばれるものは、共犯は何故に他人の行為から生じた結果についてまで罪責を負わされるのか、という共犯の共犯性をめぐる見解の対立を内容とするのであるから、共犯学説は教唆犯・従犯を含めた共犯一般の本質に関する問題を扱うものと解すべきである。したがって、各共犯学説にいう「共同」は共同正犯にいう「共同」より広く、単なる関与・加功を含む「共働」というほどの意味で使われているのである。

ところで、共犯学説が共犯一般の問題に関する学説であるということになると、それと共犯の処罰根拠に関する問題（本書24）とはどこが違うのか、という疑問がわいてくる。この点、両者はまったく同一ではないとしても、相互に密接な関係があるとし、例えば犯罪共同説は責任共犯論の方向であって行為無価値論によって支えられ、行為共同説のとる因果的共犯論は結果無価値論によって支えられている、とする見方もある（中山・四三四頁）。しかし、共犯の処罰根拠論は、共犯の構造、共犯における違法の実体を解明しようとするものであって（その限りで行為無価値論・結果無価値論との関係が認められる）、共犯処罰の出発点を形成し、いわばそのための必要条件（外枠）を提供しようとするものであるのに対し、共犯学説は、共犯現象の本質・全体像を解明しようとするものであって、共犯処罰を限定する方向でその到達点を形成し、いわば共犯処罰のための十分条件（内実）を提供しようとするものである。

二 共犯学説の内容

共犯学説の分類の仕方については、行為共同説と犯罪共同説とに大別したうえ、共同意思主体説を犯罪共同説の一つとしてこれに含めて理解する見解もあるが、ここでは共同意思主体説に独自の意義を認める立場から、これを独立させて論ずることにしよう。

(1) 行為共同説　事実共同説ともいい、共犯は数人が共同の「行為」によってそれぞれ各自の犯意を実現するもの、と解する立場である。行為共同説は、共犯を「数人数罪」の場合と捉え、しかも最近では、一部でも犯罪行為の共同があれば共犯と認められると解することによって、共犯を単独犯の延長上において把握しようとする傾向がいっそう強くなっている。行為共同説によれば、同一の「犯罪」を共同にする必要がないことから、共通の犯罪意思の存在（故意の共同）は共犯成立の要件ではなく、また、各自の犯罪から出発した別個の罪名が念頭に置かれるので、法定的に重なった部分の共同を問題にする場合にも、罪名の同一性（従属性）にはこだわらないことになる。

行為共同説には、①主観主義犯罪論の犯罪徴憑説の見地から(牧野)、犯罪共同説のように数人が一個の犯罪を共同すると解することは意味をなさないとして、行為の共同を社会的事実の共同と捉える立場と、②客観主義犯罪論に立脚して、共犯を犯罪遂行の方法的類型であると解する見地から(佐伯・三三二頁)、各自が事実上の共同によって自分自身の犯罪を行うことを共犯と捉える立場とがある。したがって、犯罪共同説の論者が指摘するように、必ずしも行為共同説＝主観主義という図式が成り立つわけではないとしても、この説は、共犯を単独犯に引きつけて理解するあまり、単独犯と異なる共犯の本質(共犯の共犯性)、すなわち共同正犯において実行行為の一部しか分担していないのにその全体について刑責を問われ(一部行為の全部責任)、また教唆犯・従犯においておよそ実行行為を行っていないにもかかわらず犯罪とされる理由を説明し尽くすことはできないであろう。いずれにしても、行為共同説はいわゆる片面的共犯および過失の共犯(本書26)を肯定するなど、共犯の処罰範囲を拡大する傾向にあるといえる。

(2)　犯罪共同説　この説は、客観主義犯罪論(構成要件論)の立場から構成要件的定型性を強調し、共犯は特定の「犯罪」(一個の犯罪)を数人で行うもの(数人一罪)、と解するところにその特色がある。この見解によれば、各共犯者に成立する犯罪の「罪名」が少なくとも共犯の限度では同一であることが要求される(罪名同一性＝罪名従属性)。

犯罪共同説には、①一個の故意犯を共同して行った場合にのみ共犯を認め(故意の共同)、共犯が成立するために複数の犯罪が完全に一致していることを要求する「完全犯罪共同説」(かたい犯罪共同説)と、②複数の犯罪が部分的に一致していればよいとして、異なる犯罪の間でも構成要件が重なり合う限度で共犯の成立を認める「部分的犯罪共同説」とがある。構成要件的定型性を強調する構成要件論の立場からすれば、完全犯罪共同説に至るのが自然であるが、今日、部分的犯罪共同説が多数説となっている(例えば大塚・二六七頁注(一六))。

ところで、共犯者間に成立する罪名にズレが生じた場合、完全犯罪共同説では、本来、共犯が成立しないことになるはずであるが（複数の単独犯）、実際には、重い犯罪の共同正犯の成立を認めたうえで、軽い犯罪を犯す意思しかない者については三八条二項を適用して軽い犯罪の刑で処断しようとする見解が有力である。これに対し、部分的犯罪共同説は、罪名と科刑の分離を拒否して同一の犯罪の実行という観点を貫き、異なる犯罪の間でも両罪の構成要件が重なり合う限度で最初から軽い犯罪の共犯の成立を認めるのである（後出三参照）。なお、完全犯罪共同説は、共犯の成立にとっては相互了解が不可欠であるとして片面的共犯を否定し、また故意の共同が必要であるとして過失の共犯も否定するのに対し、部分的犯罪共同説では、過失の共犯、片面的共犯を認めることがある。

(3)　共同意思主体説　共犯を特殊な社会心理的現象である共同意思主体の活動と解する共同意思主体説は、共犯をいわば「一主体一罪」の場合と捉えている。共同正犯における一部実行全部責任の根拠、教唆犯・従犯における加功行為処罰の理由としては、数人が一定の犯罪を実現しようとする共同目的の下に合一したということ以外には考えられず、共同意思主体説は基本的に妥当な方向を示していると思われる。「一個の故意犯」について意思の結合を強調する共同意思主体説の立場でも、完全犯罪共同説の場合と同様、片面的共犯および過失の共犯は認められないことになる。

三　異なる犯罪間の共犯（共同正犯）

共犯学説の対立がもっとも先鋭に現れてくるのは、各人が異なる犯罪の実現を意図して共同加功した場合、すなわち共犯者間に成立する罪名にズレが生じた場合である。以下、次の二つの事例についてみてみることにしよう。

1　**罪質を同じくする場合**〔殺人と傷害の共犯・事例一〕

Xが殺人の意思で、Yが傷害の意思で共同してAに向けピストルを発射したが、Yの弾丸はかすり傷を与え、Xの行為によってAが死亡した場合に、X・Yの罪責がそれぞれどうなるかが問題となる。

(1)　共同正犯を認める立場　　行為共同説は、右の事例においてX・Y間に行為の共同が認められるから、Xの殺人とYの傷害（Aの死亡につき過失があれば傷害致死）との間に共同正犯を認める。したがって、Xには殺人罪の共同正犯として一九九条・六〇条が適用され、Yには傷害（致死）罪の共同正犯として二〇四条（または二〇五条）・六〇条が適用されることになる。行為共同説、特に客観主義の立場からするそれは、結論的に部分的犯罪共同説に接近するが、Xの殺人のように構成要件の重なり合いを超えた部分についても共同正犯の成立を認めるところにその特色が見受けられる。

ところで、完全犯罪共同説および共同意思主体説の中には、罪名の同一性を維持する必要から（後出四参照）、異種の犯罪間の共同正犯は認めないが、罪質を同じくする〔事例一〕においては共同実行の事実に着目し、X・Yに重い殺人の共同正犯を認めたうえで、殺意のないYについては三八条二項を適用して軽い傷害（致死）の限度で罪責を問う見解も有力である。しかし、この見解は、殺意のないYについて殺人の共同正犯を認めることになるほか、成立する罪名（殺人）と科刑の基礎となる罪名（傷害（致死））との間に不一致が生ずるという問題を残している。

なお、最高裁は、最決昭和五四・四・一三（刑集三三巻三号一七九頁）において、暴行・傷害を共謀したもののうちの一人が殺意をもって被害者を殺害した場合において、殺意のなかった他の者につき「殺人罪の共同正犯と傷害致死罪の共同正犯の構成要件が重なり合う限度で軽い傷害致死罪の共同正犯が成立する」とした。この判例は、部分的犯罪共同説を採用しているようにもみえるが、単に構成要件の重なり合いを問題とすることなく、「共同正犯」としての構成要件の重なり合いを問題としているところからみて、行為共同説の論理と大差ないと評することもできる（内藤・(下)Ⅱ一三六四―五頁）。

(2)　部分的に共同正犯を認める立場　　構成要件が重なり合う限度で共同正犯の成立を認める部分的犯罪共同説は、本件を抽象的事実の錯誤における構成要件的符合説と同様に考え、〔事例一〕の場合、傷害（致死）の限度で構成要件が重なり合っているから、その限度でX・Yに共同正犯の成立が認められることになる。したがって、Yには傷害（致死）罪の共同正犯が認められ、その点では行為共同説と同じ結論になるが、殺意のあるXには構成要件の重なり合いの限度を超えたものとして殺人の単独犯が成立することになる。もっとも、共同正犯は相互に存在しなければならないとするなら、この場合、X・Y間に共同実行の事実について意思疎通がある以上、Xには傷害致死罪の共同正犯も成立し、理論的には単独犯である殺人罪との観念的競合ということになろう。

なお、判例には、〔事例一〕におけるAが傷害にとどまったという事案について、Xの所為は刑法六〇条（ただし、傷害の範囲で）、二〇三条、一九九条に該当し、Yの所為は刑法六〇条、二〇四条に該当する、としたものがある（札幌地判平成二・一・一七判例タイムス七三六号二四四頁）。これは、法令の適用において、Xについても「傷害の範囲で」共同正犯の成立を認めていることからみて、部分的犯罪共同説を採ることを鮮明にしたものといえよう。

(3)　共同正犯を認めない立場　　完全犯罪共同説および共同意思主体説を純粋に貫くと、同一の犯罪の実現を意図していないXとYとの間に共同正犯は成立しないことになる。すなわち、XおよびYはそれぞれ単独犯であり、Xは殺人罪、Yは傷害罪で処断されることになる。この結論に対しては、それはX・Yが共同して犯罪を実行しているという事実を殊更無視している点で不当である、という批判がなされているが（内藤・(下)Ⅱ一三五九頁）、これは共犯の本質に関する行為共同説と犯罪共同説ないし共同意思主体説との理解の相違に基づくものといえよう。

2　罪質を異にする場合〔強盗と強姦の共犯・事例二〕

相互に相手の目的を知らずに、Xが強盗の意思で、Yが強姦の意思でA女に対して共同して暴行を加え、XがA女に傷害を与えたが、共にその目的を達しなかった場合、X・Yの罪責がそれぞれどうなるかが問題となる。

(1)　共同正犯を認める立場　　右の事例では、暴行の限度で（犯罪）行為の一部共同が認められるから、行為共同説に立てば、Xの強盗致傷（財物を奪取しなかった点を重視すればその未遂）とYの強姦致傷の共同正犯となる。すなわち、まずXは強盗致傷（未遂）の共同正犯として二四〇条前段（二四三条）・六〇条の適用を受け、Yは強姦致傷の共同正犯として一八一条二項・六〇条の適用を受けることになる。また、部分的犯罪共同説に立っても、強盗罪と強姦罪とで暴行の限度で構成要件が重なり合っているとみる場合は、行為共同説と同じ結論になる。

しかし、強盗罪は財産犯であってそこにおける暴行が財物強取の手段であるのに対し、強姦罪は性的自由に対する罪であってそこにおける暴行は姦淫の手段であるから、両罪はその基本において性格を異にしていると解すべきである（しかも、罪質の違いに伴い、強盗罪における暴行は相手方の反抗を抑圧する程度のものであることを要するのに対し、強姦罪における暴行は反抗を著しく困難にする程度のものであれば足りる）。したがって、仮に手段の共通性が認められるとしても強盗罪と強姦罪との間に共同正犯の成立を肯定すべきではないのであり、暴行という両罪にとり非本質的部分の共同に着目して、自らは傷害の結果を生じさせなかったYにも強姦致傷としての共同正犯の罪責を問うことは妥当でないであろう。

(2)　共同正犯を認めない立場　　完全犯罪共同説ないし共同意思主体説の立場に立てば、〔事例二〕においても共同正犯の成立を認めることはできず、暴行のみを行ったYは強姦未遂の罪責を問われるに過ぎない（Xは強盗致傷（未遂）の単独犯）。また、部分的犯罪共同説であっても、強盗罪と強姦罪の構成要件が重なっていないとみるときは、Y

はやはり強姦未遂の限度で責任を問われることになる。

四　犯罪の従属性（罪名の従属性）

Xが Yに窃盗を教唆したところ、Yが強盗を行ったという場合、Xの罪責について、刑は三八条二項により窃盗教唆のそれによるとしても、罪名は正犯に従属して強盗の教唆なのか、それとも科刑と同じ窃盗の教唆なのかが問題となる。この点については、共犯の罪名が正犯のそれに従属すべきか否かという形で争われている。

(1)　犯罪（罪名）独立性説　①行為共同説は、犯罪（罪名）の独立性を認める立場から、Xは刑ばかりでなくその罪名も窃盗の教唆となると解している。Xは、窃盗教唆の意思で、この立場では同じく窃盗教唆の結果を引き起こしたことになるから、錯誤の問題ではなかったことになる。ちなみに、前掲最決昭和五四・四・一三（前出三1(1)）の考え方によれば、Xには窃盗の範囲で教唆犯が成立することになる（前田・基礎三三〇―一頁参照）。また、②部分的犯罪共同説の立場からも、窃盗罪と強盗罪は窃盗の限度で構成要件が重なっていることから、成立する犯罪も科刑の基礎となる犯罪と同様、窃盗の教唆ということになる。さらに、③共同意思主体説の立場においても、本件における共同意思主体の活動は窃盗を限度としていると解するならば、共犯者Xの罪名について、正犯者Yからの独立性を認めることができよう。もっとも、Xに窃盗教唆罪が成立するについては、強盗罪の中に含まれている窃盗罪の犯意をYに生ぜしめたと評価できることが当然の前提となる（前田・基礎三三一頁）。なお、Yの強盗行為は、共犯の成立範囲を超えた過剰結果として、強盗罪の単独犯となる。

(2)　犯罪（罪名）従属性説　完全犯罪共同説（および一部の共同意思主体説）は、共犯の罪名が正犯の罪名に従属することを要求し、Xの罪名は強盗の教唆であり、刑だけが三八条二項により窃盗の範囲内にとどまる、とする。しかし、罪名は、成立する犯罪に対する質的評価の差異を示すものであって、罪名（犯罪）と科刑の分離を認めるべきではなく、また、軽い窃盗の意思しかないXに重い強盗の故意の成立を認めることは責任主義に反するから、結論としてはやはり犯罪（罪名）の従属性を認めるべきではないであろう（内藤・㊦Ⅱ一三五六頁）。

五　片面的共犯

最後に、共犯の本質との関連で問題となる片面的共犯についてみてみることにしよう（なお、「過失の共犯」も共犯の本質論と直結する問題であるが、これについては本書26）。片面的共犯とは、相手方との意思の連絡がなく、一方的に、他人と犯罪行為を共同にする意思で犯罪を実行し（片面的共同正犯）、あるいは他人の犯罪行為に加担する場合をいう（片面的従犯）。学説は、①片面的共犯を認める見解（肯定説）と、②これを否定する見解（否定説）、および③片面的共同正犯は否定するが片面的従犯は認める見解（折衷説）とに分かれている。

1　片面的共同正犯

共同正犯形態の犯行において、共同犯行の意思が片面的に一方にしか存在しない場合、例えば、Xが強盗の意思でAに暴行を加えている間に、YがXの背後でXの知らないうちにAに対して銃を突き付けて脅迫しAの反抗を抑圧したためにXが強盗の目的を遂げたという場合に、Yに強盗の共同正犯が成立するかどうかが問題となる。片面的共同正犯の特色は、共同犯行の意思が一方にのみ存在することから、共同犯行の意思が相互に存在する本来の共同正犯と、およそ共同犯行の意思が存在しない同時犯（単独犯の競合）の中間的形態に当たるという点にある。論点は、共同正犯が成立するためには、共同実行の意思が同様に他の共同行為者にも存在することが必要であるか、それとも一方的に自己にのみ存在すれば足りるのか、ということである。

行為共同説は片面的共同正犯の成立を認め、例えば、共同実行の意思は行為者各自の内心の問題であるから行為者自身に備わっていれば足り、相手方にも同様の意思があることは（本人からみれば）客観的事実の問題であって、本人の共同正犯の成立のためには不要であるとし（牧野）、あるいは、意思の相互連絡は片面的共同正犯にとってその前提となるものではないとする（植田・後掲❶二四一頁以下）。

これに対し、否定説は、まず犯罪共同説から主張され、共同意思すなわち故意の共同があるといえるためには相互に意思の連絡がなければならないとし、また、共同意思主体説も、共同犯行の相互的な意思の連絡があって初めて共同正犯における共同意思主体が形成されると主張する。

思うに、刑法六〇条は、相互に相手方の行為を利用し合い、補充し合って犯罪を実行することを予定していると解釈すべきであり、そのためには相互的な利用・補充関係にある共同行為の表象・認容が必要である。また、片面的共同正犯には、相手に対する物理的影響が認められるとしても、相手方に共同実行の意思がない以上、相互の意思疎通によって初めて可能となる心理的影響が認められないのである。否定説が妥当である。

2　片面的従犯

片面的共同正犯を認める見解は当然に片面的従犯を肯定するが、犯罪共同説の見地から、片面的共同正犯を否定しつつ、意思疎通があれば共同正犯と認められる場合を含めて、広く片面的従犯を認める見解（折衷説）も有力である（例えば大谷・四七〇頁）。その根拠として、正犯の実行行為を容易にすることは、正犯の側に幇助を受けているという意識がなくても可能であること、刑法六二条も幇助者と被幇助者との間に意思の連絡があることを要求していないと解するのが自然であることを挙げている。

しかし、犯罪共同説の要求する意思連絡の相互性は、ひとり共同正犯だけの問題ではなく、共犯一般の問題であって従犯にも要求されてしかるべきであるし（前出一参照）、また、正犯に対する心理的影響が認められない片面的従犯について、類型的にみて幇助行為としての可罰的危険性が認められるかも問題である。さらに、意思疎通があれば実行の一部分担として共同正犯とみられる場合をも、片面的であるが故に従犯とすることに論理的な一貫性が認められないのではないかという疑問もある。いずれにせよ、少なくとも共同意思主体説による限り、片面的共同正犯と同様、片面的従犯の成立も認めるべきではないであろう。

【参考文献】

❶植田重正「片面的共犯」斎藤金作博士還暦祝賀『現代の共犯理論』（一九六四・有斐閣）

❷香川達夫「犯罪共同説か事実共同説か」中義勝編『論争刑法』（一九七六・世界思想社）

❸金沢文雄「犯罪共同説か行為共同説か――行為共同説の立場から」前掲❷

❹西田典之「共犯の処罰根拠と共犯理論」刑法雑誌二七巻一号（一九八六）

❺特　集『共同正犯論の新展開』現代刑事法二八号（二〇〇一）

26 過失犯・不作為犯と共犯

一 はじめに

共犯は、通常、共同正犯・教唆犯・従犯を問わず、故意作為犯について語られる。故意犯・作為犯が犯罪の原則形態である以上、ある意味で当然である。しかし、過失犯・不作為犯もそれぞれ故意犯・作為犯と並ぶ犯罪の一形態である以上、その共犯の成否について考えてみなければならない。また、その成立が認められた場合、過失犯・不作為犯における共犯と故意犯・作為犯における共犯との共通点と相違点を明らかにする必要がある。

(1) 過失犯における共犯　まず、(a)過失の共同正犯に関しては、①過失犯相互の共同正犯が可能かという問題と、②故意犯と過失犯の共同正犯がありうるかという問題がある。次に、(b)過失の教唆犯・従犯に関しては、従来、①過失犯に対する（故意の）教唆・幇助と、②過失による教唆・幇助とが議論されてきた。①は、正犯が過失犯の場合であり、②は、共犯が過失犯の場合である。さらに、(c)結果的加重犯についても、これに対する①共同正犯と②教唆・幇助が問題となる。本章では、右のうちもっとも議論が錯綜している過失犯および結果的加重犯における共同正犯の可能性を検討してみることにしよう（後出二）。

(2)　不作為犯における共犯　不作為犯と共犯が競合する事例としては、(a)「不作為犯に対する共犯」と(b)「不作為による共犯」とがあり、後者はさらにⒶ「作為犯に対する不作為による共犯」とⒷ「不作為犯に対する不作為による共犯（不作為の共働）」とに分けられるが、本章では、近時、児童虐待との関係で主として問題とされているⒶのケースを中心として考察することにしよう（後出三）。また、「不作為による共犯」に関する争点としては、①不作為犯の共同正犯と従犯とはどのような基準によって区別されるかという「不作為犯における正犯と共犯の区別」の問題と、②単独正犯である不真正不作為犯の成立要件との関連が問われる「不作為による共犯の成立要件」の問題があるが、本章では②を中心として考察することにする（後出四。①については本書23二2）。

二　過失の共同正犯

1　事例と判例

「過失の共同正犯」となるのか、それとも単なる「過失の競合」にすぎないのかが問題となる事例としては、次のようなものが考えられる。例えば、XとYが協力してビルの工事現場で鉄材の両端を持ってこれを下に落とす作業をやっていたところ、二人の不注意により、下を通りかかった通行人Aの頭上に鉄材を落としAを死に致したという場合（事例二）、肯定説では過失の共同正犯となるが、否定説ではX・Y共に過失の単独犯（同時犯）が成立するということになる（この場合は、結論的にはいずれの説によってもX・Yに過失犯が成立する）。また、例えば、ハンターのZとWが猟に行って、二人とも不注意によりBを野獣と誤認しBに向かって銃を発射したところ、Zの弾丸はBに命中したけれどもWの弾丸は当たらなかった場合（事例二）、過失の共同正犯を認める立場（肯定説）は、Wについても業務上過失致死罪の成立を認め、過失の共同正犯を認めない立場（否定説）は、Wは過失単独犯の未遂として不可罰となる。

大審院時代の判例は、基本的に過失の共同正犯を認めない方向にあったが（例えば大判大正三・一二・二四刑録二〇輯二六一八頁）、最高裁は、最判昭和二八・一・二三（刑集七巻一号三〇頁）において、飲食店の共同経営者が意思連絡の下にアルコール類を販売した際、両者とも不注意により中身を検査する義務を怠って法定の除外量以上のメタノール含有飲料を客に販売していたときは、（旧）有毒飲食物等取締令四条一項後段の罪（過失犯）の共同正犯が成立する、として過失の共同正犯を認めるに至った。もっとも、本件は、二人の被告人がそれぞれ過失により有毒な酒類を販売していたとみられることから（過失挙動犯）、過失の共同正犯を認めなくても過失同時犯として処罰しうる事案ではあった。したがって、過失結果犯の典型である過失致死傷罪について最高裁がどのような態度をとるかは必ずしも明らかではなく、判例としての指導力は乏しかった（土本・後掲❹一四一頁参照）。その後の下級審判例が、肯定判例（例えば、業務上失火罪の共同正犯を認めた名古屋高判昭和六一・九・三〇高刑集三九巻四号三七一頁）と否定判例（例えば、業務上過失致死傷罪につき過失の競合にすぎないとした広島高判昭和三二・七・二〇裁特四巻追録六九六頁）とに分かれたのもうなずけるところである。

2　学　説

(1)　肯定説　否定説の論者が共同正犯の成立に故意の共同を要求するのに対し、肯定説は、故意の共同は故意犯の共同正犯の要件として必要であっても、共同正犯それ自体の概念要素として絶対不可欠のものではない、と説くことから出発する。すなわち、故意犯の場合は、一部実行全部責任の効果を認めるために行為および結果の意識的共同を必要とするが、過失犯については、実行行為の共同によって共同の注意義務に共同に違反して法益を侵害した以上（共同過失）、右の効果を認めうるはずであるというのである（土本・後掲❹一四四頁）。

①　行為共同説　肯定説は、まず、主観主義的な行為共同説の立場から主張される。すなわち、共同正犯が成立するためには前構成要件的な行為を共同にする意思があれば足り、結果を共同にする意思（故意の共同）を必要としないということから、前構成要件的な行為についての意思の連絡があるにすぎない過失の共同正犯も認められることになる（牧野・木村）。

また、客観主義犯罪論に基づく行為共同説からも、過失の共同正犯は肯定される（平野Ⅱ・三九三頁以下、中山・四六五頁）。すなわち、共同正犯が成立するためには各自がその犯罪行為の一部を共同にすれば足り、犯罪（罪名）の従属性を要求しないことから、故意犯と過失犯との間に共同正犯を認めるだけではなく、過失犯相互の間にも共同正犯を認めることになる。この見解によれば、過失犯にも正犯（実行行為）と共犯（関与行為）の区別が可能であるという見地から、各自の過失行為（実行行為）の共同的利用による結果惹起が認められれば過失の共同正犯を肯定してよいとし、過失行為それ自体の危険性と、一方が他方の行為についてまで注意すべき義務の違反とによって、共同過失が認定されるとするのである。もっとも、共同正犯においては、一部行為の全部責任の法理が適用されることから、その認定は慎重になされなければならない、ともしている（中山・四六三頁）。

②　犯罪共同説　近年では、犯罪共同説に立ちつつ過失の共同正犯を認める見解も現れるに至っている。すなわち、「前法律的な事実に関する意識的・意欲的共働が不注意の共有という契機を帯びることによって、一個の全体としての構成要件該当（充足）かつ違法な行為→結果となることができる」とする（内田・後掲❷六一頁）。また、あるいは「法律上、共同行為者に対する共同の注意義務が課せられている場合に、共同行為者がその注意義務に共同して違反したとみられる客観的事態が存在するときは、そこに、過失犯の共同正犯の構成要件該当性があった」とし、

例えば前掲の〔事例一〕においては、共同実行の内容としての共同者の相互的な利用・補充の関係を見いだすことができるのであり、不注意な行為を共同にし合う心情を過失犯についての共同実行の意思と解しうる、とするのである（大塚・二八一頁以下）。ここで、「共同の注意義務」というのは、「みずから遵守するだけでなく、共同者の他の者にも遵守させるようにつとめなければならない関係にあ」る義務と解されている（福田＝大塚・刑法総論Ⅰ三八一頁）。

さらに、新過失論の台頭により、過失犯にも実行行為が存在することが意識されるようになると、過失行為（過失犯の実行行為）の共同として過失犯の共同正犯が認められるに至り（例えば福田・二七〇頁）、また、旧過失論の側からも過失行為が「実質的で許されない危険」をもった行為と理解されるようになると（平野・Ⅰ一九三頁）、過失実行行為の共同を問題とする余地が生じてきたのである（前田・基礎三六三―四頁参照）。従来の過失共同正犯論が「共同正犯」の本質論を基礎として過失の共同正犯を考えていたのに対し、この立場は「過失」の本質論から出発して過失の共同正犯を論じているのである。

(2)　否定説　まず、犯罪共同説の論者は、共同正犯に必要な相互的了解は結果を共にする決心を意味し、それは故意行為についてのみ存在する、と説く（滝川幸辰）。あるいはまた、過失犯における意識的部分である犯罪的でない意思の連絡は、共同して犯罪を実行する意思としては不十分であり、したがって過失行為にとって本質的でない意識的な部分についての意思の連絡をもとに過失の共同正犯を論じることは、過失犯の本質に即した議論ではない、とするのである（団藤・三九三頁）。

次に、共同意思主体説も過失の共同正犯を否定する。すなわち、刑法が共犯（共同正犯）を規定した理由が、二人以上で共同目的に向かって合一するところに特殊な社会心理的現象が生ずることを認めたことにある以上、一定の犯罪は故意犯であることを要するのである。なぜなら、一定の目的に向かっての相互了解がなければ、特殊な社会心理的現象が生ずるものとして、特別の取り扱いをする必要がないからである（斎藤金作）。

3　検　討

(1)　肯定説の問題性　過失の共同正犯を認める見解のうち、まず、犯罪共同説による肯定説についてみると、犯罪共同説はもともと、犯罪結果について意思の連絡がある場合を共犯と解する見解なのであるから、犯罪共同説に立ちつつ、共同正犯を認めるために何故犯罪的結果を含む相互了解が不要なのか、という問題が生ずる。この立場の論者は、過失の共同正犯を認めるためには表面的な行為の共同だけでは足りず、内面的な不注意の共同が必要であると説くが、はたして内心の問題である不注意（注意義務違反）の共同ということが事実としてありうるのか、という疑問がわく。この疑問を解くかぎはおそらく、注意義務を結果回避のための外部的な義務として構成する、いわゆる新過失論に求められることになろう（本書14参照）。すなわち、過失を、行為者のおかれた具体的な状況の下において、法益侵害の結果を招かないようにするため何人にも遵守することが要請される基準行為からの逸脱と捉える新過失論の立場からすれば、不注意の共同ということも十分に考えられるのである（土本・後掲❹一四五頁）。しかし、過失を内心的な予見義務の違反と捉える伝統的な過失論（旧過失論）の立場では、不注意の共同ということは意味をもたないであろう。少なくとも旧過失論を前提とする限り、犯罪共同説に立脚しつつ過失の共同正犯を認めることは論理的に不可能ではなかろうか。

これに対し、行為共同説の立場から過失共同正犯の帰結を導くことは、理論的には可能である。殊に、裸の行為の共同があれば共同正犯が認められるとする主観主義的な行為共同説に従った場合は、過失の共同正犯を認めることに何の障害もないであろう。しかし、非犯罪的、前構成要件的な意思の共同があるというだけでは、共同正犯の当罰性を基礎づけることができない。例えば、前掲1の〔事例一〕において、鉄材を共同して投げ落とすというそれ自体非犯罪的な行為についてX・Y間に意思の連絡があったというだけで、事故が発生すると一転、その意思連絡がその結果についての共同過失に転ずる、と解することはできない。行為共同説を徹底すると、行為を共同にする以上、Xにしか過失が認められない場合にも過失の共同正犯が成立するということになりかねない。

そこで、客観主義的な行為共同説のように、単なる行為の共同ではなく犯罪行為の共同を考えるとした場合、行為共同説が事実上犯罪共同説に合流することになるのではないかという点をおくとしても、各人の過失から区別された共同の注意義務違反（共同過失）を観念しうるかという疑問はやはり残るように思われる。すなわち、危険な共同行為にかかわる複数の者に、各自が自己の注意を払うと共に、相互に他の者に注意を喚起する義務（その意味での共同義務）があるとしても、それは単に同じ内容をもつ各人の義務が併存している状態にすぎず、共同正犯を根拠づける意思疎通に代わりうるものではないと思われる（前田・基礎三七二―三頁参照）。例えば、〔事例二〕において、Z・Wが各自意思を緊張させて客体が野獣でなく人（B）であることを認識すべき義務はもとより、共同過失を基礎づけているとされるZがWに対して、WがZに対して相互に注意を促すという義務も、実はそれぞれがZ固有の義務であり、W固有の義務であって、いずれの義務違反もせいぜい過失単独犯を基礎づけているにすぎないのである。

結局、「共同行為者が、互いに不注意であったために、相互に不注意を助長・促進する結果になり、ために法益侵害を惹起したと評価しうるときには、その過失的共働に対して、共同正犯の成立を認めることはなんら困難ではない」（内田・二九六頁）、とはいえないと思われる。無意識的な不注意そのものを共同にするということが意味をなさない以上、不注意と不可分に結び付いているとはいえ、意識的な客観的行為の共同があるというだけでは、一部実行全部責任の効果を基礎づけることはできないであろう。

(2) 否定説の妥当性　以上の肯定説に対し、過失の共同正犯を否定する場合には、過失犯をすべて共同正犯から排除することによって、共犯論の内部で明確な限定性を保障することが可能となる。否定説に対しては、この立場は過失犯を単独犯に分解することによって、肯定説であれば過失による教唆・幇助として不可罰な行為をも正犯として広く処罰することになる、という批判が加えられている（中山・四六二頁）。過失犯に正犯と共犯の区別を認めないことは、すべてを正犯として扱うものであって、過失犯の定型性を緩く解することから拡張的正犯概念を認めることになる、というのである。しかし、単独犯とした場合は、自己の危険行為についてのみ責任を問われるのであり（いわば「一部行為の一部責任」）、過失の実行といえないものは否定説においてもやはり不可罰として扱われるのである。

また、過失共同正犯を認める実益という観点からも、肯定説の存在意義は疑わしい。〔事例一〕の場合には、過失単独犯としてX・Yを共に処罰しうるのであって、共同正犯の規定を援用して一部行為の全部責任の法理を適用する必要はないであろう（西原・三八五頁以下）。また、肯定説は、〔事例二〕において、Z・Wどちらの発射した弾丸からBが死亡したか特定できないという場合に意味があるとするが、行為と結果との間の因果関係が立証できない以上、むしろ両者に業務上過失致死罪の責任を負わせるのは不当であって、共に無罪とすべきだと思われる。

4　結果的加重犯の共同正犯

例えば、X・Yは共同してAから財物を強取しようと企て、Xは暴行、Yは財物奪取を行ったが、Xの過失によりAを死に致した場合、結果的加重犯の共同正犯を認める立場（肯定説）からはYにも強盗致死罪が成立する余地があるのに対し、否定説の立場ではYの罪責は強盗罪にとどまることになる。

まず、結果的加重犯が成立するためには、行為と結果との間に条件関係があればよいとする判例の立場からすると、基本的行為について共同の認識がありさえすれば、発生した重い結果に対して予見可能性（過失）がなくても共同の責任が問われることになる。例えば、最判昭和二六・三・二七（刑集五巻四号六八六頁）は、強盗を共謀した者の一人が強盗の機会に致死の結果を発生させたときは、他の共謀者も強盗致死の責めを負う、としている。判例は、単独犯としての結果的加重犯について、予期しえない重い結果についても責任を負担させるというのであるから、共同正犯においても基本行為を共同して実行した全員が結果について責任を問われることになるのは当然の帰結である。しかし、重い結果を予見しえなかった者についても、予見可能であった者と同様に結果的加重犯としての重大な責任を問うのは、共同正犯の成否を論ずる以前に、責任主義に抵触するという批判を招くことになる。

次に、結果的加重犯の成立には加重的結果について予見可能性ないし過失を要するという見解のうち、過失の共同正犯を認める立場からは次のような結論が導かれる。すなわち、形式的には、結果的加重犯は故意犯である基本犯と過失犯である加重結果との複合形態であるから、過失犯についても共同正犯が認められる以上、当然、結果的加重犯全体についても共同正犯が認められることになる。また、実質的にみれば、結果的加重犯が結果発生の高度の危険性を有する行為を類型化したものである以上、共同加功者全員に過失が認められれば、実際には加重結果を惹起しなかった者についても共同正犯が成立することになるのである（福田＝大塚・刑法総論Ⅰ三七九頁）。

さらに、過失の共同正犯を認めない立場であっても、結果的加重犯については共同正犯の成立を肯定する見解がある（団藤・四〇二頁、四二八頁）。すなわち、結果的加重犯においても基本犯は故意犯であるから、基本犯について共同正犯が成立する場合には、結果の発生について過失があることを条件として全員に結果的加重犯の責任が生ずるというのである。この立場でも、過失を要求するとはいえ、一部行為の全部責任の効果が各人の認識を超えたところにまで及ぶことになる。この見解は、単独犯の結果的加重犯の法理をもって結果的加重犯の共同正犯を基礎づけようとするものであるが、共同正犯固有の論理が考慮されていない点に問題を残している（神山・後掲❸一六六―七頁）。

肯定説はいずれにしても、共同正犯の成立要件である共同犯行の意識が加重結果にまで及んでいないにもかかわらず、結果的加重犯について共同正犯の成立を認めている点で根本的な疑問がある。単独犯の場合に、発生した加重結果について予見可能性ないし過失があれば足りるのは、その加重結果を自ら惹起しているからであって、他人の惹起した加重結果についての責任が問われる共犯の場合とは実体を異にしている。共犯においては、たとえ基本犯について共同実行の事実があり、かつ結果につき予見可能性ないし過失があったとしても、それだけでは他人の生ぜしめた加重結果について共同正犯としての重い罪責を問うことはできない。本節の冒頭の事例において、およそ暴行行為に関与していないYについて、Xの過失により生じたAの致死結果についてまで責任を負わせるべきではないであろう（肯定説に立ちつつ、Yに強盗致死罪の責任を負わせるためには、Y自身も暴行行為を共同する必要があるとするものとして、神山・後掲❸一六七頁）。結果的加重犯については、基本犯の限度で共同正犯を認めれば足りると思われる。

三　作為と不作為の共同正犯

1　問題の所在

不作為犯と共同正犯とが交錯する場面で生ずる犯罪形態の一つが「不作為犯の共同正犯」である。ここでは、「不作為犯に対する共同正犯」と「不作為による共同正犯」とが複合しており、不作為犯に対する不作為による共同正犯であった場合に、「不作為犯の共同正犯」の成否が問題となる。不作為犯の共同正犯の例として、例えば父親Xと母親Yが殺害の意思を通じて、自分たちの子供Aに食事を与えずこれを餓死させたようなケースが考えられる〔事例Ⅰ〕。通説は、XとYに共同の作為義務違反の共同の不作為が認められるとして、殺人罪の「不作為犯の共同正犯」が成立する、と解している。もっとも、この場合は、XおよびYのいずれか一人がAに食事を与えていれば、Aは餓死しないですんだのであるから、これを同時犯と構成してもX・Yに正犯としての罪責を問うことができる。したがって、固有の意味で「不作為犯の共同正犯」として解決しなければならないのは、XとYが共同しなければAの死亡を回避しえなかった場合である。

また、一方が作為で、他方が不作為で共同して犯罪を行った場合も、不作為犯と共同正犯が関連する犯罪形態として捉えられ、作為と不作為との共同正犯を認めることができるか、という形で問題が提起される。例えば、父親Xと母親Yとが意思疎通の上、Xが積極的に子供Aを殴打・足蹴にするという作為により殺害したが、その際、Yはそれを阻止できるのに阻止しなかった場合に〔事例II〕、Yに不作為による殺人の共同正犯が成立するか、ということが問題となる。

2　学説の検討

右の〔事例II〕において、共同意思の下で各人が作為（X）と不作為（Y）の態度に出ていることを共同実行行為とみなし、作為と不作為の共同正犯を認める見解も有力である（例えば、大塚仁『犯罪論の基本問題』三三四頁）。この立場に立つと、Yには殺人の「不作為による共同正犯」が成立することになる。しかし、Xの暴行を阻止しないというYの不作為は、積極的な動作であるXの作為と比べると、潜在的な作用可能性を有する消極的な態度にすぎず、このように従属的な役割を果たすにとどまるYの不作為を、作為による犯罪事実形成作用が不作為者のそれを凌駕するXの行為と同列に論ずることはできない。Aの死亡結果に対して、Xが自らのイニシアティブの下に因果関係を設定し、Xの作為が結果の発生に直接的な因果性をもつのに対して、これを阻止しなかったYは、作為義務（阻止義務）違反の不作為により、Xを介しての間接的な因果性をもつにとどまっているのである。

また、犯行現場において、Y以外にXの犯行を阻止する者がいなかった、という「排他的支配」の見地からYに犯罪阻止義務を認めてその共同正犯性を基礎づけることもできない。単独正犯の事例においては、不作為者は結果への因果の流れを自己の掌中に収め、その意味での排他的支配を理由に結果回避のための作為義務を根拠づけることができるが、本事例の場合は作為による正犯者Xが現に存在し、規範的責任論の見地からすると、法は、Xに対し直接に犯行の中止を期待しているのであって、Yについて犯罪現場における排他的支配を認めることができない。

さらに、規範論的にみて、法益保護をもってその任務とする刑法規範は、第一次的には、「法益を侵害するな」という禁止の内容を理解し、規範の要請に従って行為できるにもかかわらず、禁止規範に違反して積極的に法益侵害行為に出ようとする作為者（X）に向けられる。法益保護の役割は、法益侵害行為に出ないという形でまずもってXが果たさなければならず、Xに正犯としての第一次的な責任が課せられることになる。これに対し、Yは、Xがその役割を果たさないことによって初めて、「Xの行為を阻止せよ」という命令規範に応ずる形で二次的補充的に法益を保護する役割を果たせば足りるのである。Yは、あくまでもXによって遂行される法益侵害（Aの殺害）の実現を意図し、支援してその阻止をしない点で従犯としての役割を果たしているにすぎない。

作為者（X）が正犯であるときは、それに対する不作為による関与者（Y）は、原則として従犯にとどまる。父親Xが子供Aを毒殺しようとするのを阻止しなかった母親Yの立場は、水に溺れたAを救助しなかったYの立場とは、法的意味が異なるのである（前者は従犯、後者は正犯）。もっとも、例えばXがYの不在中にAに暴行を加えて外出した後に、Xと入れ違いに帰宅したYが重傷を負っているAを発見したが、殺意をもってこれを放置して死に至らしめたような場合には、Yに不作為による殺人罪が成立するが、それは、正犯であるXの実行行為後にAがY単独の支配領域内に置かれたからであって（排他的支配）、前例とは事情が異なることに注意する必要がある。

四　不作為による従犯

1　「不作為による従犯」における作為義務

被告人Xが、内縁の夫Yによる当時三歳の子供Aに対するせっかんを放置して、Yによる傷害致死を容易にさせたとの事実で起訴された事案において、一審（釧路地判平成一一・二・一二判時一六七五号一四八頁）が、Xの行為は作為による傷害致死幇助罪とは同視できないとして無罪を言い渡したのに対し、二審（札幌高判平成一二・三・一六判時一七一一号一七〇頁）が、これを破棄して傷害致死幇助罪の成立を認めた例がある。

本件について一審判決を批判して二審判決を支持する見解には、作為による幇助が正犯行為を促進すれば足りる以上、不作為の場合も「犯罪行為・結果発生を完全に阻止・防止することができなくても、それを困難にすることが可能であればよい」とするものがある（神山・後掲❻四九頁）。これは、「不作為による従犯」も所詮「従犯」にすぎないことから、不作為による従犯における作為義務の内容を「作為による従犯」とのアナロジーにおいて把握しようとするものである。しかし、作為による従犯において、作為の幇助行為により正犯行為を積極的に「容易にする」「促進する」というのと、不作為による従犯において正犯行為を「困難にしない」、正犯の実行にとって「障害となる作為に出ない」という形で消極的に促進するのとでは法的意味が異なっている。「困難にしない」「障害となる作為に出ない」というのは、正犯による法益侵害の危険についていわば現状を維持しようとする事態を表明しているにすぎず、仮に不作為者に被害者との関係で何らかの保障人的義務が認められるとしても、その者の不作為が直ちに正犯の行為を「容易にし、促進した」ことにはならないのである。

刑法規範が作為による幇助行為に出ようとする者に対し、正犯行為を「容易にするな」「促進するな」という禁止を発することは法的意味を持ち、したがってこの禁止規範に違反する行為は「作為による従犯」として可罰性を獲得するが、正犯行為の遂行について「これを困難にせよ」「障害となる作為に出よ」という命令規範は、それに違反する不作為について直ちに「不作為による従犯」としての処罰を基礎づけるほどの法的意味を持ちえないと思われる。不作為による幇助を基礎づける作為義務も、不作為による正犯を基礎づける作為義務と同様、正犯行為による結果との関係で法益侵害結果の発生を防止すべき義務でなければならないのである（内藤・(下)II一四四六頁、島田・後掲❼二二一―二頁）。したがって、前掲の裁判例において、仮にXがYの犯罪実行を阻止することが著しく困難であるという状況があれば、たといXがYによる犯罪の遂行を困難にすること、Yによる犯罪実行の障害となる作為に出ることができたとしても、Xに不作為による従犯の成立を認めることはできないのである。

2　犯罪阻止可能性の程度

「不作為による従犯」における作為義務の実体を結果回避義務、犯罪阻止義務に求めるとした場合、問題となるのは、想定される作為が他人による犯罪結果を防止する可能性、正犯の犯罪の実行を阻止しうる見込みをどの程度持っていることが必要か、ということである。この点については、前掲釧路地裁判決が「犯罪の実行をほぼ確実に阻止し得た」ことが必要だとしたのに対して、二審の札幌高裁判決は、単に「正犯者の犯罪を防止することが可能」であれば足りる、としたのである。「不作為による従犯」の成立のために、正犯の犯行阻止の確実性（ないし確実性に境を接する蓋然性）まで必要と解するか、それとも単なる可能性、低い見込みで足りると解するか、という点において両判決は際立った対照を見せている。

思うに、単なる不作為による幇助が作為による幇助、例えば正犯者が子供の虐待のために用いる道具を幇助者が準備する行為と同価値と判断されるためには、幇助者とはいえ不作為者に相当高度の結果回避、結果防止の可能性が認められなければならない。ここにおいて、不作為による幇助者を作為による幇助者と同視しうるために、期待された作為があれば正犯の犯行を確実に阻止しえた、ないしそれに近い蓋然性があったことが要請されてこよう。正犯結果防止の確実性(に境を接する蓋然性)は、不作為による従犯の成立を認めるための不可欠の要件と考えられる。

もっとも、このように「不作為による従犯」についても、期待された作為による犯罪結果防止の確実性(に境を接する蓋然性)を要求した場合、「不作為による正犯」との区別基準をどこに求めるかは当然問題となるところであるが、①不作為の単独正犯におけるように、他に正犯者が存在しない場合、すなわち排他的支配が認められる場合は結果を防止しない不作為者が正犯となり、②本件におけるように他に(作為による)正犯者が存在する場合は、期待された作為により正犯の実行をほぼ確実に阻止しうることを前提に、不作為者は従犯としての罪責を問われることになるのである。

【参考文献】
過失の共犯につき
❶阿部純二「過失の共犯――過失の共同正犯を中心として――」芝原邦爾編『刑法の基本判例』(一九八八・有斐閣)
❷内田文昭『刑法における過失共働の理論』(一九七三・有斐閣)
❸神山敏雄「結果的加重犯と共同正犯」阿部純二編著・法学ガイド10『刑法Ⅰ(総論)』(一九八七・日本評論社)
❹土本武司「過失犯と共犯」刑法基本講座第4巻

不作為の共犯につき
❺神山敏雄『不作為をめぐる共犯論』（一九九四・成文堂）
❻　同　「不作為をめぐる共犯の新様相」現代刑事法五三号（二〇〇三）
❼島田聡一郎「不作為による共犯について⑴⑵」立教法学六四号（二〇〇三）・六五号（二〇〇四）
❽林　幹人「不作為による共犯」齊藤誠二先生古稀記念『刑事法学の現実と展開』（二〇〇三・信山社）
❾山中敬一「不作為による幇助」前掲❽

27 共謀共同正犯

一 問題の所在

二人以上の者が犯罪の実行を共謀し、共謀者中のある者が共同目的実現のために犯罪の実行に出た場合に、自らは実行行為を分担しなかった他の共謀者にも共同正犯としての責任を負わせることができるか、ということが共謀共同正犯論として争われてきた。刑法六〇条は、「二人以上共同して犯罪を実行した者は、すべて正犯とする」と規定しているが、この条文の解釈として、共同した二人以上の全員が犯罪を実行しなければならないのか（共謀共同正犯否認論）、それとも共同した二人以上のうちの少なくとも一人が犯罪を実行すればよいのか（共謀共同正犯是認論）、見解が分かれているのである（ちなみに、改正刑法草案二七条は、一項に現行法と同趣旨の規定をおくと共に、二項において共謀共同正犯も正犯とする旨の規定をおいている）。共謀共同正犯は、後述のように、判例が旧刑法以来一貫してこれを是認し、学説がかつては一部の見解を別としてこぞってこれに批判的な態度をとっていたのに対し、近年では、学説も確立された判例理論を考慮してその理論体系化に努めてきていることから、刑法学における判例と学説の関係ないし学説の役割を考えるうえでも興味あるテーマである（この点については、団藤・三九七頁以下、村井・後掲❶五七頁以下参照）。

この問題の解決は、共同正犯を単独犯および他の共犯形式と比較して、どのような性格の犯罪として理解するかにかかっている。共同正犯は、「二人以上共同して」という部分と「犯罪を実行した」という部分とから構成されており、前者の共犯性の要件によって共同正犯は単独正犯から区別され（その点では教唆犯・従犯と同じ）、後者の正犯性の要件によって狭義の共犯（教唆犯・従犯）から区別されている（その点では単独正犯と同じ）。このような複合的性格をもつ共同正犯概念のうち、共犯性の側面を強調するのが是認論であり、正犯性の側面を重視するのが否認論なのである。すなわち、是認論は、二人以上の共同があれば、あとは狭義の共犯と同様に共謀者中の誰か一人以上の実行の着手をまって共同正犯が成立すると解するのに対し、否認論は、なるほど単独正犯の場合のように各人が実行行為のすべてを行う必要はないが、全員が少なくとも実行行為の一部を行わなければならないと解するのである。

二　判例の展開

(1)　団体的共犯論に立脚する裁判例　　判例は、古く旧刑法時代から共謀共同正犯を認めてきており（最初のものとして、大判明治二九・三・三刑録二輯一〇頁）、現行刑法施行後も、当初は知能犯についてのみ共謀共同正犯の成立を認めていたが（例えば大判大正一一・四・一八刑集一巻二三三頁）、やがて非知能犯（実力犯）についてもこれを認めるようになった（例えば大判昭和六・一一・九刑集一〇巻五六八頁）。そして、リーディング・ケースとされる昭和一一年五月二八日の大審院連合部判決（刑集一五巻七一五頁）によって一般化され、共謀共同正犯の理論が完全に確立されるに至ったのである。連合部判決によれば、共同正犯の本質は、二人以上の者が一心同体のごとく互いに相寄り相援けて各自の犯意を共同的に実現して特定の犯罪を実行するにあり、犯罪を犯すことを共謀した数名中のある者が実行したときは、実行に加わらなかった他の共謀者も、知能犯、実力犯の如何を問わず共同正犯となる、とした。その後、戦後の最高裁判所の判例も共謀共同正犯を認め、大審院の見解を受け継ぐことを明らかにした（最判昭和二三・一一・一五刑集二巻一号四頁）が、ここまでの時期、判例の採る共謀共同正犯論に理論的根拠を与えた学説としては、後述の共同意思主体説（四2参照）がほとんど唯一のものであった。

(2)　個人的共犯論に立脚する裁判例　このような判例・学説の状況に一石を投じたのが、最高裁がいわゆる練馬事件（印藤巡査殺害事件）について判示した、昭和三三年五月二八日の大法廷判決（刑集一二巻八号一七一八頁）である。この大法廷判決は、「共謀共同正犯が成立するためには、二人以上の者が、特定の犯罪を行うため、共同意思の下に一体となって互いに他人の行為を利用し、各自の意思を実行に移すことを内容とする謀議をなし、よって犯罪を実行した事実が認められなければならない」が、「右のような関係において共謀に参加した事実が認められる以上、直接実行行為に関与しないものでも、他人の行為をいわば自己の手段として犯罪を行ったという意味において、その間刑責の成立に差異を生ずると解すべき理由はない」とした。本判決は、次の二点において特筆に値するものとされている。第一に、本判決が共同意思主体説とは異質な個人的共犯論に立脚して共謀共同正犯の新たな理論構成を試みたのではないかということが注目され、本判決を契機として、後述の間接正犯類似の理論、価値的行為の理論など（後出四3）、個人責任の原理に立脚した共謀共同正犯論が説かれることになった。第二に、この点とも関連して、本判決は共謀概念に絞りをかけるとともに、共謀を「罪となるべき事実」とし、厳格な証明の対象とすることによって、共謀共同正犯の拡大をチェックしようとしたことである。また、本判決は、X→Y→Zと順次に共謀が行われた場合にも、すべての者に共謀の成立を認めてよい、としていわゆる順次共謀を認めた。

三　共謀共同正犯を否認する見解

共謀共同正犯否認論の論理は次のようなものである。①正犯とは実行行為を行う者をいうから、②共同正犯も正犯の一種である以上、実行の分担が必要であるが、③共謀共同正犯においては、正犯の構成要件的特徴を示す実行の分担が認められないので共同正犯とはなりえない、というものである。したがって、共謀共同正犯を認めるためには、①正犯＝実行、②共同正犯＝正犯、③共謀共同正犯＝実行の欠如の三つの命題のうち、少なくともいずれか一つが否定されなければならないことになる（なお、共同正犯を単独正犯と教唆犯との複合形式とし、かつ教唆犯を正犯の一態様と解したうえで、共謀共同正犯を教唆犯であるとするものに、野村・四〇〇頁、同・後掲❻二三五頁以下）。

否認論は、まず、正犯には実行行為が必要であると解する根拠として、六〇条が「犯罪を実行した者」を「正犯」としていることのほか、六一条が「犯罪を実行させた者」、すなわち自らは犯罪を実行しなかった者を教唆犯とする反面で、犯罪を実行させられた者、すなわち自ら犯罪を実行した者を正犯として扱っているという事実をあげている。「実行させること」（教唆・共謀）は「実行すること」ではないというわけである。そして、このように解しなければ、現行法が峻別している共同正犯と教唆犯・従犯との概念的限界が画しえなくなる、とするのである（佐伯・三五一頁参照）。

否認論は、次に、共同正犯に実行行為の分担が必要である理由として、共同正犯が正犯の一種であることをあげるが、その実質的な根拠としては、刑法における個人責任の原理が考えられている。すなわち、共同者の各人が実行行為の少なくとも一部を遂行することによって初めて共同正犯の可罰性が基礎づけられるのであって、単なる共謀者をも共同正犯とする是認論は、団体責任を認めるものであって、近代刑法の基本原理(個人責任の思想)に反するというのである。

また、実際上の問題としては、是認論が実行行為者の背後に黒幕として存在する大物の処罰を考慮するのに対し、否認論は、共謀共同正犯を認めることが、教唆犯または従犯としての事実の認定や判示が共謀共同正犯としての処理に比して面倒である、という実務上の便宜を助長するものであることも指摘されている。

もっとも、共謀共同正犯を否定し、実行共同正犯のみを共同正犯として認めるとしても、そこにいう「実行」(共同実行)は、必ずしも単独正犯における実行(単独実行)と同じでなければならない、というものではない。共同正犯の場合は、各自の行為を全体としてみて犯罪の実行と評価できるかどうかが問題なのであって、単独正犯と異なり各自の行為がそれ自体独立して実行行為性を備えている必要はないのである。例えば、詐欺罪の実行行為は、人を欺いて財物または財産上の利益を交付させることであるが、Xが欺く行為(詐欺行為)を行い、Yが錯誤に陥った被害者の交付した客体を取得したとしても、X・Yともに詐欺罪の既遂である。また、例えば強盗罪における手段としての暴行・脅迫は、X・Yの行為があいまって被害者の反抗を抑圧する程度に達すれば足り、X・Yの行為がそれぞれ単独で被害者の反抗を抑圧する程度のものであることは必要でない。

四　共謀共同正犯を是認する見解

1　正犯概念と実行概念を分離する立場——包括的正犯説

「包括的正犯」という名称は、実行行為者でなくても正犯としての重い処罰に値する行為をした者を正犯に含めて考える、というところから付けられたものである。共謀共同正犯否認論はもとより、是認論のうちでも次に述べる共同意思主体説および行為支配説（間接正犯類似説）は、基本的構成要件に該当する行為（実行行為）を行う者を正犯と解する通説的見地から、実行行為が正犯概念にとって不可欠の構成要素であることを認めている（実行必要説）。これに対し、ひとり包括的正犯説は「実行なき正犯」の存在を認め（実行不要説）、実行行為を行っていない共謀共同正犯も正犯の一種である共同正犯となりうる、とするのである。この見解によれば、正犯者は正犯としての重い処罰に値する行為をすれば足り、必ずしも実行行為を行う必要がないので、正犯の一種である共同正犯も、正犯としての重い処罰に値する行為をすれば足り、実行の分担を絶対的な要件としないことになる（平野・『犯罪論の諸問題(上)総論』一三二頁以下）。したがって、共謀共同正犯は、実行行為を分担していないけれども、共謀という重い処罰に値する行為に関与しているので共同正犯になりうる、とするのである（なお、共同正犯の正犯性を共同意思のもとにおける行為の相互利用・補充関係に求める見地から共謀共同正犯を認めるものとして、大谷・四五六頁。また、実行行為に準ずる重要な役割を果たしたと認められる場合に共謀共同正犯を認める見解として、西田・後掲❹三七五頁）。

包括的正犯説の基本的な発想は、正犯概念が共犯概念と対をなすのに対し、実行は予備の対概念であって、正犯と実行とは次元を異にする概念だということであろう（正犯概念と実行概念の分離）。そして、六〇条の文理解釈としても、共同した全員が実行を分担しなければならないと解釈しなければならない必然性はないし、六一条の解釈としても、それはすべての正犯（例えば予備の正犯）ではなく、「実行」正犯に対する教唆のみが可罰的である旨を規定していると解することができる、とするのである。ところで、六〇条の文理解釈としては、構成要件の少なくとも一部を実現する行為をもって共同した者だけを（共同）正犯とする趣旨に読む見解（実行必要説）の方が、日本語の通常の読み方としては適切であると考えられるが、二人以上の者が共同し、そのうちのいずれかが犯罪を実行したときは、共同者の各人はすべて正犯として処罰される、というように読むこと(実行不要説)もまったく不可能というわけではない。いずれの文理解釈を採るかは、結局、刑法学的な合理性、合目的性によって決定されることになる(西原・後掲❺二二四頁参照)。

そこで、犯罪の実行に関与した者が正犯としての重い処罰に値するかどうか、実行行為に準ずる重要な役割を演じたかどうかが問題となるが、これらの基準が共同正犯と従犯の区別には妥当するとしても、はたして共同正犯と教唆犯の区別にも妥当するのかという根本的な疑問がある(中山・後掲❸二〇六—七頁)。教唆犯にも「正犯の刑を科する」以上(六一条)、教唆者もまた重要な役割を演じたものと言わざるをえないからである。共同正犯と教唆犯は、重要な役割の有無ではなく、やはり行為態様の相違、すなわちそれが実行行為であるか教唆行為であるかによって区別されなければならない。刑法は、「重い処罰に値する」行為として、実行行為と教唆行為を予定し、「軽い処罰に値する」行為として幇助行為を予定しているのである。したがって、共謀共同正犯については、共謀自体が実行行為にも教唆行為にも当たらないのであれば、これを重い処罰に値する行為とみることができず、教唆犯はもとより共同正犯としても重く処罰することはできないのである。正犯と共犯の概念的区別を堅持し、このような実質的基準に形式的な明確性を与えるためには、正犯(共同正犯)と実行行為概念との結び付きを否定することはできないのではなかろうか。理論上共犯(特に従犯)となるべき者が実務上正犯(共同正犯)として扱われる可能性を排除するためには、正犯概念を実行行為概念に結び付けておくことになお実践的、政策的意義が認められると思われる。

2　共同正犯を共犯と解する立場——共同意思主体説

否認論を含む他の見解が共同正犯を正犯と解しているのに対し、この見解は、これを共犯と解することによって共謀共同正犯の共同正犯性を基礎づけようとする。そして、同じく共犯である共同正犯と狭義の共犯(特に従犯)とは、実行行為の有無ではなく重要な役割を演じたかどうかによって区別される、とするのである。先の包括的正犯説が「重要な役割」の有無を正犯と共犯の区別基準として用いるのに対し、この立場が共犯内部の区別基準として用いる点に違いが見受けられる。すなわち、共同意思主体説によれば、正犯は実行行為を行う者であるが、共同正犯は共犯であるから実行の分担は必要でなく、したがって共謀共同正犯は実行行為を分担していないけれども、共謀という重要な役割を演じている以上、共犯の一種である共同正犯となりうる、とするのである。共同意思主体説によれば、異心別体である二人以上の者が特定の犯罪を実現しようとする共同目的の下に合一したときに、そこに同心一体の共同意思主体が形成され、その共同意思主体中の一人以上の者が共同目的の下に犯罪を実行したとき、そこに共同意思主体の活動が認められ、これによって共同意思主体を構成する全員に共同正犯が成立する、と解されるのである（なお、システム論の見地より共謀共同正犯を基礎づけようとするものとして、松村・後掲❽二〇〇頁以下）。

共同意思主体説が共同正犯を共犯と解して、単に共謀に参加したにとどまる者に対しても、他人の行った実行行為についての罪責を負担させようとしたことに対して、それは団体責任を認めるものであって、近代刑法の基本原理である個人責任の原則に反する、という批判が提起されている。これに対して、共同意思主体説に立脚する是認論から次のような反論が試みられている。第一に、団体責任といっても、それはいわゆる連座・縁座といった封建的な連帯責任とは異なり、「自己の行為と関係のある」他人の犯罪について責任を負担させられるものであって、現行法も現に総則において教唆犯・従犯の可罰性につき他人である正犯者の実行行為を前提としており、各則においては内乱罪・騒乱罪の首謀者や謀議参与者（ただし内乱罪のみ）の責任について団体責任の原理を是認しているではないか、とする（西原・後掲❺二二五―六頁）。もっとも、この反論のうち、前者については正犯とされる共同正犯と加担犯にすぎない狭義の共犯、後者については総則の共同犯罪と各則の集団犯罪がもつそれぞれの実質的差異を看過している、との再批判も出されている（佐伯・後掲❷一三四頁）。

反論の第二は、個人責任論に立脚するとされる否認論も「一部行為の全部責任」の法理を認めているが、そこにすでに団体責任の原理が忍び込んでいるのではないか、というものである。例えば、X・Yが強盗を共謀し、Xは暴行を加え、Yが財物を奪取したような場合、個人責任の原理を純粋に貫くならばXは暴行罪、Yは窃盗罪とせざるをえないのではないか、というのである。そこで、もしこの場合、X・Y共に強盗罪としての罪責を問われるべきであるとするなら、各人の責任の基礎がすでに各人の具体的な行為のみでなく、共同してなした実行行為にあるということになり、X・Yがそれぞれ構成要件の一部を分担したという事実は、当該構成要件の実現がX・Yの共同の仕事であることを確定するための一つの材料にしかすぎなくなる（西原・三四四頁以下）、とするのである。しかし、この反論に対しても否認論の側から、それは「一部でも実行している」という事実の重要性をことさら無視する点に決定的な難点がある（米田・後掲❺二四二頁）、との再批判がなされている。

思うに、共同意思主体説は、共同意思主体の活動がなければ自ら行わなかった行為について共犯としての責任を問われることはない、という消極的な形でこれを理解することも可能であり、共同意思主体説を採ったからといって必ずしも共謀共同正犯を認めなければならないというものでもない。従来の共同意思主体説は共同正犯を共犯と解してきたが、共同正犯は、教唆犯・従犯のように実行行為を行っていなくても犯罪となるという意味で共犯（狭義）であるわけではない。共同正犯は、実行行為を一部しか行っていなくても全体について責任を問われる（一部実行全部責任）という意味で共犯（広義）なのである。共同意思主体説は、共同正犯にあっては、実行行為を一部しか分担しなかった者についても成立した犯罪全体について刑責を問うことの根拠を説明する理論として、かつその限度で存在意義を認めるべきであろう。

3　実行概念を実質化する立場

通説が実行共同正犯と共謀共同正犯とを峻別し、共謀自体はいかなる意味においても実行行為と解されないとするのに対し、実行概念を実質化して考える見解は、共謀共同正犯も規範的観点から実質的にみれば実行共同正犯と同視しうる、と解している。すなわち、正犯は実行行為を行う者であるから、共同正犯も正犯の一種である以上、実行の分担は必要であるが、共謀共同正犯も結果の発生に対し行為支配を及ぼしている限り、全体的にみれば実行を分担しているといえるのであって共同正犯となりうる、とするのである。個人責任の原理に立脚して共謀共同正犯を基礎づけようとするところにその特色が認められるが、実行行為を実質化して考える立場にもその内部にいくつかの考え方がある。

(1)　間接正犯類似説　　まず、前掲の練馬事件大法廷判決に触発され、「他人の行為をいわば自己の手段として犯罪を行った」という最高裁の考え方を間接正犯のアナロジーで説明しようとする見解がある。この見解によれば、共同実行の有無は二人以上の者の行為を全体的、総合的に考察して判断すべきであって、全員が実行の全部または一部を分担することを要せず、各人がそれぞれ意思を連絡のうえ、互いに他人を利用し補い合って共同の犯罪意思を実現しようとする場合には、自ら実行行為を分担しなかった者であっても、共同の意思をもった共同者の一員に加わることにより、犯行を思いとどまろうとする実行担当者の反対動機・規範的障害を抑圧し、実行担当者を共同意思の影響の下に全員の手足として行動させた点で、実行担当者と共同して実行行為をしたものである、とする。（藤木・二八四―五頁、同・後掲❼三二四頁以下参照）。

しかし、間接正犯類似の理論に対しては、是認論の内部からも、情を知った責任能力者に対し間接正犯の場合と同様の行為支配が考えられるか、また、仮にこの点が認められたとしても、右の論理では教唆犯にも行為支配が認められることになってしまい、教唆犯と間接正犯との概念的区別が不可能となってしまうのではないか、といった批判が提起されることになった（例えば、西原「共同正犯における犯罪の実行」斎藤還暦『現代の共犯理論』一三四頁以下）。

(2) 行為支配説　実行行為を実質化する立場は、その後、従来実行行為概念を形式的に捉えてきた定型説からも支持されるに至っている。この見解は、正犯を、犯罪を実行する者、すなわち基本的構成要件に該当する事実を実現する者と解したうえで、さらにこれを敷延して「構成要件該当事実について支配をもった者――つまり構成要件該当事実の実現についてみずから主となった者――こそが」正犯にほかならないとして（団藤・三七二―三頁）、実行概念を実質化する。また、正犯と共犯の区別については、行為支配の対象が構成要件該当事実であるかどうかにあるとして、構成要件該当事実の実現に行為支配をもった者が正犯とされることになる。そして、以上の前提から、共同正犯については、本人が共同者に実行行為をさせるについて自分の思うように行動させ、本人自身がその犯罪実現の主体となったものといえる場合には、実行行為をさせた本人も、基本的構成要件該当事実の共同実現者として共同正犯となることを認め、共謀共同正犯が肯定されるに至るのである（最決昭和五七・七・一六刑集三六巻六号六九八頁の団藤意見）。しかし、この見解は、上下・主従間の関係が問題となる「支配型共謀共同正犯」を基礎づけることができるとしても、対等・平等な協力関係が問題となる「分担型共謀共同正犯」を基礎づけることができるかは疑問であり（中野・警察研究五六巻一号八一―二頁）、論者の意図する「実務的要求の観点から、ほぼ必要にして充分な限界線を画する」ことが可能かはなお疑問の存するところであろう（中山・後掲❸二一九頁）。

さらに、最近では、基本的に共謀共同正犯を認めないとする立場からも、直接の実行者に対する関係で優越的支配が認められる場合には、共同正犯を認めてよいとする見解も現れるに至っている（優越支配共同正犯）。すなわち、「実行を担当しない共謀者が、社会観念上、実行担当者に比べて圧倒的な優越的地位に立ち、実行担当者に強い心理的拘束を与えて実行にいたらせている場合には、共同正犯を認めることができる」とするのである（大塚・二九一頁）。しかし、この見解も、共同正犯の成立に厳格な意味での実行の分担を要求しない限りでは、共謀共同正犯の少なくとも一部を共同正犯の中に取り込んでいることになろう。優越支配共同正犯説に対しては、圧倒的な優越的地位に立つ背後者が受命者に心理的拘束を与える状況は、もはや典型的な間接正犯のそれであって、受命者をも含む共同正犯の問題ではない、とする指摘（松村・後掲❽二〇〇頁）が妥当しよう（なお、共同正犯における強い心理的因果性を根拠に共謀共同正犯を認める見解として、前田・四一四頁、同・基礎三四四頁）。

行為支配説ないし間接正犯類似の理論に対しては、いずれにせよ、行為支配あるいは道具の利用といった単独正犯の原理で共犯現象を律しうるか、という根本的な疑問がある。また、これらの見解は、実行行為概念を弛緩させることによって実行共同正犯と共謀共同正犯との本質的差異を没却させた点にも問題を残している（岡野「共謀共同正犯」法学セミナー二六四号六五頁）。実行行為概念が刑法学において果たすべき人権保障的機能を直視するとき、共同正犯においてこれを二義的に使用することは、それが刑法学上の基本概念であるだけに他の問題に及ぼす影響はきわめて重大であるといえよう。

【参考文献】
❶特　　集「共謀共同正犯理論の総合的研究」刑法雑誌三一巻三号（一九九一）
❷川端　博「共謀共同正犯の基礎付けと成立要件」板倉宏博士古稀祝賀『現代社会型犯罪の諸問題』（二〇〇四・勁草書房）
❸中山研一「共謀共同正犯」同『刑法の論争問題』（一九九一・成文堂）所収
❹西田典之「共謀共同正犯について」平野龍一先生古稀祝賀論文集・上巻（一九九〇・有斐閣）
❺西原春夫＝米田泰邦「共謀共同正犯」中義勝編『論争刑法』（一九七六・世界思想社）

❻野村　稔「共謀共同正犯」『刑法理論の現代的展開　総論II』
❼藤木英雄「共謀共同正犯」『可罰的違法性の理論』（一九六七・有信堂）所収
❽松村　格「共謀共同正犯」刑法基本講座第4巻

28 承継的共犯と共犯からの離脱

一 問題の所在

共犯は、まず関与者が特定の犯罪実現について意思疎通（意思連絡）をしたうえ、関与行為（共犯行為）を行い、次いで関与者中の少なくとも一人が犯罪の実行に着手し、さらに結果犯の場合は関与行為と因果関係のある結果が発生して犯罪が終了するということで、意思連絡から結果の発生に至るまで終始関与者全員が協力関係にある、というのが通常の形態である。しかし、共犯現象が常にすべてそのような形態をとるというわけではない。例えば、①最初は単独犯として行われていたものが途中から他人が関与することによって共犯に転ずることもあれば、反対に、②共犯形式で開始された犯罪が途中から単独犯ないし他の共犯形態に変化することもある。前者が「承継的共犯」の問題であり、後者が「共犯からの離脱」（共犯の中止）の問題である。本書24でみたように、共犯の処罰根拠について因果的共犯論に立脚するときは、共犯が成立するために共犯行為と犯罪結果との間に因果関係の存在が要求されることになるが、その場合、承継的共犯については後行者の行為と先行者が生じさせた結果との因果性をどのように考えるべきか、また、共犯からの離脱については離脱者の行為と他の共犯者が惹起した結果との間に因果関係が認められるかが問題となる。

承継的共犯は、先行者が実行行為の一部を行ったが、既遂に達する前ないし犯罪が終了する前に後行者との間に意思連絡が生じ、事後の行為を共同して犯罪を実現した場合である（特殊なケースとして事後の行為を後行者のみが行う場合もある）。通常の共犯の場合には、実行行為を共同する段階（共同正犯の場合）ないし幇助する段階（従犯の場合）で既に事前に意思連絡があるのに対し、承継的共犯の場合は、意思連絡が実行の開始後に行われている点にその特色がある（なお、承継的教唆犯は、教唆犯の性格上これを観念することはできない）。そこで、この場合、後行者はどの範囲で先行者の行為・結果を承継するのか、すなわち後行者はどの範囲で共犯としての責任を問われるのかが問題となる。殊に、結果犯において結果の発生が先行者の行為によるものか後行者の行為によるものか、因果関係が不明な場合、承継的共犯を認めるか否かで結論が大きく異なることになる。

一方、共犯関係にある者の一部が翻意して犯行を中止した場合、その後に他の者が生じさせた結果についてどのような責任を負うべきかが問題となる。問題の第一は、共犯の因果性にかかわるものであって、翻意した共犯者は他の共犯者の行為や翻意後に生じた結果について責任を問われるのかという問題であり、第二は、翻意した者に刑の減免という中止犯の効果を認めるべきかという問題である。厳密にいえば、前者が共犯関係からの離脱の問題であり、後者は共犯と中止の問題である（丸山治「中止未遂」阿部＝川端編・基本問題セミナー『刑法1総論』〔一九九二・一粒社〕二七五頁）。

二　承継的共犯

1　承継的共同正犯

先行者がある犯罪の実行行為を一部終了した後に、後行者が途中から先行者と意思連絡のうえ事後の実行行為を共同にした場合が「承継的共同正犯」であるが、これには次の二つの問題がある。第一に、後行者の参加後の実行を後行者が単独で行った場合にも先行者に共同正犯が成立するか、ということが問題となるが、これは共謀共同正犯についてどのような立場を採るかによって結論が異なってくる。共謀共同正犯を是認すれば、先行者に共同正犯の成立が認められるのに対し、否認する立場からは共同正犯の成立が否定されることになる。

しかし、承継的共同正犯固有の問題は、むしろ後行者の責任について、共同正犯としての罪責が後行者の介入する以前の行為にも及ぶか、という点にある。従来、承継的共同正犯の論争点として争われてきたのは、まさにこの問題についてなのである。例えば、Xが強盗の意思でAに暴行を加えてAの反抗を抑圧したところ、たまたま付近を通りかかった知人Yと意思連絡のうえ共同してAから財物を奪取した場合のYの罪責が問題となる。肯定説、否定説および折衷説が対立している。

(1)　肯定説　この立場は、後行者にも介入以前の先行行為を含む犯罪全体に対する共同正犯としての責任を認める。肯定説は、その根拠として、①後行者も先行行為を認識・認容し、かつ先行者との間に相互的な意思の了解も認められること、②後行者が先行者の行為およびその結果を積極的に利用していること、③結合犯や結果的加重犯を含めて、一個の犯罪を二つに分解して論ずることは不可能であることを挙げ、承継的共同正犯においても一部行為の全部責任の原則が貫徹されることを指摘している。殊に、一つの犯罪は不可分である以上(一罪の不可分性)、その実行の一部に加わった者が全体について責任を問われるのは当然である、とする第三の根拠は肯定説を支える基本的な思想である。一方、承継的共同正犯を認める判例は、その根拠として、単純一罪性・分割不可能性(例えば札幌高判昭和二八・六・三〇高刑集六巻七号八五九頁)、および後行者が先行者の行為・結果を認識し利用している事実(例えば東京高判昭和三四・一二・七高刑集一二巻一〇号九八〇頁)を挙げるほか、因果関係の立証の困難さと刑法二〇七条との不均衡の是正(例えば東京高判昭和三四・一二・二東時一〇巻一二号四三五頁)を考慮に入れている(岡野・後掲❸一八〇頁以下参照)。

しかし、単に一罪性を強調して犯罪全体についての責任を問うのは形式的思考にすぎ、実質的にみても肯定説の帰結は後行者に酷な責任を負わせるものであって具体的妥当性を欠くといわざるをえない(岡野・後掲❸一八六頁)。承継的共同正犯を、事前に共同犯行の意思が形成されている本来の共同正犯と同一視することは困難と思われる。

(2)　否定説　この立場は、承継的共同正犯の存在を全面的に否認する。否定説は、承継的共同正犯に関し、①共同正犯においては共同実行の意思と共同実行の事実が同時に存在しなければならないが、先行行為は共同加功の意思に基づくものとはいえないこと、②共同意思に基づく後行者の行為が先行行為およびその結果に対して因果性をもつことはありえないこと、③後行者が加功していない先行行為について、さかのぼって責任が問われるということは考えられないことから、後行者は介入後の実行行為についてのみ共同正犯としての責任を問われ、犯罪全体についての共同正犯としての責任は問われないとする。例えば、詐欺罪において、実行行為が行われた後、情を知って錯誤に陥っている被害者から財物の交付を受ける行為は、詐欺罪の従犯(随伴的幇助)であって共同正犯ではないというのである。否定説は、共犯の処罰根拠についての因果的共犯論からの帰結でもあって(前田・四一八頁以下参照)、

「関与前の事実につき後行行為者の関与が因果性を持つということはあり得ない以上、後行行為者は関与した時点以降の行為及びその結果についてしか責任を負わない」とする（前田・基礎三五三頁）。

承継的共同正犯を否定する判例は、一般に、その実質的根拠として、共同正犯が成立するためには共同実行の意思と共同実行の事実が同時期に存在することが必要であるという事実をあげている（例えば名古屋高判昭和四七・七・二七月報四巻七号一二八四頁。もっとも、本件では、傷害致死の基本行為である暴行・傷害に途中より介入した事案につき、介入後の後行者の行為によって死の結果を惹起した蓋然性がきわめて高いとして、傷害致死罪の共同正犯の成立を認めた。なお、岡野・後掲❸一八二頁以下参照）。

否定説によれば、冒頭の設例におけるYの罪責は窃盗罪の共同正犯ということになるが、この結論に対して、それは承継的共同正犯の有する特殊な側面を無視するものであって余りにも形式的すぎる、との批判が提起されている（例えば、岡野・後掲❸一八六、一八七頁）。たしかに、この場合、YはXの行為によって生じたAの反抗抑圧状態を利用してXと共同して財物を奪取しているが、強盗罪は暴行・脅迫を加えて被害者の反抗を抑圧したうえで財物を強取するという形態の犯罪なのであるから、強盗の罪に準強姦罪（一七八条）に相当する規定がない以上、Yに強盗罪の責任を負わせることはできないであろう（野村・三九四頁）。物理的にも心理的にも因果関係に影響を及ぼしえない事実についての刑責は問いえないのである。もっとも、後行者の行為がそれ単独では実行行為とみられない場合であっても、先行者の行為と相まって実行行為とみられる場合には共同正犯としての罪責を負うが、それは共同正犯一般に共通の問題であって、承継的共同正犯固有の問題ではない（前田・基礎三五六頁以下参照）。

(3)　折衷説　　肯定説および否定説を修正した折衷説も今日有力に主張されている。

(一)　まず、基本的に肯定説に立ちつつ、犯罪によっては一定の限界を設け、後行者の責任の範囲を限定しようとする見解がある。例えば、強盗致死傷罪（二四〇条）の場合、後行者にも強盗致死傷罪の共同正犯の成立は認めるが、後行者の財物奪取は、先行者によってもたらされた結果のうち被害者の抵抗不能という状態だけを利用したにすぎないとして、先行者による被害者の傷害・死亡の結果については後行者に責任を認めず、三八条二項の趣旨によって責任を強盗の限度にとどめようとするのである（藤木・二九〇頁以下）。判例として、福岡地判昭和四〇・二・二四（下刑集七巻二号二二七頁）は、先行者が強盗の目的で被害者に暴行を加えて傷害を与えた後、後行者が財物奪取に加わったという事案につき、後行者の責任についてはそれ自体独立に判断すべきであって先行者の責任を承継しないとしつつ、窃盗罪ではなく強盗罪の共同正犯を認めた。しかし、共同正犯が成立するためには単に積極的な利用行為があっただけでは足りず、先行行為と合わさった評価にせよ、そこに実行行為とみられる実体が存在しなければならないのである。

(二)　次に、基本的に否定説に立ちつつ、一定の場合には先行行為についても責任を問いうるとする見解がある。まず、①結合犯や結果的加重犯について例外的に承継的共同正犯を肯定する見解がある。すなわち、これらの犯罪は、複数の違法行為が結合して一つの犯罪を形成しているため（結合犯の一罪性）、途中からの介入が可能となると解するのである（大塚・二八〇頁）。しかし、当該犯罪が結合犯ないし結果的加重犯であることは先行者についてのみいえることであって、後行者の罪責には影響しないとみるべきであろう。また、②強盗罪のように、先行行為が関与後にもなお効果をもち続けているときは、例外的に先行行為についても責任を問いうる、とする見解もある（平野・II三八二頁以下）。この見解も、強盗致死傷罪について、後行者の財物奪取行為にとって被害者の致死傷の結果は意味をもたないが、反抗抑圧状態は意味があると解するのである。しかし、反抗抑圧状態についても、事前に生じているものに事後的に因果的影響を与えるということはできない（前田・基礎三五八頁）。

(三)　さらに、「共犯成立上の一体性・共犯処罰上の個別性」という観点から、承継的共同正犯の問題を把握する立場がある（岡野・後掲❸一八七頁）。例えば、強盗致死傷罪において、まず、後行者は先行者によってもたらされた既存事実（反抗抑圧・死傷の結果）を認識・認容し、これを利用して奪取行為を共同しているから、犯罪現象としては先行者との間の強盗致死傷罪の共同正犯として把握することができる。ただし、承継的共同正犯においては、後行者について介入前の行為・結果について主観的要件と客観的要件が同時に存在しないので「一部行為の全部責任」の法理が働かず、右の場合、後行者の財物奪取にとって必要とされる先行者の行為・結果は先行者の惹起した反抗抑圧状態だけであるから、強盗罪の責任が問われるにすぎない、とするのである。判例として、東京地判昭和四〇・八・一〇（判タ一八一号一九二頁）は、先行者が強姦の目的で被害者に暴行を加えて傷害を与えた後に後行者が姦淫した事案につき、強姦致傷罪の共同正犯の成立を認めたが、その責任を三八条二項により強姦罪の限度にとどめた。この見解については、成立する犯罪と処罰（責任）の基礎におかれる犯罪が分離されることの是非が問われよう。

2　承継的従犯

後行者が先行者の事後の実行行為を幇助した場合が承継的従犯であるが、問題の性格は承継的共同正犯の場合と同じである。判例として承継的従犯を認めた大判昭和一三・一一・一八（刑集一七巻八三九頁）は、刑法二四〇条後段の罪は結合犯として単純一罪となるから他人が強盗目的で殺人を行った後、その事実を知悉しながら、その他人の犯行を容易にする意思で、強盗殺人の一部である強取行為を幇助したときは、強盗ないし窃盗の従犯ではなく、強盗殺人罪の従犯となる、としている。この判例では、結合犯の分割不可能性と後行者が先行者の行為・結果を十分認識していたことが承継的従犯を認める重要な根拠とされている。

なお、学説には、強盗ないし強盗致死傷の事案につき、窃盗罪の共同正犯と強盗罪ないし強盗致死傷罪の従犯（承継的従犯）が成立するとする見解があることに注意する必要がある（中野次雄・刑法総論概要一四九頁、一六五頁以下）。この見解は、財物奪取行為を共同正犯（窃盗）と従犯（強盗）の両面から評価しようとするものであるが、後行者が実行行為（財物奪取行為）を分担しているにもかかわらずなお（強盗の）従犯とする点に問題を残しているといえよう（岡野・後掲❸一八六―七頁）。

三 共犯からの離脱（共犯の中止）

1 共同正犯の場合

(1) 実行の着手前の離脱（共謀からの離脱） 学説上、共謀共同正犯否認論からは、共謀だけに関与した者についてその後の行為につき責任を問われることはないが、共謀共同正犯を認める立場においても、実行の着手前に共謀関係から離脱した場合、他の共謀者が離脱を了承したときは、自己の設定した因果関係を遮断したことになるから予備罪が問題となるにすぎず、たとえ他の共同正犯者の行為によって結果が発生したとしても離脱者に共同正犯は成立しない。この場合の離脱の要件としては、他の共謀者の離脱の了承と離脱者の影響の除去（因果関係の遮断）とが考えられるが、共謀関係からの離脱においては、通常、離脱意思の了承によって直ちにそれまでの共謀関係は解消し、以後の行為に対する離脱者の影響は除去されたとみることができよう。この場合、離脱意思の表明とその了承は、因果関係の遮断のための一手段と解することができる（相内・後掲❹二五四頁）。

一方、判例は、着手前の離脱につき、離脱者の責任を否定するものと肯定するものとに分かれている（相内・後掲❹二四八頁以下参照）。まず、否定判例の多くは、離脱者の離脱意思の表明が他の共謀者により了承され、その結果共謀関係が消滅したことをその根拠としてあげている。例えば、東京高判昭和二五・九・一四（高刑集三巻三号四〇七頁）は、共謀共同正犯の場合、離脱者は他の共謀者に対して共謀関係から離脱する旨を表明し、他の共謀者がこれを了承すれば離脱後の行為につき責任を負わなくてもよい、としている。これに対し、離脱後の責任を認める判例の多くは、実行阻止の手段を講じなかったこと（大判昭和九・二・一〇刑集一三巻一二七頁）、離脱の意思を表明することによって共謀関係解消の措置を講じなかったこと（福岡高判昭和二四・九・一七判特一号一二七頁）、結果の発生を阻止しなかったこと（東京高判昭和三〇・一二・二一裁特二巻二四号一二九二頁）等をその理由としてあげている（相内・後掲❹二五〇頁）。

(2)　実行の着手後の離脱・中止　着手後の離脱は、中止犯の問題と重なり合う（丸山・前掲基本問題セミナー二七六頁）。離脱前の実行行為と結果との因果関係の遮断が認められれば既遂の責任は問われず、さらに任意性が認められれば中止犯となる。

（イ）結果の発生が防止されたとき　この場合、まず、①共同者全員の中止行為によって結果の発生が防止されたときは、全員に中止犯が認められる。これに対し、②一部の者の中止行為によって結果の発生が防止されたときは、その結果の不発生という事態は他の者にとっては障害未遂となる。なぜなら、中止犯の法的性格を責任減少に求める限り（責任減少説）、中止犯は一身的な刑罰減免事由と解されることになるので、その効果が他の共同正犯者に及ぶことはないからである（本書22二）。

（ロ）結果の発生が防止されなかったとき　この場合は(1)の場合と異なり、既に実行行為が開始されていることから結果発生の蓋然性は高く、一般的には因果関係の遮断は認められにくい（相内・後掲❹二五五頁）。①特に、実行の着手後に共犯関係から離脱したが、結果防止のための適切な手段を講じなかった場合は、中止犯の成立が否定されれ共同正犯となる。このようなケースについて、最判昭和二四・一二・一七（刑集三巻一二号二〇二八頁）は、共同して強盗に着手した者のうちの一人が任意に犯行を中止してその場を立ち去っても、他の共同者の金員強取を阻止せずこれを放任した以上は中止犯とはならない、と判示している。しかし、②実行の着手後に共犯関係から離脱した場合であっても、適切な防止手段を講じたことによって離脱者の実行行為と結果との間の因果関係が否定された場合には、他の共同正犯者によって結果が生じさせられても共同正犯は成立せず、中止犯が認められるにすぎない。

なお、着手後翻意した共犯者の一部が真剣な中止行為をしたときは、結果が発生したとしても共犯関係からの離脱を認めて、共同正犯の障害未遂に準ずる責任が問われるべきだとする見解もあるが（大塚・三三〇頁）、離脱以前の関与行為と結果との間の因果関係が認められる場合であれば既遂としての責任を負うべきであるし（西田・後掲❼二六七頁）、反対に、因果関係が否定されることから離脱を認めて既遂犯としての責任を問わないというのであれば、それは中止未遂ないしそれに準ずる場合と解すべきであろう（平野・Ⅱ三八五頁）。いずれにしても、障害未遂に準ずる場合とする結論には疑問が残る。

一方、判例は、着手後の離脱に関して、結果が発生した場合につきこれまで離脱者の責任を否定したものはない。責任を認めた判例として、例えば大判昭和一二・一二・二四（刑集一六巻一七二八頁）は、「二人以上共同して犯罪の実行行為に出で、しかもその行為既に完了せるがごとき場合において、共犯者中の一人に中止犯の成立を認めんには、少なくともその者において共同犯行による結果の発生を防止するの作為に出で、しかもその結果の発生を防止し得たることを要す」としている。そして、判例は以上の論理を結果的加重犯についても推し及ぼし、XがYと共謀のうえこもごもAに暴行を加えて立ち去る際に、XはYがAに対しなお暴行を加えるおそれがあるのにこれを防止する措置を講ずることなく成り行きにまかせて現場を立ち去ったという事案において、共犯関係の解消を認めず、A死亡の結果がXの帰った後にYが加えた暴行によって生じさせられたものであっても、Xは傷害致死の責めを負うとしている（最決平成一・六・二六刑集四三巻六号五六七頁）。

2　教唆犯・従犯の場合

基本的に共同正犯の場合と事情は同じである。

(1)　共犯関係からの離脱　　正犯者が実行に着手する以前に離脱の意思を表明し、正犯との因果関係を断ち切ったときは、その後の正犯の実行行為および結果について責任を問われない。例えば、教唆関係からの離脱の場合、教唆者が離脱の意思を表明し、教唆によって生じた正犯者の犯意を消滅させたときは、教唆行為と正犯行為・結果との因果関係も消滅し、その後正犯が新たな意思で犯罪を実行しても、教唆者は正犯の行為について教唆犯としての責任を負わない。なお、共謀共同正犯を否認する場合には、着手前の離脱者が（共謀）共同正犯としての罪責を負うことはないが、教唆犯（あるいは従犯）としての罪責を負うことになる場合は考えられよう（相内・後掲❹二五六頁）。

(2)　教唆・幇助の中止　　中止犯の問題は、正犯が犯罪の実行に着手した後においてのみ発生し（共犯の従属性）、教唆者・幇助者が正犯者のその後の実行を阻止しまたは結果の発生を防止したときに中止犯となる。また、結局は結果が発生した場合であっても、正犯が実行に着手した後に、教唆者が離脱の意思を表明し、その結果正犯者が犯行を思いとどまったときは、たとえその後において新たな意思に基づいて犯罪を完成させたとしても、離脱後に完成した犯罪については因果性が切断されているから、中止犯の規定の適用が可能となる。なお、正犯者が自己の意思で中止したとき、正犯には中止犯の成立が認められるが、共犯は障害未遂の教唆犯・従犯となる。

【参考文献】

承継的共犯につき

❶大塚　仁「承継的共同正犯」同『刑法論集2』（一九七六・有斐閣）所収
❷岡野光雄「承継的共同正犯」研修四二五号（一九八三）
❸同　「承継的共犯」刑法基本講座第4巻

共犯からの離脱・共犯の中止につき

❹相内　信「共犯からの離脱、共犯と中止犯」刑法基本講座第4巻
❺大塚　仁「共同正犯関係からの離脱」前掲❶所収
❻香川達夫「共犯関係からの離脱」同『共犯処罰の根拠』（一九八八・成文堂）所収
❼西田典之「共犯の中止について」法学協会雑誌一〇〇巻二号（一九八三）

29 共犯と身分

一　身分犯と共犯

(1)　問題の所在　身分の有無によって影響を受ける犯罪が「身分犯」であるが、身分のない者が単独で身分犯を犯しえないことは当然としても、非身分者が共犯形式で正犯である身分犯に関与した場合、その共犯と身分の関係をめぐって問題が生ずる。非身分者は、その場合にも正犯から独立してその者に身分犯が成立しないのか、それとも正犯に従属して身分犯が成立することになるのか、という問題である。この点に関し、刑法六五条一項は、「犯人の身分によって構成すべき犯罪行為に加功したときは、身分のない者であっても、共犯とする」と規定して、非身分者も身分者に連帯して身分犯の共犯となることを明らかにし、同二項は、「身分によって特に刑の軽重があるときは、身分のない者には通常の刑を科する」と規定して、身分者については身分犯の刑を、非身分者については非身分犯の刑を個別的に科することを明示している。

(2)　身分の意義　判例は身分の意義について、六五条の「身分」とは、男女の性別、内外国人の別、親族の関係、公務員の資格などの関係に限らず、一定の犯罪行為に関する犯人の人的関係たる特殊の地位または状態をいう、と広く解している（大判明治四四・三・一六刑録一七輯四〇五頁）。そして、目的犯における「目的」のような継続性のない一時的な要素についても身分性を認め、例えば最判昭和四二・三・七（刑集二一巻二号四一七頁）は、麻薬密輸入罪の「営利の目的」に関し、麻薬取締法六四条は、同法一二条一項の規定に違反して麻薬を輸入した者に対して、犯人が営利の目的をもっていたか否かという犯人の特殊な状態の差異によって刑に軽重の区別をしているのであるから、刑法六五条二項にいう「身分によって特に刑の軽重があるとき」に当たる、と判示している。

これに対し、学説には、身分の文理的解釈等から身分概念に継続性を要求し、継続性の認められない「目的」などは身分でない、とする見解も有力である（大塚・三二二頁など）。営利の目的を有する者がそのような目的をもたない者と共同して麻薬を密輸入したような場合には、認識を共通にする単純な密輸入罪の限度で共犯が成立するにとどまるのであるから、身分概念の本来の語義を拡張してまでも目的を身分と解する実益は乏しいといえよう。少なくとも、主観的な心理的要素は身分概念の中に含めるべきではないであろう（これに対し、西田・後掲❻一九四頁以下）。

(3) 身分の種類　身分には、その存在が犯罪の成立要件とされる「構成的身分」（真正身分）と、刑罰の量に影響を与える「加減的身分」（不真正身分）との別がある（なお、犯罪性・当罰性を阻却する消極的身分については、後出五）。身分犯は、身分の種類に応じて、その身分が構成的身分である「真正身分犯」（構成的身分犯）と、加減的身分である「不真正身分犯」（加減的身分犯）とに分かれる。真正身分犯の例としては、偽証罪（一六九条）、強姦罪（一七七条）、収賄罪（一九七条以下）、横領罪（二五二条）、背任罪（二四七条）などがあり、不真正身分犯の例としては、常習賭博罪（一八六条）、特別公務員職権濫用罪（一九四条）、業務上横領罪（二五三条）などがある。もっとも、犯罪類型によっては、それが真正身分犯であるか不真正身分犯であるか明確でないものもある。例えば、事後強盗罪（二三八条）は、そもそも窃盗犯人であることが身分といえるかどうか問題があるほか（本罪の身分犯性を否定するものとして、例えば高橋・後掲❷一七二頁)、仮に身分犯であるとしても、窃盗犯人でなければ犯せない犯罪という意味では真正身分犯であり、本罪を、窃盗犯人という身分を有することによって暴行罪・脅迫罪の刑が加重されている犯罪と解すれば、不真正身分犯ということになる。

さらに、近年に至り、身分概念の形式的把握を実質化するものとして、行為自体の法益侵害性に影響を与える「違法身分」と、行為者の非難可能性に影響を与える「責任身分」の区別も説かれるようになっている。違法身分・責任身分の区別の基準が必ずしも明確でないことからこの区分を絶対視することには疑問もあるが、違法の連帯性、責任の個別性という観点を共犯論の一つの指標に据える見地からは、共犯と身分の問題を考えるにあたって意味のある分類といえよう(後出二)。

二　六五条一項と二項の関係

一でみたように、刑法六五条は、第一項において身分が連帯的に作用する場合を規定しているのに対し、第二項においては身分が個別的に作用する場合を規定しており、そこに共犯における身分の連帯的作用と個別的作用という相反する二つの方向が示されている。その意味で、一項は共犯従属性説に、二項は共犯独立性説に親近性をもつ規定となっており、従来、その間に矛盾があるのではないか、ということが論議の的となってきた(大野・後掲❶一五九頁以下)。すなわち、仮に一項の連帯的作用を徹底するのであれば、二項の「身分によって特に刑の軽重があるとき」(不真正身分犯)も非身分者に身分犯の刑を科すべきであるし、反対に、二項の個別的作用を重視するのであれば、一項の「犯人の身分によって構成すべき犯罪行為」(真正身分犯)においては非身分者の刑を減軽すべき筋合いのものである(ちなみに改正刑法草案三一条一項は、真正身分犯に加功した非身分者の刑の減軽可能性を認めている)。そこで、従来、真正身分犯・不真正身分犯の区別の問題と六五条一項・二項の関係をめぐって議論が展開されてきたのである。

(1) 真正身分犯と不真正身分犯に対応させる立場　通説・判例は、条文をそのままの形で理解し、形式的に六五条一項は真正身分犯に関する規定であり、二項は不真正身分犯の規定であると解している。例えば、大判大正二・三・一八(刑録一九輯三五三頁)は、賭博の常習性のない者が賭博常習者を幇助したという事案について、六五条一項を適用することなくもっぱら二項によって処断すべきであるとし、最判昭和三一・五・二四(刑集一〇巻五号七三四頁)は、尊属殺人(旧二〇〇条)に卑属親という身分のある者と身分のない者とが共同加功した事案について、非身分者は六五条二項により普通殺人罪として処断すべきであるとしている。このような形式的理解は、六五条の文言に忠実であり、また、真正身分犯と不真正身分犯との区別が条文の立法形式により比較的容易に判断できるという利点もあるが、何故真正身分犯の場合は連帯的に作用し、不真正身分犯の場合は個別的に作用するのかという実質的論拠は不明のまま残されている。そこで、この論拠を明らかにするために、形式的区別に合理的基礎を与える必要が生じてくるのである。

一項が真正身分犯に関する規定であり、二項が不真正身分犯に関する規定であることを実質的に説明するならば、一項の構成的身分は違法身分であって連帯的に作用し、二項の加減的身分は責任身分であって個別的に作用すると解することになろう(なお、六五条一項の連帯性、二項の個別性を共犯の処罰根拠論から説明するものとして、高橋・後掲❷一七三頁)。しかし、これに対して、この説では現実の刑法の身分犯規定をうまく説明できない、という批判がある(前田・後掲❼二五三頁)。例えば、同じ公務員という身分が構成的身分として規定されていることもあれば(例えば一九七条以下の収賄罪)、加減的身分として規定されていることもある(例えば一九四条の特別公務員職権濫用罪)事実から明らかなように、立法者は意識して違法性に関する身分を構成的なものと規定し、責任に関するものを加減的に規定したわけではない、というのである。

たしかに、収賄罪における「公務員」という身分が構成的身分であるのに対し、特別公務員職権濫用罪における「特別公務員」という身分は加減的身分である（本罪は逮捕監禁罪（二二〇条）の加重類型とみることができる）。しかし、同じ公務員という身分であっても、前者においては、公務員の身分があって初めて職務に関し賄賂を収受する行為により公務の公正（とこれに対する社会の信頼）という法益が侵害されて違法となるのに対し、後者にあっては、主体が公務員であろうと非公務員であろうと、被害者の身体活動の自由という法益を侵害する点（違法性）では何ら違いがなく（これに対し違法身分と解するものとして、西田・後掲❻一八三頁）、ただそのような行為に出ないことをより強く期待されている特別公務員が職権を濫用して逮捕・監禁行為を行った場合に非公務員による場合より責任非難が強まるのである。同様の趣旨で、不真正身分犯である業務上横領罪（二五三条）における「業務者」という身分も責任身分と解することができる。

(2)　共犯成立の問題と科刑の問題に対応させる立場　団藤・四一八頁は、六五条一項の連帯性と二項の個別性という矛盾を解消しようとし、一項は「共犯とする」としていることから、真正身分犯・不真正身分犯を問わず共犯成立の問題を規定したものであり、二項は「通常の刑を科する」としていることから、特に不真正身分犯について科刑の問題を規定したものである、と解する。すなわち、不真正身分犯についても行為者が身分を有することによって初めてその罪が構成されるという点では真正身分犯との間に違いはなく、共犯成立の問題としてまず一項の規定が適用されなければならない、とするのである。

この見解の特色は、共犯の従属性の思想を徹底させ、共犯の罪名は正犯の罪名と同一でなければならないとする罪名従属性の見地から、不真正身分犯における非身分者にも身分犯の成立を認めて六五条一項を適用する点にある。しかし、この見解によると、不真正身分犯について、成立する犯罪（二項）と処罰の基礎となる犯罪（二項）とが異なることになる結果、刑罰は成立する犯罪に対応していなければならない、という刑法の基本原則に抵触する恐れがある。したがって、六五条の解釈としては、①「共犯と身分」における共犯成立の問題は六五条以前の問題であり、六五条は全体として共犯の処罰を規定したものと解するか（西原・四〇九頁）、あるいは、②一項は真正身分犯につき共犯の成立・処罰を、二項は不真正身分犯につき共犯の成立・処罰を規定したものと解すべきであろう。

(3)　違法身分と責任身分に対応させる立場　この見解は、六五条一項・二項は必ずしも真正身分犯・不真正身分犯の区別とは対応関係に立たず、一項は違法身分に関して犯罪の成立・処罰が連帯的に作用することを規定したものであり、二項は責任身分に関して犯罪の成立・処罰が個別的に作用することを規定したものである、と解している（西田・後掲❹一七二頁以下）。したがって、この見解によれば、「違法は連帯的に、責任は個別的に」という思想を徹底する結果、構成的違法身分・加減的責任身分という類型のほか、構成的責任身分（例えば、面会強請自体を処罰していない暴力行為等処罰法二条二項の面会強請罪における常習者）・加減的違法身分（例えば、特別公務員職権濫用罪〔一九四条〕における特別公務員）という範疇も認められることになる。

この見解によると、まず構成的責任身分について非身分者が身分犯に加功したとき、この立場では構成的身分であっても責任身分であれば一項の問題となりえず、しかも構成的身分である以上「身分によって特に刑の軽重があるとき」にも当たらないから二項も適用されず、結局非身分者は不可罰となる。反対に、加減的違法身分については、加減的身分であっても違法身分と認められれば、共犯の成立・処罰が正犯のそれに連帯的に作用することになり、不真正身分犯でありながら非身分者も身分犯として不当に重く（あるいは軽く）処罰されることになってしまう。

しかし、例えば、非（特別）公務員が特別公務員職権濫用罪（一九四条）に関与した場合、特別公務員が（加重的）違法身分であることを根拠に、加重的身分のない非（特別）公務員に本罪の共犯としての罪責を認めることは、六五条二項の文言と乖離することになる。したがって、右の場合、非（特別）公務員には「通常の刑」として逮捕・監禁罪（二二〇条）の刑を科すべきであるが、そのためには、①本罪の「特別公務員」を責任身分と解するか、②六五条二項の「身分」は例外的に加減的違法身分を含むと解することが必要であろう。

三　構成的身分（真正身分）と共犯

1　六五条一項の「共犯」の範囲

(1)　判　例　　六五条一項の「共犯」に含まれる共犯形式については、見解の対立がある。判例は、当初、正犯に従属する教唆・幇助は身分のある正犯者に準じて処罰されるのが当然であるのに対し、「すべて正犯」とされる共同正犯の場合は、非身分者が身分犯の正犯として処罰されるためには例外規定が必要であるということから、六五条一項は共同正犯による加功のみに限り、教唆・幇助は含まれないものとしていた（大判明治四四・一〇・九刑録一七輯一六五二頁）。しかし、非身分者が教唆・幇助をなした場合に身分犯の教唆犯・従犯が成立することが必ずしも明らかでないことが意識されるに及んで、判例はその後見解を変更し、六五条一項の「共犯」にはすべての共犯形式が含まれる、と解するに至った（大判大正四・三・二刑録二一輯一九四頁）。

(2)　学　説　　一方、学説には、次の三つの考え方がある。①第一説は、かつての判例とはまったく反対に、非身分者は身分犯を実行しえないということを理由に教唆犯と従犯についてのみ六五条一項の適用を認めている。②

第二説は、真正身分犯については第一説と同様に解するが、不真正身分犯については、非身分者も実行をなしうるということを理由に六五条一項の「加功」に共同正犯を含めて考えている(団藤・四二〇頁など)。最後に、③第三説は、教唆犯・従犯の外、非身分者も事実上の実行は可能であるということを理由に、六五条一項の「加功」に共同正犯を含めて考えている(通説)。

第一説および真正身分犯に関する第二説は、「実行」概念を厳格に解してこれを「加功」から区別するが、その根底には、身分犯の本質を義務違反と理解して、非身分者には共同正犯の形式でも実行行為を行いえないとする考え方が潜んでいると思われる。しかし、加減的身分はもとより構成的身分も行為の主体に関わる要件であって実行行為自体の要件ではないから、非身分者も身分者と共同して違法な法益侵害結果を惹起すること、すなわち事実上の実行行為を行うことは可能であって、六五条一項の「共犯」の中に教唆犯・従犯だけではなく共同正犯も含めて考えるべきであろう。例えば、強姦罪において身分のない女性Xも身分のある男性Yと共同し、Xが暴行・脅迫を行いYが姦淫を行うという形で強姦罪の共同正犯として被害者の法益(性的自由)を侵害することができるのである(なお、強姦罪は身分犯でないとするものとして、団藤・四二二頁註六)。同様に、収賄罪において公務員でない者も、公務員と共同することによって事実上金品(賄賂)を収受(収賄)し、公務の公正(に対する社会の信頼)を害することは可能なのである。

2 真正身分犯と共犯

真正身分犯において非身分者が身分者に加功したときは、構成的身分(違法身分)への従属と連帯が認められることから、六五条一項により非身分者が身分犯の共犯として処罰されることについて問題がない。これに対し、身分者が非身分者に加功した場合(例えば秘密漏示罪において、医師が看護師に秘密の漏示を教唆した場合)については見解が分かれている。多数説は、この場合、「身分なき故意ある道具の利用」として身分者に間接正犯の成立を認めるが、上述のように(本書23)、非身分者も身分者にとり規範的障害となるから、共犯の成立を認めるべきである。なお、身分者が非身分者に加功した場合における共犯の処罰根拠に関する純粋惹起説の問題性については、前出本書24三2⑴参照。

四　加減的身分（不真正身分）と共犯

1　非身分者が身分者に加功した場合

不真正身分犯においては加減的身分（責任身分）からの独立と個別化が認められるから、六五条二項により非身分者には通常の刑が科せられることになる。問題はその理論構成であるが、二でみたように、非身分者には、二項により端的に非身分犯の共犯が成立してその刑が科せられると解すべきであって、反対説のいうように、まず一項により（不真正）身分犯の共犯が成立し、次いで二項により非身分犯の刑が科せられる、と解すべきではない。

2　身分者が非身分者に加功した場合

1の場合とは異なり、結論についても争いがある。例えば、「常習性」を身分と解した場合、賭博の常習者が単純賭博の実行を教唆する行為の罪責が問題となる。第一説は、共犯の従属性の考え方を徹底して、非身分犯（単純賭博罪）の教唆犯が成立するとするが（非身分犯説＝例えば団藤・四二三頁）、責任身分（加減的身分）の個別化という観点からは、身分犯（常習賭博罪）の教唆犯の成立を認める第二説（身分犯説＝例えば大判大正三・五・一八刑録二〇輯九三二頁）が妥当であろう。非身分犯説は、実行行為と教唆・幇助行為とを峻別し、賭博常習者は賭博行為（実行行為）を行うことの常習性を有する者をいい、賭博の教唆・幇助行為の常習者を意味しないとするが（大塚・三一八頁）、賭博常習者が賭博を教唆する場合とその他の者が賭博を教唆する場合とでは、責任非難の程度に違いがあるというべきであろう。

身分犯説に対しては、共犯者に常習賭博罪の刑を科すことは、常習者でないこと（その意味での消極的身分）を一種の身分と解するものであって身分概念の自殺であるばかりか、常習賭博罪の刑を「通常の刑」とみることに帰着して文理に反するという批判がある（団藤・四二四頁註一三）。しかし、六五条二項の趣旨は、不真正身分犯にあっては共犯関係において身分者には身分犯の刑を、非身分者には非身分犯の刑を科すという個別的取り扱いを認める点にあるのだから、第二説（身分犯説）のように解しても文理に反するという批判は当たらないであろう。

五　消極的身分と共犯

犯罪性・当罰性を阻却する身分を「消極的身分」というが、消極的身分には、①例えば医師法一七条（医師以外の者の医業禁止）における医師のように、一定の身分があることによって違法性が阻却される身分（違法阻却的身分）、②例えば刑法四一条における刑事未成年者のように、一定の身分があることによって責任が阻却される身分（責任阻却的身分）、③例えば刑法二四四条の親族相盗例における一定の親族関係のある者のように、一定の身分があることによって刑罰が阻却される身分（刑罰阻却的身分）の区別があるとされている（ただし、③の刑罰阻却的身分については、これを違法ないし責任阻却的身分に解消しようとする見解も有力である）。

1　非身分者が身分者に加功した場合

㈠　非身分者が違法阻却的身分を有する者の行為に加功したときは、身分者の行為が適法であるから、これに加功した非身分者にも共犯は成立しない。

㈡　非身分者が責任阻却的身分を有する者の行為に加功したときは、身分者に違法性の弁識能力もなければ非身分者に間接正犯が成立し、弁識能力があれば身分者は規範的障害となり、非身分者には共犯が成立することになる。問題となるのは、例えば第三者が犯人を教唆してその証拠を隠滅させた場合のように、身分が責任阻却事由として構成要件要素（行為の主体）から排除されている犯罪類型において第三者が身分者を教唆した場合である。この場合、犯人である正犯の違法行為に連帯して第三者に共犯が成立するようにも思われるが、自己（犯人自身）の刑事事件に関する証拠の隠滅は構成要件をもたないのであるから、その教唆犯も成立しないと解すべきであろう。

㈢　非身分者が刑罰阻却的身分を有する者の行為に加功したときは、非身分者には通常の刑が科されることになる。例えば、親族相盗例において親族であることを刑罰阻却的身分と解した場合、親族でない共犯については刑の免除の効果が及ばないのである（二四四条二項）。なお、本条を責任減少事由を規定したものと解しても、その一身専属的効果に変わりはなく、事情は同じである（曽根・刑法各論一二九頁）。

2　身分者が非身分者に加功した場合

㈠　違法阻却的身分を有する者が非身分者の行為に加功したときであっても、非身分者の行為は違法であるから、これに加功した身分者には共犯が成立する（違法の連帯性）。例えば、医師の身分は一身専属的な効果をもつにすぎないから、医師が無免許者に医療行為をさせれば、無免許者の行為は違法であって、医師はその教唆犯として処罰される。なお、妊婦（違法減軽身分）が他人に依頼して堕胎してもらった場合には、「被害者」でもある妊婦について、同意堕胎罪（二一三条）または業務上堕胎罪（二一四条）の教唆犯ではなく、自己堕胎罪（二一二条）の教唆犯が成立する。

㈡ 責任阻却的身分を有する者が非身分者の行為に加功したときは、非身分者に正犯が成立するとしても、責任は個別的に作用するから責任のない身分者（共犯）は不可罰である。例えば、犯人または逃走者自身が蔵匿・隠避する行為は期待可能性がないので不可罰であるが、他人を教唆して自己を蔵匿または隠避させる行為もやはり不可罰と解すべきである。自己蔵匿・隠避（正犯）の場合に期待可能性がないので責任が阻却されるという一身専属的な効果は、共犯形式の場合にも同様にこれを認めることができるからである（曽根・刑法各論三〇八頁）。もっとも、被告人が自己の刑事事件につき、他人に虚偽の陳述をするよう教唆したときは、正犯となる証人の偽証が被告人自身の虚偽の陳述に比べてはるかに法益（国家の司法作用）侵害の危険性を高めることになるから、そのような行為に出ないことの期待可能性もないとはいえず、偽証教唆の成立が認められる（曽根・刑法各論三一五—六頁）。

㈢ 刑罰阻却的身分を有する者が非身分者の行為に加功したときは、刑罰阻却事由のもつ一身専属的性格から、身分者には刑罰阻却の効果が認められる。例えば、犯人蔵匿罪および証拠隠滅罪に関する親族間の特例の規定（一〇五条）を刑罰阻却事由と解した場合、犯人の親族が自ら行った場合に正犯として刑を免除することができる以上、その一身的効果は親族が第三者を教唆してその犯人を蔵匿させたときにも認められる。なお、一〇五条は、期待可能性の減少を理由とする責任減少事由を規定したものであると解しても、事情は同じである（曽根・刑法各論三一〇頁）。

【参考文献】

❶大野平吉「共犯と身分」刑法講座4
❷高橋則夫「共犯と身分」刑法基本講座第4巻
❸中山研一「消極的身分と共犯」同『刑法の論争問題』（一九九一・成文堂）所収
❹西田典之『共犯と身分』（一九八二・成文堂）

❺同　「共犯と身分」現代刑法講座第三巻
❻同　「『共犯と身分』再論」内藤謙先生古稀祝賀『刑事法学の現代的状況』（一九九四・有斐閣）
❼前田雅英「共犯と身分」『刑法理論の現代的展開　総論II』

30 罪数論の諸問題

一 罪数の意義

一人が同時にまたは引き続いて数個の犯罪を犯す場合や、日時・場所を異にして数個の犯罪を犯す場合に、一個の犯罪が犯されたものとして刑法各本条に規定された法定刑のみを適用すべきであるか、それとも数個の犯罪が犯されたものとして刑を加重すべきか、刑を加重するとすればどのようにするかが問題となる。このように、犯罪の単複、すなわち犯罪の個数を論ずるのが「罪数論」であるが、罪数には、論理的な発展段階を異にする二通りの意義がある。

その一は、理論上（評価上）の罪数であって、ここでは一個の犯罪が成立するのか、数個の犯罪が成立するのかが問題となる。その二は、科刑上（処分上）の罪数であって、そこでは成立した数個の犯罪についてそれをなお一罪として扱うべきか数罪として扱うべきか、という科刑上の取り扱いが論ぜられる。いわゆる「犯罪の競合」の場合がこれである。厳密にいうと、理論上の罪数は犯罪の成立に関わるものであって犯罪論に属するが、科刑上の罪数は刑の適用上の法技術に関する問題であるから、本来は刑罰論の問題とされるべきである。ただ、科刑上の罪数は理論上の罪数を前提として初めて考慮しうるものであり、また、理論上の罪数を論ずる意義も、結局はその犯罪に対する刑の適用上の問題を解決するためのものであるから、両者を統一的に論ずることになお実際上の意義があるのである。

まず、(a)理論上も科刑上も一罪とされるものには、①一行為一結果で、罰条がまったく重なり合わない「単純一罪」、②一個の行為が数個の罪名に触れる外観を呈するが、実はそのうちの一つの罰条の適用が他の適用を排除する「法条競合」、③現に数個の単純一罪が存在するにもかかわらず、その実質的な一体性の故に一個の罰条だけを適用して処断すれば足りる「包括一罪」がある。また、(b)理論上は数罪であるが、科刑上一罪とされるものには、①一個の行為が二個以上の罪名に触れる「観念的競合」(五四条一項前段)と、②犯罪の手段もしくは結果である行為が他の罪名に触れる「牽連犯」(同後段)とがある。いずれの場合も、それぞれの罪名に対応する法定刑のうち、上限も下限ももっとも重いものによって処断される。さらに、(c)理論上も科刑上も数罪とされるものには、①同時審判の可能性のない「単純数罪」と、②同時審判の可能性があって、確定裁判を経ていない二個以上の罪である「併合罪」(四五条前段)がある。後者につき、ある罪について禁錮以上の刑に処する確定判決があったときは、その罪とその裁判が確定する前に犯した罪とにかぎり、併合罪とされている(同後段)。

二　不可罰的事後行為の法的性格

理論上の一罪のうち、(a)法条競合には、①性質上両立しえない規定の一方が他方を排斥して適用される関係にある「択一関係」(例えば背任罪と横領罪)、②全部法が部分法を排斥する「吸収関係」(例えば殺人罪と殺人未遂罪)、③二つの罰条が同一の構成要件を包含しており、その一方がより狭く限定されているために他の罰条に対し特殊的に構成されているという関係にある「特別関係」（例えば常習賭博罪と単純賭博罪）、④基本法が補充法を排斥する「補充関係」（例えば傷害罪と暴行罪）がある。また、(b)包括一罪には、①数個の行為が一個の法益侵害を招来する場合（接続犯）、②一個の行為が数個の法益侵害を招来する場合、③一個の行為が数個の構成要件に該当する場合（吸収一罪）、④数個の行為が一個の構成要件に該当する場合（集合犯）がある。そして、法条競合（吸収関係）か包括一罪（吸収一罪）かが争われているものに、不可罰的事後行為があるのである。

1　不可罰的事後行為と罪数

「不可罰的事後行為」とは、犯罪の終了後も違法状態の継続が予定されている状態犯において、事後、単にその違法状態を利用したにすぎないため、独立に処罰する必要がないとされる行為をいい、例えば、窃盗罪成立後の当該盗品についての器物損壊行為がその典型とされている。問題となるのは、後行行為について器物損壊罪が成立しているのかということであるが、これには、①器物損壊行為（後行行為）についてそもそも犯罪の成立を否定するものと、②後行行為についても犯罪（器物損壊罪）の成立を認めつつ、先行行為について成立する犯罪（窃盗罪）によってすでに処罰が尽くされているから（共罰的事後行為）、後行行為についてあえて処罰するまでもない、とする二つの見解がある。①説は、不可罰的事後行為を法条競合の一種としての吸収関係と捉え、不可罰的事後行為は最初から犯罪として成立していないのであって、犯罪事実の一部をなすものではない、とする（法条競合説）。これに対し、②説は、不可罰的事後行為を包括一罪の一つとしての吸収一罪と捉え（包括一罪説）、重い罪（窃盗罪）で処罰しないで軽い罪（器物損壊罪）だけで処罰することも可能であると解している。

思うに、不可罰的事後行為の場合、例えば、窃盗罪と器物損壊罪において所有権という同種の法益が侵害されてはいるが、法条競合の事例とは異なり、窃盗と器物損壊とは別個の行為であって、所有権が同時に侵害されているわけではない。また、窃盗による所有権侵害があっても、それによって被害者の所有権が消滅するわけではなく、事後の器物損壊行為によって当該所有権が再度侵害されるのであり、その意味で、不可罰的事後行為を法規適用上二罪が両立しえない関係に立つ法条競合の一場合と解することはできない。したがって、不可罰的事後行為の場合、窃盗罪と器物損壊罪という二個の単純一罪が成立することになるが、同一人の同一客体に対する同一法益（所有権）を侵害していることから、両罪に一個の罰条だけを適用して処断すれば足りることになるのである。ここでは、器物損壊罪の刑（処罰）が窃盗罪のそれに吸収されているのであって、不可罰的事後行為はむしろ「包括一罰」「吸収一罰」とでも呼ぶべき場合といえよう。

2　不可罰的事後行為が不処罰とされる根拠

不可罰的事後行為の場合、先行行為と後行行為との関係は、数行為・数結果の場合であって、そのいずれの行為についても処罰は可能であるが、集合犯の場合と同様、いずれか一方の行為（通常は重い先行行為）が処罰されれば、その効果は他の行為（後行行為）にも及び、これを独立に処罰する必要はなくなる。それは、事実上複数の結果が発生していても、規範的にみれば侵害法益の同一性の故に違法評価の重複が認められ、先行行為の処罰によって後行行為も償われるからであり、両者をそれぞれ独立に処罰することは、二重処罰の結果となって許されないのである。

この問題に関連して、不可罰的事後行為における不可罰性が、①相互的な択一関係として成立するのか（先行行為または後行行為を処罰）、②固定した片面的方向においてのみ成立するのか（先行行為のみ処罰）、という議論がある。思うに、成立する犯罪に主従関係があるとしても、処罰は択一的に捉えるべきものであって、結論としては①の立場が妥当であり、不可罰的事後行為とされる後行行為のみを処罰し、主要犯罪ともいうべき先行行為を処罰しないことも可能である。例えば、磁石を用いて窃取したパチンコ玉を正当に取得したもののように装って同じパチンコ店で景品と交換しこれを詐取する場合、景品との交換が事後処分であるとしても、景品に対するパチンコ店の所有権が侵害されたという事実は否定できず、これを詐欺罪として処罰することも十分可能である。ただし、パチンコ玉はもともと景品と交換するための手段にすぎず、しかも被害者が同一であることから、仮に両罪の成立を認めるとしても窃盗罪・詐欺罪のいずれか一方の罪の処罰のみが可能となる。

3 不可罰的事後行為の範囲

後行行為が不可罰的事後行為とされる場合と別罪を構成し別個に処罰される場合の区別基準は、どこに求められるのであろうか。結局は、後行行為の犯罪性が先行犯罪について評価された違法内容の範囲内にとどまっているか否かということに帰着するが、不可罰的事後行為が不処罰とされる根拠を違法評価の二重性に求める場合(前出2)、そのメルクマールとして考えられるのが「新たな法益侵害があったか否か」というものである。窃盗後の器物損壊行為が不可罰とされるのは、そこに法益侵害が認められるとしても、それは同一法益の再度の侵害であって新たな法益侵害とは評価できない、という点にあった。これに対し「新たな法益侵害」として考えられるのは、後行行為が先行行為とは別種の法益を侵害した場合(例えば窃取した郵便貯金通帳を利用して現金を引出した場合)、あるいは第三者の法益を侵害した場合(例えば情を秘して盗品を第三者に売却した場合)である。

ところで、通常の不可罰的事後行為の場合、先行行為(例えば窃盗罪)の法定刑が後行行為(例えば器物損壊罪)のそれより重いことから、先行行為が後行行為を包摂する関係にあり、前者が処罰される場合は後者も共に処罰されるとして、後行行為を不可罰と解することは容易に理解しうる。問題となるのは、後行行為を構成する罪の法定刑の方が先行行為が構成する罪のそれより重い犯罪の場合にも不可罰的事後行為を認めることができるか、ということである。例えば、遺失物を横領（法定刑の上限は懲役一年）した後にこれを損壊する行為（法定刑の上限は懲役三年）の可罰性については、①可罰説と②不可罰説の対立があるが、遺失物横領後に当該遺失物を損壊する行為の違法性は、他人の占有する他人の物を損壊する典型的な器物損壊行為や他人から委託されて自己が占有する他人の物を損壊する場合とは異なり、占有侵害も信任関係違背も伴わない軽微なものであって、遺失物等横領罪の違法内容に包摂されることから、遺失物損壊行為は遺失物横領行為によって共に処罰され不可罰的事後行為として扱うことができる。

それでは、先行行為と後行行為が同一の構成要件に該当する場合、例えば、委託を受けて他人の不動産を占有する者が、これにほしいままに抵当権を設定してその旨の登記を了した後において、受託者がその不動産をほしいままに売却等による所有権移転行為を行いその旨の登記を了したときのように、先行行為も後行行為も同じ横領行為の場合はどうであろうか。これに関し、最大判平成一五・四・二三（刑集五七巻四号四六七頁）は、先行の抵当権設定行為の存在は後行の所有権移転行為について犯罪の成立を妨げる事情にはならないと判示し、後行行為ついて「委託の任務に背いて、その物につき権限がないのに所有者でなければできないような処分をしたものにほかならない」として、横領罪の成立を認めた（ただし、本件では後行の所有権移転行為のみが起訴されている）。思うに、本件被告人の所有権移転行為は横領罪を構成するものの、先行の抵当権設定行為との関係で新たな法益侵害行為とはいえず、不可罰的事後行為の範疇には含まれるが、抵当権設定行為が訴因に掲げられず処罰の対象とされなかったことから、後行行為である所有権移転行為の潜在的な可罰性が顕在化した、と解することができる。したがって、先行の抵当権設定行為を起訴し横領罪として処罰したのであれば、後行の所有権移転行為は、横領罪を構成するとしても不可罰的事後行為として処罰すべきではないであろう。

三　観念的競合と併合罪の区別

観念的競合が理論上は数罪であるにもかかわらず、併合罪と異なり科刑上一罪として扱われるのは、形式的にみれば、それが一所為数法の場合、すなわち一個の行為による場合だからである。これは法規上の要請であって、観念的競合と併合罪を分かつ基準についての議論もこの「一個の行為」をめぐって展開されることになる。問題は、行為の一個性を認める基準をどこに求めるかということであるが、この点に関し、最大判昭和四九・五・二九（刑集二八巻四号一一四頁）は、「一個の行為とは、法的評価をはなれ構成要件的観点を捨象した自然的観察のもとで、行為の動態が社会的見解上一個のものとの評価をうける場合をいう」と判示している。次に、作為犯と不作為犯に分けて具体例を検討してみることにしよう。

1　作為犯の場合

(1)　一個の行為とみられる場合（観念的競合）　二罪が時間的、場所的に一致して発生する限り、両罪を構成する行為は一個であって観念的競合の関係に立つ。まず、㈠両罪を構成する行為がそれぞれ時間的継続、場所的移動を伴う場合、例えば無免許運転の罪と酒酔い運転の罪、無免許運転の罪と車検切れ車両運転の罪は、それが同時に行われたとき、運転という一個の行為によるものであるから観念的競合となる。この場合、無免許・酒酔い・車検切れという事実は、行為ないし行為者の属性であって行為そのものではないと考えられるのである（前出最大判昭和四九・五・二九）。

次に、㈡両罪を構成する行為がそれぞれ一時点一場所における行為であって、両者が時間的にも場所的にも一致する場合、例えば自動車の一時不停止（ただし不作為）とそれに伴う業務上過失致死傷とは一個の行為によるものであって、両罪は観念的競合となる。

なお、㈢時間的継続、場所的移動を伴う行為と一時点一場所における行為とは、後述のように⑵参照）、原則として二個の行為であるが、例えば酒に酔った状態で車の運転を開始し、発進直後に人身事故を起こしたような場合は、酒酔い運転行為と過失致死傷行為とが時間的にも場所的にも重なり合っているとみられるから、例外的に一個の行為として両罪は観念的競合の関係に立つ。

⑵　二個の行為とみるべき場合（併合罪）　まず、㈠一時点一場所における行為相互間の関係であっても、両者が時間的にも場所的にも一致しない場合、例えば二個の速度制限違反の罪は原則として併合罪の関係に立つ。この点につき、速度違反の罪は運転行為の継続中の一時的、局所的行為をその対象としており、同一の高速道路上の二つの地点での速度違反であっても、両地点の道路が社会通念上単一の地点と評価しうる範囲を超える場合には、（包括一罪ではなく）二個の速度違反罪が別個独立に成立する、とした裁判例がある（大阪高判平成三・一・二九高刑集四四巻一号一頁）。

次に、㈡時間的継続、場所的移動を伴う行為と一時点一場所における行為も、原則として二個の行為とみるべきである。例えば、無免許運転の罪と速度制限違反の罪は、二個の行為であって併合罪となる（最判昭和四九・一一・二八刑集二八巻八号三八五頁）。また、業務上過失致死傷罪と酒酔い運転の罪は、前者が後者の一部分においてのみ重なり合うから、行為は二個であって、両罪は通常併合罪となる。前出の最大判昭和四九・五・二九は、「もともと自動車を運転する行為は、その形態が、通常、時間的継続と場所的移動とを伴うものであるのに対し、その過程において人身事故を発生させる行為は、運転継続中における一時点一場所における事象であって、前記の自然的観察からするならば、両者は、酒に酔った状態で運転したことが事故を惹起した過失の内容をなすものであるかどうかにかかわりなく、社会的見解上別個のものと評価すべきであって、これを一個のものとみることはできない」から、併合罪の関係にあると判示している。しかし、酒酔い運転が過失の内容をなすときは、そこに原因（酒酔い運転）—結果（業務上過失致傷）の関係が認められるから、その場合には両罪は牽連犯の関係に立つと解すべきであろう（鈴木・後掲❷二九九頁）。

2　不作為犯の場合

二つの不作為犯が同一の機会に行われたとき、それが①一個の行為（不作為）によるものか（観念的競合）、②二個の行為（不作為）によるものか（併合罪）、問題が生ずる。例えば、道路交通法七二条一項は、交通事故があったとき、車両等の運転者に負傷者救護義務と警察官への事故報告義務とを課しているが、人に傷害を負わせる交通事故を起こしながら、負傷者の救護も事故を警察官へ報告することもしないで現場から逃走する「ひき逃げ」の場合に、救護義務違反罪と報告義務違反罪との罪数関係が問題となる。

この点に関し、最大判昭和五一・九・二二（刑集三〇巻八号一六四〇頁）は、前掲昭和四九年の最高裁大法廷判決が設定した「行為の一個性」の判断に従う限り、ひき逃げが救護義務違反罪と報告義務違反罪を構成する場合には、社会的出来事としては一つと観念されるのが通常であり、この場合の救護義務・報告義務に違反する不作為は社会的見解上一個の動態と評価すべきであるとして、両罪は観念的競合の関係にある、という見解を採った。この見解は、構成要件的行為の個数判断に関して自然的観察、社会的見解を重視する立場から、ひき逃げの事実をもって一個の不作為（行為）と解するものであるが、不作為犯においては、作為義務の定める作為以外の動態はすべて行為（不作為）として成立するのであるから、ひき逃げ行為は不作為の徴憑ないしその一態様ではあっても不作為それ自体ではないというべきであろう。

救護義務違反罪と報告義務違反罪において個数判断の対象となる構成要件的行為は不救護と不報告という二個の不作為であって、その両者は社会的見解上も二個の行為とみるべきである。救護しないという不作為と報告しないという不作為との間には、構成要件的行為の重なり合いは、通常これを認めることができないといわなければならない。救護義務違反罪と報告義務違反罪とは、例えば負傷者を救護することが同時に事故を報告することにもなるというような格別の事情がない限り、併合罪の関係に立つと解すべきであろう。

四　かすがい現象

例えば、住居に侵入して二人を殺害した場合のように、それ自体併合罪の関係にある複数の罪(二個の殺人罪)が、他の罪(住居侵入罪)との間に同時に科刑上一罪(牽連犯)の関係に立つため全体として一罪となるような場合を「かすがい現象」(クリップ効果)という。この例において、屋外で二人を殺害すれば併合罪として重く処罰されるのに、さらにこれに住居侵入が加わった場合に科刑上一罪としてかえって軽く処罰されることになるのは不合理ではないか、という疑問が生ずる。すなわち、複数の併合罪に対して、ある罪(前例でいえば住居侵入罪)が「かすがい」となることによって全体を科刑上一罪とすることができるのか、問題が生じてくるのである。

⑴　判　例　かすがい現象を肯定したものと否定したものとがある。肯定した判例のうち、まず、牽連犯に関するものとして、最判昭和二九・五・二七(刑集八巻五号七四一頁)は、住居に侵入して順次三人を殺したという事案につき、三個の殺人罪はそれぞれ住居侵入罪と牽連関係にあるから、全体として科刑上一罪となる、と判示した。

また、観念的競合に関するものとして、大判大正一四・五・二六（刑集四巻三四二頁）は、無免許で古物商を営み、その間十数回にわたり贓物（盗品等）を故買した場合、無免許古物営業の罪（かすがいに当たる）と贓物故買（盗品等の有償の譲受け）罪とに触れる一個の行為として全体が観念的競合になる、とした。しかし、無免許古物営業の罪が集合犯（営業犯）であるのに対し、贓物故買罪は即成犯（即時犯）と考えられるので、時間的継続を伴う行為と一時点における行為との関係として、前掲四九年最高裁判決の基準に従えば、両罪は併合罪の関係に立つということになろう。

次に、かすがい現象を否定した判例として、最判昭和三五・四・二八（刑集一四巻六号八三六頁）は、立候補届け出前の数回にわたる供与行為について、事前運動の罪と各供与の罪を観念的競合としたうえで、それらは全体としてなお併合罪の関係に立つ、とした。

(2) 学　説　例えば、住居に侵入して、A・B・Cの三人を殺害した場合にかすがい現象を認めることは不合理であるということから、これを否定して合理的な解決を図ろうとする試みがなされている。

①第一は、罪数としてはかすがい作用による科刑上一罪としつつも、かすがいに当たる罪が結び付けられる罪の併合刑と同じかより重い罪の場合はかすがい効果を認めるが、かすがいが軽いときにはかすがいが結び付けられる罪の併合刑で処断するという見解であるが（中野・二三三―四頁）、これに対しては、科刑上一罪でありながら併合加重の余地を認めることの是非が問われることになる。②第二は、住居に侵入してA・B・Cを殺害した場合に、住居侵入とAの殺害とを牽連犯とし、これとB・Cの殺害とを併合罪とする見解であるが（山火・後掲❽一頁以下）、これには住居侵入とB・Cの殺害との牽連関係を無視しているという疑問がある。③第三は、住居侵入と三個の殺人とをそれぞれ牽連犯とし、三つの牽連犯の併合関係を認める見解（ドイツの通説）であるが、これに対しては、住居侵入罪を三重に評価しているという批判が提起される。そこで、最後に、④A・B・Cに対するそれぞれの殺人の併合罪

と住居侵入罪が科刑上一罪になるという解決法が考えられるが(その可能性を示唆するものとして、内田・三五六頁)、はたしてこのような罪数処理を現行刑法が認めているかという問題がある。

したがって、現行法の解釈論としては、かすがい現象を認めたうえで(科刑上一罪)、後は量刑において事実上の併合関係を考慮せざるをえないであろう。

五　併合罪加重における罪数処理

1　問題の所在

同一人が数罪を犯した場合であっても、それらの犯罪について同時に審判する可能性があるとき(またはあったとき)、数罪を全体として考慮して刑の適用につき特別の配慮をするために、併合罪の規定が設けられている。そして、刑法四七条(有期の懲役及び禁錮の加重)は、併合罪の処断方法について定め、「併合罪のうちの二個以上の罪について有期の懲役又は禁錮に処するときは、その最も重い罪について定めた刑の長期にその二分の一を加えたものを長期とする。ただし、それぞれの罪について定めた刑の長期の合計を超えることはできない。」と規定しているのである。問題となるのは、本条の趣旨について、①これが併合罪加重の大枠のみを定めたものであって、具体的な量刑は完全に裁判所の自由裁量に任されているのか、それとも、②併合罪加重の場合においても、これを構成する各罪の法定刑(特に最も重い罪の長期)がなお意味を持ち続けると解すべきか、ということである。

この問題につき、最判平成一五・七・一〇(刑集五七巻七号九〇三頁)は、右①の見地から、当時九歳の女児を略取すると同時に逮捕監禁し、その後九年二か月にわたって同女を自宅内に監禁し続け、その結果、同女に両下肢筋力低下等の傷害を与えるとともに、その間、同女に着用させるために下着四枚を万引きした、という未成年者略取、逮捕監禁致傷、窃盗事件につき、「刑法四七条は、併合罪のうち二個以上の罪について有期の懲役又は禁錮に処するときは、同条が定めるところに従って併合罪を構成する各罪全体に対する統一刑を処断刑として形成し、修正された法定刑ともいうべきこの処断刑の範囲内で、併合罪を構成する各罪全体に対する具体的な刑を決することとした規定であり、処断刑の範囲内で具体的な刑を決するに当たり、併合罪の構成単位である各罪についてあらかじめ個別的な量刑判断を行った上これを合算するようなことは、法律上予定されていない」と判示し、一審の懲役一四年の量刑判断を維持した（なお、原審は、前記②の見地から、懲役一一年の刑を言い渡している）。問題は、逮捕監禁致傷罪（および未成年者略取罪）だけであれば、最高刑が懲役一〇年にとどまるのに、比較的軽微な窃盗（被害合計約二五〇〇円）が加わることによって、最高刑の懲役一五年に近い懲役一四年の刑を科すことの当否にある。

2　併合罪加重の趣旨

併合罪の処断方法には、①数罪に対する処断刑の範囲をその最も重い罪の法定刑の限度にとどめる「吸収主義」、②併合罪関係にある各罪のうち最も重い罪の刑に一定の加重をしたものを併合罪の刑とする「加重主義」、③各罪ごとに刑を定めこれを併せて科刑する「併科主義」がある。現行刑法は、①死刑・無期自由刑について吸収主義を（四六条）、②有期自由刑について（単一刑）加重主義を（四七条、なお四八条二項）、③財産刑について併科主義を採用している（四八条一項）、とする理解が一般である。このうち、刑法四七条については、たしかに重い罪の法定刑の長期の一・五倍を処断刑の長期としていることから、形式的には加重主義を採用しているとみることもできるが、立法の沿革に照らして実質的に考えると、本条が吸収主義（特にその根底をなす統一刑主義）を原理とする加重主義を採用している、と解することには疑問の余地がある。

明治一三年の旧刑法一〇〇条一項が「重罪軽罪ヲ犯シ未タ判決ヲ経ス二罪以上倶ニ発シタル時ハ一ノ重キニ従テ処断ス」として、併合罪に当る「数罪倶発」につき（犯罪）吸収主義を採用していたのに対し、現行刑法の「刑法改正政府提出案理由書」（以下、理由書）は、「改正案ハ此主義ヲ排斥シ所謂併科主義ヲ採リ一罪毎ニ各其刑ヲ科スルコトヲ原則ト為シタリ」と論じた。現行刑法が、併合罪を構成する各罪の独立性を前提として、その科刑につき一罪ごとにそれぞれの刑を科す併科主義を基本としていることは、この説明から明らかである。ただし、刑法四七条について、理由書は「但……有期ノ自由刑ニ付キ各罪毎ニ一ノ刑ヲ科ストスレハ遂ニハ其刑期数十年ノ長キニ至ル虞アルヲ以テ……例外トシテ制限併科ノ主義ヲ採リタリ」と述べ、併科主義の例外として、併科の限界を、まず①併合罪のうち最も重い罪について定めた刑の長期の一・五倍（本文）に置き、次いで②各罪について定めた刑の長期の合計（ただし書）に置く「制限併科主義」を採用したことを明言している。一般に加重主義を採ると解されている刑法四七条も、その実体は併科主義を修正したものにすぎず、基本はあくまでも一罪ごとにそれぞれの刑を科すとする考え方なのであって、本条において、依然として（制限）併科主義の科刑方法は生きていると考えられる。

併合罪処罰の原則が併科主義であるとすれば、四七条の解釈としても処断刑を決定する際に基本となる最も重い犯罪について定めた法定刑の上限が基準としての働きを持つことは否定できない。したがって、いったん処断刑が形成された場合にも、その範囲内で裁判官がまったく任意に具体的な刑を量定できるということにはならず、併合罪における処断刑の上限といっても、それを各犯罪類型の法定刑の上限と同様の趣旨に理解する必要はないのである。刑法四七条の趣旨はむしろ、通常は、刑法が相対的法定刑主義を採り、量刑についての裁量の幅が著しく広くなっていることを考えると、併合罪といえども重い罪について定めた法定刑の限度内で処断することが可能であるが（その限りでは吸収主義）、その限度を超えるのが相当である例外的な場合には、一・五倍を限度として重い罪の法定刑の長期を超えて刑を言い渡すことができるものと解される。

【参考文献】
❶岡本　勝「観念的競合に関する一考察」阿部純二先生古稀祝賀『刑事法学の現代的課題』（二〇〇四・第一法規）
❷鈴木茂嗣「罪数論」現代刑法講座第三巻
❸中野次雄「共犯の罪数」、「併合罪と科刑上一罪との競合」同『刑事法と裁判の諸問題』（一九八七・成文堂）所収
❹中山善房「観念的競合における『一個の行為』について」刑法雑誌二一巻二号（一九七六）
❺同「罪数論の現状」中野次雄判事還暦祝賀『刑事裁判の課題』（一九七二・有斐閣）
❻林　幹人「罪数論」『刑法理論の現代的展開　総論II』
❼丸山　治「観念的競合と牽連犯」刑法基本講座第4巻
❽山火正則「科刑上一罪について——観念的競合と『かすがい』理論を中心として」刑法雑誌二三巻一＝二号（一九八〇）
❾特　集『罪数論の現在』現代刑事法六三号（二〇〇四）

著者略歴
曽根威彦（そね・たけひこ）
1944年　横浜に生まれる
1966年　早稲田大学法学部卒業
現　在　早稲田大学教授　法学博士
　　　　元司法試験考査委員
主　著　『刑法における正当化の理論』（1980年，成文堂）
　　　　『ドイツ刑法史綱要』（共訳，1984年，成文堂）
　　　　『表現の自由と刑事規則』（1985年，一粒社）
　　　　『刑法における実行・危険・錯誤』（1991年，成文堂）
　　　　『刑法の重要問題〔総論〕，〔各論〕第２版』（2005年，2006年，成文堂）
　　　　『現代刑法論争Ⅰ，Ⅱ（第二版）』（共著，1997年勁草書房）
　　　　『刑事違法論の研究』（1998年，成文堂）
　　　　『刑法総論［第三版］』（2000年，弘文堂）
　　　　『刑法学の基礎』（2001年，成文堂）
　　　　『刑法各論〔第三版補正版〕』（2003年，弘文堂）

刑法の重要問題〔総論〕第２版

1993年12月10日　初　版第１刷発行
1996年 3 月10日　補訂版第１刷発行
2005年 3 月20日　第２版第１刷発行
2006年 3 月20日　第２版第２刷発行

著　者　曽　根　威　彦
発行者　阿　部　耕　一

〒162-0041　東京都新宿区早稲田鶴巻町514
発行所　株式会社　成　文　堂
電話 03(3203)9201(代)　Fax 03(3203)9206

製版・印刷　三報社印刷　　製本　佐抜製本

ISBN 4-7923-1680-4　C3032　　検印省略
定価（本体3700円＋税）